Otmar Oehring · Bibliographie zum türkischen Recht

ISLAMKUNDLICHE MATERIALIEN · BAND 8

herausgegeben von

Klaus Schwarz

KLAUS SCHWARZ VERLAG · BERLIN

Otmar Oehring

Bibliographie zum türkischen Recht und den internationalen Beziehungen der Türkischen Republik

Titel in Fremdsprachen

KLAUS SCHWARZ VERLAG · BERLIN · 1982

ISBN 3-922968-11-2

Druck: aku-Fotodruck GmbH, Eckbertstr. 19, 8600 Bamberg

Die vorliegende Bibliographie - in den Jahren 1980 bis 1982 entstanden - enthält fremdsprachige [1] Titel zum türkischen Recht und zu den internationalen Beziehungen der Türkischen Republik.
Grundsätzlich aufgenommen wurden Titel mit Erscheinungsjahr 1923 und später. Soweit dies zum Verständnis historischer Entwicklungen sinnvoll oder erforderlich erschien, wurden jedoch auch Titel aufgenommen, die entsprechende Themen in der Endphase des Osmanischen Reiches abhandeln.

O R D N U N G

Die sachliche Ordnung der Titel erfolgte nach folgenden Fachgruppen, die ihrerseits - soweit erforderlich - weiter untergliedert wurden:

1. Rechtswissenschaft allgemein
2. Privatrecht
3. Gerichtsverfassung - Allgemeines Prozeßrecht - Zivilprozeß
4. Strafrecht
5. Staatslehre - Politik
6. Staats- und Verfassungsrecht
7. Allgemeines und Besonderes Verwaltungsrecht
8. Wirtschaftsrecht
9. Verkehrsrecht
10. Finanz- und Steuerrecht
11. Arbeitsrecht
12. Sozialrecht
13. Völkerrecht und internationale Politik

In der Fachgruppe 13 (Völkerrecht und internationale Politik) wurden in der Regel nur solche Titel aufgenommen, die nach 1967 erschienen oder in Metin Tamkoç's "A Bibliography on the

---

1 Aufgenommen wurden Titel in deutscher, englischer, französischer, griechischer, russischer, spanischer und portugiesischer Sprache. Die Transkription der russischen Titel wurde aus den Quellen unverändert übernommen und wird daher nicht in jedem Fall wissenschaftlichen Ansprüchen genügen können.

Foreign Relations of the Republic of Turkey 1919 - 1967.." [2] nicht enthalten sind.

Ebenfalls nicht aufgenommen wurden bibliographische Angaben zu völkerrechtlichen Verträgen, die die Türkei in der Republikzeit abgeschlossen hat. Hierzu wird auf das, von A.Gündüz Ökçün und Ahmet R. Ökçün erarbeitete, ausführliche Register völkerrechtlicher Verträge, die die Türkei in den Jahren 1920 - 1973 ratifiziert hat, verwiesen. [3]

Q U E L L E N

Die vorliegende Bibliographie beruht in der Regel nicht auf Autopsie, sondern auf der Durchsicht folgender Hochschulschriftenverzeichnisse und Fachbibliographien:

Academie Bulgare des Sciences - Institut d'Etudes Balkaniques Centre international de recherches scientifiques et de documentattion: Bibliographie d'Etudes balkaniques. Sofia Vol.I (1966)(1968) - Vol.VII(1972)(1974)

Ansay, Tuğrul: Türk Hukuku hakkında ingilizce, almanca ve fransızca kitaplar bibliyografyası. In: Ankara Üniversitesi Hukuk Fakültesi Dergisi (Ankara) 26.1969.3/4, S.349 - 388

Aren, Münise: Türk Toplumunda Kadın Bibliyografyası. Women in Turkish Society: A Bibliography. 2.erw.Aufl. Ankara 1980, III, 153 S.
(Türk Sosyal Bilimler Derneği - Turkish Social Science Association)

Aufricht, Hans: Guide to League of Nations Publications. - A bibliographical survey of the work of the League, 1920 - 1947. New York 1951, XIX, 682 S.

Bermes, A.; Levy, J.P.: Bibliographie du droit de la mer. Paris 1974, 138 S.

Bilboul, Roger (Hrsg.): Retrospective Index to theses of Great Britain and Ireland 1716 - 1950. Santa Barbara (Calif.), Oxford (Engl.) 1975, Vol.1 (Social Sciences and Humanities), IX, 393 S.

---

2 Tamkoç, Metin: A Bibliography on the Foreign Relations of the Republic of Turkey 1919 - 1967 and Brief Biographies of Turkish Statesmen. Ankara 1968, XVIII, 248 S.
(Orta Doğu Teknik Üniversitesi İdari İlimler Fak.Yayın No.11/ Middle East Technical University Faculty of Administrative Sciences, Publication no.11)

3 Ökçün, A Gündüz; Ökçün, Ahmet R.: Türk Antlaşmalar Rehberi (1920 - 1973). Ankara 1974, XII, 558 S.
(Ankara Üniversitesi Siyasal Bilgiler Fakültesi Yayınları No.372)

Christensen, Johnny: International relations and foreign policy. By countries and subjects. A bibliography of soviet publications 1960 - 1978. Aarhus 1979, 198 S.

Dau, Helmut: Bibliographie juristischer Festschriften und Festschriftenbeiträge. Deutschland, Schweiz, Österreich.
1945 - 1961. Karlsruhe 1962, 166 S.
1962 - 1966. Karlsruhe 1967, 195 S.
1967 - 1974. Karlsruhe 1977, 546 S.

(Deutschland): Deutsche Bibliographie, Reihe H. Frankfurt a.M. Jahrgang 1980, Hefte 1 - 12, Jahrgang 1981, Hefte 1 - 9

(Deutschland): Jahresverzeichnis der deutschen Hochschulschriften. Leipzig,Jahragng 16(1900) - Jahrgang 95(1979)

Douma, J.: Bibliography on the International Court including the Permanent Court. Leyden 1966, 387 S.
(Being Volume IV-C of the Series 'The Case Law of the International Court' ed. by Edward Hambro.)

Falay, Nihat: Türkiye Ekonomisi Bibliyografyası (1929 - 1976). Istanbul 1977, XV, 262 S.
(İstanbul Üniversitesi Yayın No.2373, İktisat Fakültesi Yayın No.403, Maliye Enstitüsü Yayın No.56)

Fişekci, Oya: Kuruluşun 50. Yılı Dolayısıyle Ankara Hukuk Fakültesi Öğretim Üye ve Yardımcıları Bibliyografyası 1925 - 1975. Ankara 1977, XXVI, 536 S.
(Ankara Üniversitesi Hukuk Fakültesi Yayın No.402)

(Frankreich): Ministère des Universités - Service des Bibliothèques, Bibliothèque Nationale (Hrsg.): Catalogue des thèses de Doctorat soutenues devant les universités Français, Nouvelle Série.
Année 1972. Paris 1974 - Année 1975. Paris 1980

Franz, Erhard: Materialien zum Kurdenproblem. 2.erw.Aufl., Hamburg 1977, VII, 170 S.
(Aktueller Informationsdienst Moderner Orient, Sondernummer 3)

Franz, Erhard: Minderheiten im Vorderen Orient. Auswahlbibliographie. - Minorities in the Middle East. A selected bibliography. Hamburg 1978, X, 255 S.
(Dokumentationsdienst Moderner Orient, Reihe A: 10)

Hazai, Georg; Tietze, Andreas (Hrsg.): Turkologischer Anzeiger. Wien 1975 ff.
TA 1. In: Wiener Zeitschrift für die Kunde des Morgenlandes (Wien) 67.1975, S.343 - 488
TA 2. In: Wiener Zeitschrift für die Kunde des Morgenlandes (Wien) 68.1976, S.297 - 485
TA 3. Wien 1977, 217 S.; TA 4, Wien 1978, 227 S.; TA 5. Wien 1979, 264 S.; TA 6. Wien 1980, 295 S.; TA 7, Wien 1981, 254 S.

Heere, Wybo P.: International Bibliography of Air Law 1900 - 1971. Leiden, Dobbs Fery N.Y. 1972, XXVI, 569 S.

İlkin, Selim et al.(Hrsg.): Türkiye Ekonomi Bibliyografyası (1950 - 1965). Ankara 1969, XXIII, 302 S.
(Orta Doğu Teknik Üniversitesi İdari İlimler Fakültesi Yayın No.13)

İnan, Nurkut: Selected bibliography of books and articles in english on turkish law. In: Ansay, Tuğrul; Wallace, Don (Hrsg.): Introduction to Turkish Law. Ankara 1966, S.227 - 233

İnan, Nurkut; Kumrulu, A.: Selected bibliography of books and articles in english on turkish law. In: Ansay, Tuğrul; Wallace, Don (Hrsg.): Introduction to Turkish Law. 2.Aufl., Dobbs Ferry N.Y., Ankara 1978, S.227 - 233

Index to Legal Periodicals. London, Vol.73.(nov.)1979.2 - Vol.73(may)1980.8

International Committee for Social Science - Information and Documentation / Comitéinternational pour l'information et la documentation en sciences politiques: International Bibliography of the Social Sciences - International Bibliography of Political Science / Bibliographie internationale des Sciences Sociales - Bibliographie internationale de Science Politique. London, Chicago
16.1967, 321 S.; 17.1968, 318 S.; 18.1969, 285 S.;
19.1970, 289 S.; 20.1971, 316 S.; 21.1972, 293 S.;
22.1973, 307 S.; 23.1974, 310 S.; 24.1975, 328 S.;
25.1976, 333 S.; 26.1977, 359 S.; 27.1978, 405 S.

International Court of Justice - Cour internationale de Justice: Bibliography of the International Court of Justice - Bibliographie de la Cour internationale de Justice. (Prepared by the Library of the Court - Preparé par la Bibliothèque de la Cour.) The Hague/La Haye 1.1947 - 32.1978

T.C. İstanbul Üniversitesi Rektörlüğü (Hrsg.): İstanbul Üniversitesi Yayınları Bibliyografyası. (Eserler ve makaleler) - Bibliography of the Publications of the University of Istanbul. (Books and articles) (Hazirlayan - Prepared by Leman Bakla)
Yıl/Year 1969, İstanbul 1971, 156 S.
Yıl/Year 1970, İstanbul 1972, 154 S.

Karlsruher Juristische Bibliographie (Systematischer Nachweis neuer Bücher und Aufsätze in monatlicher Folge aus Recht - Staat und Gesellschaft. Zugleich Bücher- und Zeitschriftenschau der Neuen Juristischen Wochenschrift.) München, Frankfurt a.M. 1974 - 1981 (Heft 11)

League of Nations - Société des Nations: Books on the Work of the League of Nations catalogued in the Library of the Secretariat. - Ouvrages sur l'activité de la Société des Nations catalogués à la Bibliothèque du Sécrétariat. Geneva/Genève 1928, VIII, 274 S.; First Supplement (January 1928 - October 1931) - Premier Supplément (Janvier 1928 - Octobre 1931). Geneva/Genève 1931, VII, 156 S.

Max-Planck-Institute for Comparative Public Law and International Law (Hrsg): Public International Law. A Current Bibliography of Articles. - Völkerrecht. Laufende Bibliographie der Aufsatzliteratur. - Droit international public. Bibliographie périodique d'articles. - Derecho internacional público. Bibliografia periódica de artículos. Berlin, Heidelberg, New York Vol.1.1975.1/2, Vol.2.1976.1/2, Vol.3.1977.1/2, Vol.4.1978.1/2, Vol.5.1979.1/2, Vol.6.1980.1

Max-Planck-Institut für ausländisches und internationales Patent-, Urheber-, Wettbewersrecht und Institut für Gewerblichen Rechtsschutz und Urheberrecht der Ludwig-Maximilians-Universität München (Hrsg.): Systematischer (Länder-) Katalog in drei Bänden (Series Catalogorum Bibliothecarum Bavariae Scientificarum II, B). München 1976, Band 2

Max-Planck-Institut für Ausländisches und Internationales Privatrecht (Hrsg.): Die deutsche Rechtsprechung auf dem Gebiete des internationalen Privatrechts
in den Jahren 1945/49. o.O. 1952, k.S.
in den Jahren 1952/53. o.O. 1957, 758 S.
in den Jahren 1954/55. o.O. 1960, 703 S.
in den Jahren 1956/57. Tübingen 1962, 779 S.
in den Jahren 1958/59. Tübingen 1966, 831 S.
in den Jahren 1960/61. Tübingen 1968, 785 S.
in den Jahren 1962/63. Tübingen 1968, 835 S.
in den Jahren 1964/65. Tübingen 1970, 961 S.
in den Jahren 1966/67. Tübingen 1970, 1016 S.
in den Jahren 1968/69. Tübingen 1971, 826 S.
im Jahr 1970. Tübingen 1972, 531 S.
im Jahr 1971. Tübingen 1973, 596 S.

Max-Planck-Institut für Ausländisches und Internationales Privatrecht (Hrsg.): Aufsatzdokumentation zur Privatrechtsvergleichung, Privatrechtsvereinheitlichung sowie zum Internationalen Privatrecht und ausländischen Privatrecht (Eine Bibliographie der Jahre 1968 - 1972). Tübingen 1975, XI, 1133 S.

Max-Planck-Institut für Ausländisches und Internationales Privatrecht (Hrsg.): Aufsatzdokumentation zur Privatrechtsvergleichung, Privatrechtsvereinheitlichung sowie zum Internationalen Privatrecht und ausländischen Privatrecht. Eine Bibliographie des Jahres
1973. Hamburg 1977, XI, 407 S.
1974. Hamburg 1977, LXXXIV, 358 S.
1975. Hamburg 1977, LXXXIV, 297 S.
1976. Hamburg 1977, LXXXIV, 239 S.
1977 Hamburg 1978, LXXXIV, 375 S.

Neue Juristische Wochenschrift:Fünfjahresregister
1961 - 1965. München, Frankfurt a.M., Berlin 1966, 522 S.
1966 - 1970. München, Frankfurt a.M., Berlin 1971, 541 S.
1971 - 1975. München, Frankfurt a.M., Berlin 1976, 540 S.

(Österreich): Gesamtverzeichnis österreichischer Dissertationen. Wien Jahrgang 1(1966) - Jahrgang 9(1974)

Österreichische Bibliographie. Verzeichnis der österreichischen Neuerscheinungen
1978, Hefte 1 - 24. Wien 1978, Register, Wien 1979
1979, Hefte 1 - 24. Wien 1979, Register, Wien 1980
1980, Hefte 1 - 24. Wien 1980, Register, Wien 1981

Schwarz, Klaus: Der Vordere Orient in den Hochschulschriften Deutschlands, Österreichs und der Schweiz. Eine Bibliographie von Dissertationen und Habilitationsschriften (1885 - 1978). Freiburg i.Br. 1980, XXIII, 721 S.
(Islamkundliche Materialien, Band 5)

(Schweiz): Jahresverzeichnis der schweizerischen Hochschulschriften. Bern Jahrgang 1(1897/98) - Jahrgang 80(1977)

Seide Katharina (Hrsg.): The Paul Felix Warburg Union Catalog of Arbitration. A selective Bibliography and Subject Index of Peaceful Dispute Settlement Procedures. (Published for the Eastman Library of the American Arbitration Association). Totowa N.J. 1974, Vol.II, Subject Index, XXIII, 462 S.; Vol.III, Subject Index, XXIII, 310 S.

Szladits, Charles: A bibliography on foreign and comparative law. Books and articles in english. New York 1955, XX, 508 S. (Parker School Studies in Foreign and Comparative Law.)

Szladits, Charles: A bibliography on foreign and comparative law. Books and articles in english 1953 - 1959. Dobbs Ferry N.Y. 1962, k.S.
(Parker School Studies in Foreign and Comparative Law.)

Suzuki, Peter: Social Change in Turkey since 1950. A Bibliography of 866 Publications. o.O. 1969, VI, 108 S.
(European Division, University of Maryland)

Suzuki, Peter: French, German and Swiss University Dissertations on Twentieth Century Turkey. A Bibliography of 593 Titles, with English Translation. Wiesbaden 1970, V, 138 S.

University Microfilms International (Hrsg.): Comprehensive Dissertation Index. Ann Arbor (Michigan)
1973 Supplement. Vol.4(Social Sciences and Humanities) Part 2, XXV, 810 S. (1974)
1974 Supplement. Vol.4(Social Sciences and Humanities) Part 2, XXV, 883 S. (1975)
1975 Supplement. Vol.4(Social Sciences and Humanities) Part 2, XXV, 883 S. (1976)
1976 Supplement. Vol.4(Social Sciences and Humanities) Part 2, XXV, 892 S. (1977)
1977 Supplement. Vol.4(Social Sciences and Humanities) Part 2, XXV, 835 S. (1978)

Xerox Microfilm Division (Hrsg.): Comprehensive Dissertation Index 1861 - 1972
Vol.26 (Business and Economics, J - Z). Ann Arbor (Michigan) 1973, XXI, 797 S.
Vol.27 (Law and Political Science). Ann Arbor (Michigan) 1973, XXI, 710 S.

B I B L I O G R A P H I S C H E   A N G A B E N

Innerhalb der einzelnen Fachgruppen wurden die Titel zunächst chronologisch nach ihrem Erscheinungsdatum geordnet. Hierbei erscheinen Titel ohne Angabe des Erscheinungsjahres grundsätzlich vor den Titeln mit entsprechender Angabe.
Innerhalb der Chronologie wurden die Titel nach Buchtiteln und Zeitschriften-bzw. Buchaufsatztiteln geordnet, wobei in den einzelnen Sparten eine alphabetische Anordnung beibehalten wurde. Titel ohne Verfasserangabe wurden grundsätzlich unter "Anonym" in der alphabetischen Reihenfolge berücksichtigt. Türkische Gesetze wurden entsprechend ihrer Übersetzung ins Deutsche, Englische oder Französische unter (Türkische Republik), (Turkish Republic) oder (Turque, République) eingeordnet.

Um eventuelle Überprüfungen zu ermöglichen, wurden bei Dissertationen die laufenden Nummern des jeweiligen Hochschulschriftenverzeichnisses - soweit möglich - übernommen.
Bei deutschen Dissertationen setzt sie sich aus dem Buchstaben "U", der verkürzten Jahreszahl (65 für 1965) und der laufenden Nummer des Hochschulschriftenverzeichnisses zusammen, zum Beispiel: U.63.1673
Für französische, österreichische und schweizerische Dissertationen wurden folgende Buchstaben-Zahlenkombinationen verwandt, die sich jeweils auf die offiziellen Hochschulschriftenverzeichnisse beziehen.

Frankreich	(F 1978 - 273)
Österreich	(Ö 1972 - 13)
Schweiz	(Diss.Helv. 1947 - 493)

Aufgenommen wurden auch ungedruckte nordamerikanische Dissertationen, da diese für jedermann auf dem amerikanischen Kontinent (Bestellungen sind zu richten an: Xerox University Microfilms, Ann Arbor, Michigan 48106, USA) und in der übrigen Welt (University Microfilms United, Tylers Green, High Wycombe, Buckinghamshire, England HP 10.8HR) in Xerokopie erhältlich sind. Bei der Bestellung ist die UM-Nummer anzugeben.

<u>Buchtitel wurden wie folgt zitiert:</u>
Verfassername, Voranme. Titel des Buches. Erscheinungsort (Verlagsort, soweit dieser, z.B. bei Dissertationen, nicht der Erscheinungsort ist) Erscheinungsjahr, Seitenzahl
(Hinweise, soweit das Buch in einer wissenschaftlichen Reihe oder Serie erschienen ist)

<u>Zeitschriftenaufsatztitel wurden wie folgt zitiert:</u>
Verfassername, Vorname: Titel des Aufsatzes. <u>In:</u> Name der Zeitschrift (soweit bekannt, Erscheinungsort der Zeitschrift) Jahrgang.Erscheinungsjahr.Heft, Seitenangaben
<u>Oder:</u> Fortlaufende Nummer der Zeitschrift.Erscheinungsjahr, Seitenangaben

<u>Benutzte Abkürzungen</u>

Bd. / Bde.	≙ Band / Bände
k.S.	≙ keine Seitenangaben vorhanden
Kt. / Ktn.	≙ Karte / Karten
N.F. / N.S.	≙ Neue Folge / Neue Serie

o.J.	≙	ohne Jahresangabe
o.O.	≙	ohne (Erscheinungs-)Ortsangabe
Vol. / Vols.	≙	Volume / Volumes

Der Verfasser ist sich darüber im klaren, daß trotz aller Bemühungen die vorliegende Bibliographie keinen Anspruch auf Vollständigkeit erheben kann. Er hofft aber dennoch, jenen Forschern ein Arbeitsmittel in die Hand gegeben zu haben, die sich mit Entwicklungen im türkischen Recht und den internationalen Beziehungen der Türkischen Republik befassen.

Besonderer Dank gilt dem Forschungsinstitut der Friedrich-Ebert-Stiftung, das dem Verfasser ein langfristiges Stipendium für einen Forschungsaufenthalt in der Türkei gewährt hat und damit u.a. auch die Fertigstellung der vorliegenden Bibliographie ermöglicht hat.

Istanbul, im Mai 1982

I N H A L T S V E R Z E I C H N I S

1. RECHTSWISSENSCHAFT ALLGEMEIN / LAW IN GENERAL / SCIENCES JURIDIQUES EN GENERAL

1.1. Bibliographien / Bibliographies / Bibliographies

0001 Zahit, İmre: Chronique bibliographique du droit turc depuis 1926). In: Revue Hellênique du Droit International (Paris) 1951, S.424 - 433

0002 Ülken, H.Z.: Un aperçu bibliographique du problème des refugiés en Turquie. In: Sosyoloji Dergisi (Ankara) 10/11.1955/56, S.106 - 114

0003 Loewenthal, Rudolph: Russian materials on Turkey: a selective bibliography. Washington D.C. 1958, 19 S. (U.S. Department of State, Office of Intelligence Research)

0004 Sturm, Albert; Mihçioğlu, Cemal: Bibliography on public administration in Turkey (1928 - 1957). Ankara 1959, 224 S.

0005 Ökçün, Gündüz: A guide to turkish treaties (1920 - 1964). Ankara 1966, 248 S.

0006 İnan, Nurkut: Selected bibliography of books and articles in english on turkish law. In: Ansay, Tuğrul;Wallace, Don (Hrsg.): Introduction to Turkish Law. Ankara 1966, S.227 - 233

0007 Tamkoç, Metin: A bibliography on the foreign relations of the Republic of Turkey (1919 - 1967). Ankara 1968, XVIII, 248 S.
(Middle East Technical University Publications)

0008 Ansay, Tuğrul: Türk hukuku hakkında ingilizce, almanca ve fransizca kitaplar bibliografyası. A bibliography of books in english, french and german on turkish law. In: Ankara Üniversitesi Hukuk Fakültesi Dergisi (Ankara) 26.1969.3/4, S.349 - 388

0009 Wallace, Don: Turkey: summary and bibliography. In: International Lawyer (Washington D.C.) 4.1970, S.556 - 559

0010 Wallace, Don: Turkey: summary and bibliography. In: International Lawyer (Washington D.C.) 5.1971.2, S.300 - 307

0011 Akademie für Staats- und Rechtswissenschaften der DDR, Bibliothek, Potsdam-Babelsberg: Türkei. Literaturzusammenstellung. Nur deutschsprachige sozialistische Literatur. Berichtszeitraum 1963 - 1973. Potsdam-Babelsberg 1973 (08.05.1973), 3 Bl.
(Sign: DT 280: L 49)

0012 Akademie für Staats- und Rechtswissenschaften der DDR, Bibliothek, Potssam-Babelsberg: Türkei. Literaturzusammenstellung. Nur deutschsprachige bürgerliche Literatur. Berichtszeitraum 1963 - 1972. Potsdam-Babelsberg 1973 (08.05.1973), 2 Bl.
(Sign: DT 280: L 50)

0013 Anderson, Teresa: Turkey. In: Anderson, Teresa (Hrsg.): Land tenure and agrarian reform in Africa and the Near East. An annotated bibliography. Boston 1976, S.373 - 382

0014 Bodurgil, Abraham: Turkey, politics and government: a bibliography 1938 - 1975. Washington D.C. 1978, VII, 156 S.

0015 İnan, Nurkut; Kumrulu, A.: Selected bibliography of books and articles in english on turkish law. In: Ansay, Tuğrul; Wallace, Don (Hrsg.): Introduction to turkish law. 2.Aufl., Dobbs Ferry N.Y., Ankara 1978, S.227 - 233

1.2. Einführungen - Quellen des Rechts / Introductory works - Sources of law / Introductions - Sources de loi

0016 Wilson, R.K.: "Corps de droit ottoman". In: Journal of comparative legislation and international law (London) N.S.7.1906, S.16 - 25

0017 Wilson, R.K.: Modern ottoman law. In: Journal of comparative legislation and international law (London) N.S.8.1907, S.41 - 50

0018 Bertram, A.: The legal system of Turkey. In: Law Quarterly Review (London) 25.1909, S.24 - 43

0019 Wigmore, J.H.: The new regime of law in the Turkish Republic. In: Illinois Law Review (Munice) 21.1926/27, S.83 - 87

0020 Lévy-Ullmann, .; Mirkine-Guetzévitch, B.(Hrsg.): La vie juridique des peuples: Turquie. Paris 1939, 406 S.

0021 Onar, S.S.: Les transformations de la structure administrative et juridique de la Turquie et son état actuel. In: International Review of Administrative Science (Brussels) 21.1955, S.741 - 786

0022 Anderson, J.N.D.: The movement towards codification in Turkey, Cyprus and the arab world. In: Indian Yearbook of International Affairs (Madras) 7.1958, S.125 - 142

0023 Ansay, S.S.: Das türkische Recht. In: Handbuch der Orientalistik, Ergänzungsband III:Orientalisches Recht. Leiden, Köln 1964, S.441 - 461

0024 World Peace through Law Center: Law and judicial systems of nations, judiciary and law school directory. Washington D.C. 1965, loose leaf, k.S.
(Concise information on practising lawyers and organization of the Bar, legal education, courts of justice, and a very brief indication of the character of the legal system. It covers: Turkey et.al.)

0025 Ansay, Tuğrul; Wallace, Don (Hrsg.): Introduction to turkish law. Ankara 1966, XVI, 254 S.
(Society of Comparative Law, Turkey; Middle East Technical University, Faculty of Administrative Sciences Joint Publication)

0026 Güriz, Adnan: Sources of turkish law. In: Ansay,T.;Wallace, D.(Hrsg.): Introduction to turkish law. Ankara 1966, S.1 - 20

0027 Esen, B.N.: La Turquie. Paris 1969, 279 S.
(Librairie Générale de Droit et de Jurisprudence)

0028 Davran, Bülend; Kubalı, Hüseyin Nail: Turkey. In: Knapp,

Victor et.al.(Hrsg.): International Encyclopedia of Comparative Law. Bd.1:National Reports. Tübingen, Paris 1973, S. T45 - T55

0029 Hottinger, Arnold: Verfassung und Rechtswesen. In: Kündig-Steiner, Werner (Hrsg.): Die Türkei. Raum und Mensch, Kultur und Wirtschaft in Gegenwart und Vergangenheit. Tübingen, Basel 1974, S.427 - 436 (Institut für Auslandsbeziehungen,Stuttgart: Ländermonographien, 4)

0030 Beck, Alexander: Schweizerisch-türkische Juristengespräche in der Türkei. In: Zeitschrift für Schweizerisches Recht (Basel) 94(1).1975.3, S.271 - 289 (Kurzinformationen zu: Personen- und Gesellschaftsrecht, Gesellschaften des Zivil- und des Handelsrechts, Enstehen rechtsgeschäftlicher Verbindlichkeiten (Form), Grundstückskauf, Schenkung, Bürgschaft, Garantievertrag, Schuldbeitritt, Ehegüterrecht und andere vermögensrechtl. Ehefolgen, Erbrecht, Schiedvereinbarung, Stellvertretung (Form).)

0031 Ansay, Tuğrul; Wallace, Don (Hrsg.): Introduction to turkish law. 2.Aufl., Dobbs Ferry N.Y., Ankara 1978, XII, 255 S.

0032 Güriz, Adnan: Sources of turkish law. In: Ansay, T.; Wallace, Don (Hrsg.): Introduction to turkish law. 2.Aufl., Dobbs Ferry N.Y., Ankara 1978, S. 1 - 22

1.3. Sammelwerke / Compilations / Ouvrages collectifs

0033 Die Rezeption des schweizerischen Rechts in der Türkei. Kongreßberichte der Konferenz von Istanbul (International Committee of Comparative Law), September 1955. Istanbul 1955, k.S.

0034 Receuil des travaux de 3ème semaine turco-suisse. Ankara 1966, 410 S.

0035 Fünfzig Jahre türkisches Zivilgesetzbuch - Cinquantenaire du code civil turc. In: Zeitschrift für Schweizerisches Recht (Basel) 95.1976.1, S.224 - 341

0036 Travaux de la 5ème semaine jurisique turco-suisse. Istanbul 1976, k.S.

1.4. Rechtsphilosophie / Legal philosophy /Philosophie du droit

0037 Abadan, Yavuz: Rechts- und Sozialphilosophie in der Türkei. In: Archiv für Rechts und Sozialphilosophie (Neuwied/Rhein) 43.1957, S.519 - 530

0038 Hamidullah, M.: La philosophie juridique chez les musulmans. In: Annales de la Faculté de Droit d'Istanbul (Istanbul) 18.1968.29/32, S.137 - 152

1.5. Rechtssoziologie /Sociology of law / Sociologie juridique

0039 Saymen, F.H.: Le droit successoral paysan. In: İstanbul Üniversitesi İktisat Fakültesi Dergisi (İstanbul) 4.1942/43, S.224 - 249

0040 Erman, S.: La personalità dell'omicida secondo recenti statistiche turche. In: Annales de la Faculté de Droit d'Istanbul (Istanbul) 3.1954, S.389 - 404

0041 Stirling, A.Paul: Land, marriage and the law in turkish villages. In: International Social Science Bulletin (Paris) 9.1957.1, k.S.

0042 Hirsch, E.E.: Das Recht im sozialen Ordnungsgefüge. Beiträge zur Rechtssoziologie. Berlin 1960, 360 S.

0043 Stirling, A.Paul: A death and a youth club: feuding in a turkish village. In: Anthropological Quarterly 33.1960.1, S.51 ff.

0044 Szyliowicz, J.S.: Erdemli: a case study in political integration. (Ph.D.-thesis) Columbia University 1961, k.S.

0045 Fındıkoğlu, Z.F.: Changes in law and technology in Turkey. In: Annales de la Faculté de Droit d'Istanbul (Istanbul) 11.1961.16/17, S.40 ff.

0046 Cillov, H.: Tendances des marriages et des divorces en Turquie. In: Proceedings: Marriage, divorce and widowhood. International Population Conference. New York 1963, S.182-190
(Hrsg.: International Union for the Study of Population)

0047 Yalman, Nur: On land disputes in eastern Turkey. In: Advanced seminar in the social sciences. 25 August - 1 September 1966. Abant, Bolu (Turkey) 1966, 53 S.

0048 Starr, June: Dispute and delay: the function of 'slowness' in a rural turkish court. Paper at Symposium on Law (American Anthropological Association), Seattle, 21 - 24 Nov. 1968, k.S.

0049 Ayiter, Kzdret: Die Übertragbarkeit abendländischer Staatsordnungen auf islamische Länder. In: Zeitschrift für vergleichende Rechtswissenschaft (Heidelberg) 69.1968, S.129 - 137

0050 Yarsuvat, D.: Urbanization and administration of justice in Turkey. In: Annales de la Faculté de Droit d'Istanbul (Istanbul) 22.1972.38, S.393 - 414

0051 Starr, June; Pool, Jonathan: The impact of a legal revolution in rural Turkey. In: Law and Society Review (Beverly Hills) 8.1974.4, S.533 - 560

0052 Starr, June: Dispute and settlement in rural Turkey. An Ethnography of Law. Leiden 1978, XVIII, 304 S.
(Social, Economic and Political Studies of the Middle East, 23)

0053 Starr,June: A pre-law stage in rural turkish disputes negotiations. In: Gulliver, P.H.(Hrsg.): Cross examinations: essays in memory of Max Gluckman. Leiden 1978, S.110 - 132

0054 Starr, June: Turkish village disputing behavior. In: Nader, L.; Todd, H.F.(Hrsg.): The disputing process - law in ten societies. New York 1978, S.122 - 151

1.6. Rechtsvergleichung / Comparative law / Droit comparé

0055 North, Roger: Turkish and English law compared. In: Illinois Law Review (Munice) 7.1912, S.167 - 173

0056 Tarımer, Hüseyin: La discrimination de revenu au point de vue fiscal et ses principales applications en droit compare. (Thèse) Paris 1954, 129 S.

0057 Redden, Kenneth: Strengthening the ties of free nations: the first turkish-american law conference. In: American Bar Association Journal (Chicago) 43.1957, S.1111 - 1112

0058 Stirling, P.: Comment on the legal situation in Indonesia with comparative data from Turkey. In: Comparative Studies in Society and History (The Hague) 8.1965, S.50 - 55

0059 Postacioğlu, İ.: L'usage qui est fait par la jurisprudence du droit comparé. Jurisprudence turque et droit comparé. In: Annales de la Faculté de Droit d'Istanbul (Istanbul) 16.1967.26/27/28, S.528 - 530

0060 Ayiter, Kudret: Rechtsvergleichung bei einigen Problemen des deutschen und schweizerisch-türkischen Rechts. In: Sein und Werden im Recht. Festgabe für Ulrich von Luebtow zum 70.Geburtstag am 21.8.1970. Berlin 1970, S.651 - 666

0061 Ayiter, Kudret: Rechtsvergleichende Betrachtungen über wechselseitige Wirkungen der rechtskräftigen Straf- und Zivilurteile. In: Festschrift für E.Heinitz. Berlin 1972, S.751 - 764

0062 Brewster, Harelock; Sistemas de integración industrial: principios, normas et procedimientos. In: Derecho de la integración (Buenos Aires) 1972.10, S.118 - 150 (Rechtsvereinheitlichung-Wirtschaftsplanung: u.a. Türkei)

0063 Ayiter, Kudret: Rechtsvergleichende Betrachtungen über wechselseitige Wirkungen der rechtskräftigen Straf- und Zivilurteile. In: Einheit und Vielfalt des Strafrechts. Festschrift für Karl Peters. Tübingen 1974, S.751 - 764

1.7. Rezeption - Rechtsentwicklung allgemein / Reception - Development of law in general / Réception - Développement du droit en général

0064 Heinze, ?: Die Rechtslage in der Türkei. In: Juristische Wochenschrift (München) 47.1918, S.321 - 324

0065 Brinton, J.Y.: Judicial reform in Turkey. In: Constitutional Review (?) 5.1921, S.3 - 14

0066 Pritsch, E.: Die Rezeption des schweizerischen Zivilrechts in der Türkei. In: Schweizerische Juristenzeitung (?) 23.1926/27, S.273 - 278

0067 Hudson, M.O.: Law reform in Turkey. In: American Bar Association Journal (Chicago) 13.1927, S.5 - 8

0068 Ostrorog, Léon: The Angora Reform. Three lectures delivered at the centenary celebrations of University College on June 27, 28, 29, 1927. London 1927, 99 S.

0069 A., Ebulula; A., Samim: Le passage des anciennes sources aux nouvelles sources en droit privé turc. In: Recueil Gény (Paris) 1.1934, S.126 - 133

0070 Hamid, Ali: Muslim law and modern Turkey. In: Islamic Culture (?) 12.1938, S.119 - 121

0071 Sauser-Hall, ?: La réception des droits européens en Turquie. In: Recueil de travaux publié par la Faculté de Droit de l'Université de Genève (Genève) 1938, S.323 - 360

0072 Ayiter, Ferit: Das Rezeptionsproblem im Zeichen der kulturhistorischen Perspektive "Europa und das Römische Recht" und unter besonderer Berücksichtigung der Rezeption westeuropäischer Gesetzbücher in der modernen Türkei. In: L'Europa e il Diritto Romano. Milano 1954, Bd.4, S.133 - 156

0073 Aubin, Bernhard C.H.: Kolloquium über die Rezeption fremder Rechte in der Türkei. In: Rabels Zeitschrift für ausländisches und internationales Privatrecht (Tübingen) 20.1955, S.737 - 739

0074 Arslanlı, Halil: De l'effet d'une norme interprétative du droit suisse. Spécialement du CCS et du COS sur le droit turc. In: Annales de la Faculté de Droit d'Istanbul (Istanbul) 5.1956.6, S.124 - 130

0075 Ayiter, Ferit: The interpretation of a national system of laws received from abroad. In: Annales de la Faculté de Droit d'Istanbul (Istanbul) 5.1956.6, S.41 - 43

0076 Belgesay, M.R.: La réception des lois étrangères en Turquie. In: Annales de la Faculté de Droit d'Stanbul (Istanbul) 5.1956.6, S.93 - 98

0077 David, R.: Réflexions sur le colloque d'Istanbul. In: Annales de la Faculté de Droit d'Istanbul (Istanbul) 5.1956.6, S.239 - 251

0078 Fındıkoğlu, L.F.: Special aspects of the turkish reception of law. Concerning islamic jurisdiction. In: Annales de la Faculté de Droit d'Istanbul (Istanbul) 5.1956.6, S.155-165

0079 Hamson, C.J.: The Istanbul Conference of september 1955. Preliminary report. In: Annales de la Faculté de Droit d'Istanbul (Istanbul 5.1956.6, S.3 - 10 und in: The International and Comparative Law Quarterly (London) 5.1956, S.26 - 39

0080 İzveren, Adil: The reception of the Swiss Civil Code in Turkey and fundamental problems arising in the practise of the turkish courts out of this reception of a foreign civil law. In: Annales de la Faculté de Droit d'Istanbul (Istanbul) 5.1956.6, S.171 - 174

0081 Kubalı, H.N.: Les facteurs déterminants de la réception en Turquie et leur portée respective. In: Annales de la Faculté de Droit d'Istanbul (Istanbul) 5.1956.6, S.44 - 52

0082 Lipstein, K.: The reception of western law in Turkey (working paper). In: Annales de la Faculté de Droit d'Istanbul

(Istanbul) 5.1956.6, S.11 - 27

0083 Lipstein, Kurt: The reception of western law in Turkey. The purpose and the results of the meeting of the International Association of Legal Science held in Istanbul in September 1955. In: Annales de la Faculté de Droit d'Istanbul (Istanbul) 5.1956.6, S.225 - 238

0084 Neumayer, K.H.: Probleme der Rezeption des schweizerischen Rechts in der Türkei. In: Juristenzeitung (Tübingen) 1956, S.68 f.

0085 Okay, Sami: De quelques problèmes résultant de la récéption en Turquie du livre II du code de commerce allemand. In: Annales de la Faculté de Droit d'Istanbul (Istanbul) 5.1956.6, S.175 - 181

0086 Postacioğlu, İlhan E.: Quelques observations sur la technique des codes étrangers à la lumière de l'expérience turque. In: Annales de la Faculté de Droit d'Istanbul (Istanbul) 5.1956.6, S.63 - 74

0087 Rheinstein, Max: Types of reception. In: Annales de la Faculté de Droit d'Istanbul (Istanbul) 5.1956.6, S.31 - 40

0088 Şensoy, Naci: The reception of foreign codes of criminal law and criminal procedure in Turkey. In: Annales de la Faculté de Droit d'Istanbul (Istanbul) 5.1956.6, S.182-185

0089 Timur, Hifzi: The place of islamic law in turkish law reform. In: Annales de la Faculté de Droit d'Istanbul (Istanbul) 5.1956.6, S.75 - 80

0090 Timur, Hifzi: Views on the transition in Turkey from islamic law to a western legal set-up. The reasons of this transition, and the relations between islamic law and religion. In: Annales de la Faculté de Droit d'Istanbul (Istanbul) 5.1956.6, S. 81-88

0091 Velideoğlu, Hifzi Veldet: De certains problèmes provenant de la réception du code civil suisse en Turquie. In: Annales de la Faculté de Droit d'Istanbul (Istanbul) 5.1956.6, S.99 - 123

0092 Belgesay, M.R.: Social, economic and technical difficulties experienced as a result of the reception of foreign law. In: International Social Science Bulletin (Paris) 9.1957, S.49 - 51

0093 Hamson, C.J.: Introduction: (The reception of foreign law in Turkey.) In: International Social Science Bulletin (Paris) 9.1957, S.7 - 12

0094 Kubalı, H.N.: Modernization and secularization as determining factors in reception in Turkey. In: International Social Science Bulletin (Paris) 9.1957, S.65 - 69

0095 Lipstein, K.: Conclusions: (The reception of foreign law in Turkey.) In: International Social Science Bulletin (Paris) 9.1957, S.70 - 81

0096 Postacıoğlu, İ.E.:The technique of reception of a foreign code of law. (The reception of foreign law in Turkey.) In: International Social Science Bulletin (Paris) 9.1957, S.54-60

0097 Velideoğlu, Hifzi Velder: The reception of the swiss civil code in Turkey. In: International Social Science Bulletin 9.1957, S.60 - 65

0098 Fındıkoğlu, L.F.:A turkish sociologist's view. (The reception of foreign law in Turkey.) In: International Social Science Bulletin 9.1957, S.13 - 20

0099 Logemann, J.H.: Moderne receptie van modern recht. (II. Turkije.) In: Nieuw Guinea Studien (?) 3.1959, S.166-195

0100 Hirsch, E.E.: Die Rezeption fremden Rechts als sozialer Prozeß. In: Festgabe für Friedrich Bülow. Berlin 1960, S.121 ff.

0101 Lipstein, K.: Reception of western law in countries of a different economic and social background with special regard to problems arising out of industrialization. In: Annales de la Faculté de Droit d'Istanbul (Istanbul) 11.1961.16/17, S.3 ff.

0102 Turkey's transition from islamic law to western legal set-up. In: Mahmassani, Sobhi et.al.(Hrsg.): The principles of law making in Islam. Lahore 1961, 82 S.

0103 Velideoğlu, H.V.: Facteurs de codification dans l'empire ottoman et les causes de la réception du code civil suisse par la Turquie républicaine. In: Annales de la Faculté de Droit d'Istanbul (Istanbul) 11.1961.16/17, S.21 ff.

0104 Hirsch, E.E.: Die Rezeption fremden Rechts als sozialer Prozeß. In: Hirsch, E.E.: Das Recht im sozialen Ordnungsgefüge. Berlin 1966, S.89 - 105

0105 Ayiter, Kudret: Die Übertragbarkeit abendländischer Rechtsordnungen auf islamische Länder. In: Zeitschrift für vergleichende Rechtswissenschaft (Heidelberg) 69.1968, S.129 - S.137

0106 Hirsch, E.E.: Vier Phasen im Ablauf eines zeitgenössischen Rezeptionsprozesses. Ein Beitrag zur Rechtsvergleichung zwischen Mutter- und Tochterrecht. In: Zeitschrfit für vergleichende Rechtswissenschaft 69.1968, S.182 - 223

0107 Rieck,J.; Davran, B.: Die Weiterentwicklung des rezipierten schweizerischen Zivilrechts in der Türkei. In: Mitteilungen der Südosteuropa Gesellschaft (München) 11.1971.3/4, S.105-108

0108 Tedeschi, Guido: On the movement for reception and codification in the neighbouring countries. In: Comparative law of Israel and the Middle East (Washington D.C.) 1971, S.45-74
(Betrifft: Islam allg.;Türkei;Vereinigte Arabische Republik; Syrien;Libanon;Israel;Irak;Zypern.)

0109 Hirsch, E.E.: Die Reformgesetze Atatürks: Rechtsgesetze und Rechtswirklichkeit. In: Mitteilungen der Deutsch-Türkischen Gesellschaft (Bonn) 91.1973, S.10 - 16

0110 Magnarella, P.J.: The reception of swiss family law in Turkey. In: Anthropological Quarterly (?) 46.1973, S.100 - 116

0111 Rheinstein, Max: Grundtypen der Rezeption. In: v.Borries, ?; Reimer, ?: Rheinstein, Max: Einführung in die Rechtsvergleichung. München 1974, S.124 - 131 (JuS Schriftenreihe, 17; 0111 ist eine auszugsweise Übersetzung von 0087!)

0112 Gören-Atasoy, Zafer: Die Fortbildung rezipierten Rechts. Ein amtlicher Entwurf zu einem türkischen Zivilgesetzbuch. In: Zeitschrift für Schweizerisches Recht (Basel) 95.1976.1, S.265 - 286

0113 Hirsch, E.E.: Vom schweizerischen Gesetz zum türkischen Recht. In: Zeitschrift für Schweizerisches Recht 95.1976.1, S.223 - 248

0114 Bayraktar, Köksal: L'influence du droit français sur les tentatives du monde juridique turc pour s'occidentaliser. In: Annales de la Faculté de Droit d'Istanbul (Istanbul) 25.1979.42, S.317 - 322

0115 Elbir, Halid Kemal: Problèmes soulevés par l'adoption d'un code civil étranger en Turquie. In: Le nuove frontiere e il problema dell'unificazione. Atti del Congresso internazionale della Facoltà di giurisprudenzia dell'Università di Bari (2-6 aprile 1975). Milano 1979, Bd.1, S.293 - 330

1.8. Ausbildung / Legal education / Enseignement

0116 Cheatham, E.E.: Legal education in Turkey. In: Journal of Legal Education (?) 2.1949, S.21 - 25

0117 International Society of Criminology: The university teaching of social sciences: criminology. (Reports prepared by Dennis Carrol and others.) Paris (UNESCO) 1957, 164 S. (U.a.: Türkei)

0118 Redden, Kenneth: Legal education in Turkey. A comparative study. Istanbul 1957, 152 S.

0119 Abadan, Yavuz; Abadan, Nermin: The university teaching of administrative sciences in Turkey. In: International Review of Administrative Sciences (?) 25.1959.4, S.4 - 6

1.9. Status der Frau / Women's status / Statut de la femme

0120 Emerson, M.E.: The outlook for the woman in Turkey today. In: Muslim World (?) 15.1925, S.269-73

0121 Frumkin, ?: The legal position of women in Turkey under the old and new régime, and in Egypt. In: Journal of Comparative Legislation (?) 10.1928, S.196 - 206

0122 Jäschke, G.: Die Frauenfrage in der Türkei. In: Saeculum (Freiburg - München) 10.1959.4, S.360 - 369

0123 Ülken, H.Z.: Evolution de la condition feminine en Turquie. In: Sosyoloji Dergisi (Ankara)15.1960, S.140 - 152

0124 Afetinan, A.: The emancipation of the turkish women. Paris (UNESCO) 1962, 63 S.

0125 Abadan-Unat, Nermin: Social change and turkish women. Ankara 1963, VII, 36 S. (siehe nächste Seite)

(Publications of the Faculty of Political Science of the University of Ankara, Publications: 171-153)

0126 Abadan, Nermin: Turkey. In: Patai, Raphael (Hrsg.): Women in the muslim world. New York 1967, S.82 - 105

0127 Abadan-Unat, Nermin: The place of turkish women in the society. In: RCD ülkelerinde yürürlükte bulunan kanunlar çerçevesinde kadınların statüsü semineri. (Türkiye Üniversiteli Kadınlar Derneği-Ankara Şubesi/Dışişleri Bakanlığı) Ankara, 12 - 14 Kasım 1968. 11 Bl.

0128 Atabek, Reşat: Women in the turkish family law. In: RCD ülkelerinde yürürlükte bulunan kanunlar çerçevesinde kadınların statüsü semineri. (Türkiye Üniversiteli Kadınlar Derneği-Ankara Şubesi/Dışişleri Bakanlığı) Ankara, 12 - 14 kasım 1968. 7 Bl.

0129 Işık, Rüçhan: Social and economic rights of the working women. In: RCD ülkelerinde yürürlükte bulunan kanunlar çerçevesinde kadınların statüsü semineri. (Türkiye Üniversiteli Kadınlar Derneği-Ankara Şubesi/Dışışleri Bakanlığı) Ankara, 12 - 14 kasım 1968. 12 Bl.

0130 Tüzün, Zerrin: The present social status of turkish women and its relation with education. In: RCD ülkelerinde yürürlükte bulunan kanunlar çerçevesinde kadınların statüsü semineri. (Türkiye Üniversiteli Kadınlar Derneği-Ankara Şubesi/Dışişleri Bakanlığı) Ankara, 12 - 14 kasım 1968. 8 Bl.

0131 Uluocak, Nihal Erdener: Legal status of turkish women with respect to international convention. In: RCD ülkelerinde yürürlükte bulunan kanunlar çerçevesinde kadınların statüsü semineri. (Türk Üniversiteli Kadınlar Derneği-Ankara Şubesi/Dışişleri Bakanlığı) Ankara, 12 - 14 kasım 1968, 7 Bl.

0132 Daver, Bülend: Political rights of women. In: Siyasal Bilgiler Fakültesi Dergisi (Ankara) 23.1968.4, S.111 - 120

0133 Turkish University Women's Association (Hrsg.): Women in Turkey. Ankara 1972, 59 S.
(Turkish University Women's Association Publication: 7)

0134 Işık, Demet: The legal status of women. In: Turkish University Women's Association (Hrsg.): Women in Turkey. Ankara 1972, S.23 - 32

0135 Abadan-Unat, Nermin: Major challenges faced by turkish women: legal emancipation, urbanization, industrialization. In: Turkish Yearbook of International Relations (Ankara) 14.1974, S.20 - 44

0136 Fişek, Şadan: Un aperçu de la situation juridique et sociale de la femme en Turquie. In: Revue Juridique et Politique. Indépendence et Coopération (Paris) 28.1974, S.1306 - S.1314

0137 Sönmez, Emel: Kemalism on women's rights and liberties. In: Atatürk devrimleri I.milletlerarası sempozyumu/first

international symposium on Atatürks reforms, Istanbul 10 - 14.XI.1973, tebliğler/papers (= İstanbul Üniversitesi Atatürk devrimler araştırma Enstitüsü yayınları: 5). Istanbul 1975, S.396
(Resumée eines in türkischer Sprache gehaltenen Referates mit dem Titel: "Kadın hak ve hürriyetlerinde kemalizm" (S.378 - 395).)

0138 Taşkıran, Tezer: Women in Turkey. Istanbul 1976, 104 S.

0139 Kandiyoti, Deniz: Women in the turkish society. Seminar report. İstanbul, Mayıs 16 - 19. Ankara (Türk Sosyal Bilimler Derneği) 1978, 79 S.

0140 Doğramacı, Emel: Ziya Gökalp and women's rights. In: Die Welt des Islams (Leiden) N.S.18.1978, S.212 - 229

2. PRIVATRECHT / CIVIL LAW / DROIT CIVIL

2.1. Privatrechtsgeschichte - Privatrecht allgemein / History of private law - Private law in general / Histoire du droit privé - Droit privé en général

0141 (Ottoman Empire): The Medjelle; or ottoman civil law. (translated by W.E. Grigsby). London 1895, 433 S.

0142 Tyler, C.R.: The Mejelle. Nicosia 1901, k.S.

0143 Jäschke, G.: Das neue türkische Wuchergesetz. In: Der neue Orient (?) 1.1917, S.398 - 399

0144 Bardaky, N.: La conception générale de la responsabilité civile en droit français et en droit turc comparês. (Thèse) Paris 1925, 174 S.

0145 (Turque, République): Code Civil Turc. Loi no.473 du 17 février 1926. Istanbul 1926, k.S.
(La législation turque.)

0146 Secretan, R.: Le nouveau Code Civil Turc. In: Bulletin de Sociologie et Législation Comparée (?) 56.1926/27, S.361 - 386

0147 Sauser-Hall, ?: Introduction à l'étude du nouveau droit civil en Turquie. Istanbul 1927, k.S.

0148 (Turque, République): Code des Obligations. Précédé d'un historique de la refonte du Code des Obligations, l'éxposé des motifs et du rapport de la commission judiciaire et suivi d'une table analytique et d'un index alphabétique. Istanbul 1927, XXIV, 130 S.
(La législation turque.)

0149 (Turque, République): Code Civil Turc. Loi no.473 du 17 février 1926. 2ème éd.(revue et corrigée), Istanbul 1928, XXIII, 193 S.
(La législation turque.)

0150 (Turque, République): Code Civil Turc..Loi no.473 du 17 février 1926. 3ème éd.(revue et corrigée), Istanbul 1937, k.S.
(La législation turque.)

0151 Ayiter, Ferit: Einige Bemerkungen über das alttürkische

Privatrecht. In: Iktisat Fakültesi Dergisi (Istanbul) 11.1949/50.1/4, S.55 - 58

0152 Schwarz, Andreas: Das Schweizerische Zivilgesetzbuch in der ausländischen Rechtsentwicklung. Zürich 1950, IV, 90 S.
(Vortrag gehalten an der Universität Zürich.)

0153 Gülümser, İsmet: Législation turque - droit privé. In: Annales de la Faculté de Droit d'Istanbul (Istanbul) 1.1951.1, S.186 - 197
(Enthält: 1.Loi du 2/1/1950 no.5478 concernant la modification de l'art.37 de la loi du 1/7/1947 no.5237 relative aux revenues des municipalités. Le bail d'immeuble. 2.Loi du 31/1/1950 no.5516 concernant l'assechement des etangs et les terres ainsi obtenues. 3.Loi du 31/1/195o no.5519. 4.Loi du 31/1/1950 no.5520 concernant la modification de l'art.31 du loi du 22/11/1934 no.2644 relative à la cadastration. 5.Loi du 7/2/1950 no.5524 concernant l'inscription en tant que mariage valable des unions de fait et des enfants issus de ces unions et celle des naissances restées clandestines (non portées aux registres publics). 6.Loi du 22/3/1950 no.5602 sur la cadastration.)

0154 Postacıoğlu, İ.E.: Jurisprudence turc-droit civil. In: Annales de la Faculté de Droit d'Istanbul (Istanbul) 1.1951.1, S.198 - 213

0155 Toprak, Vamık: Les résultats de l'application en Turquie du nouveau code civil. (Thèse) Paris 1952, 310 S.

0156 Hirsch, E.E.: Das schweizerische Zivilgesetzbuch in der Türkei. In: Schweizerische Zuristenzeitung (?) 50.1954, S.337 - 346

0157 Onar, S.S.: La codification d'une partie du droit musulman dans l'Empire Ottoman (Le Medjelle). In: Annales de la Faculté de Droit d'Istanbul (Istanbul) 3.1954, S.90 - 128

0158 Onar, S.S.: The Majalla. In: Khadduri, M.; Liebesny, H. (Hrsg.): Law in the Middle East. I: Origin and Development of Islamic Law. Washington D.C. 1955, S.292 - 308

0159 Davran, Bülend: Bericht über die Änderungen im türkischen ZGB gegenüber dem schweizerischen, verbunden mit einigen Bemerkungen über den Sinn der Rezeption. In: Annales de la Faculté de Droit d'Istanbul (Istanbul) 5.1956.6, S.131 - 143

0160 Elbir, K.: La réforme d'un code civil adopté de l'étranger. In: Revue internationale de Droit Comparé (Paris) 8.1956, S.53 ff.

0161 Ülken, Hilmi Ziya: Le droit coutumier et le code civil. In: Annales de la Faculté de Droit d'Istanbul (Istanbul) 5.1956.6, S.89 - 92

0162 Ülken, H.Z.: Le changement du code civil et sa répercussion sociale en Proche-Orient. In: Third World Congress of Sociology, Transactions. International Sociological

Association. London 1956, Bd.4, S.108 - 112

0163 Pritsch, E.: Das Schweizerische Zivilgesetzbuch in der Türkei. Seine Rezeption und die Frage seiner Bewährung. In: Zeitschrift für vergleichende Rechtswissenschaft (Heidelberg) 59.1957, S.123 - 180

0164 Ülken, Hilmi Ziya: The new civil code and the traditional customary law. (The reception of foreign law in Turkey. In: International Social Science Bulletin (Paris) 9.1957, S.51 - 53

0165 Hirsch, E.E.: Die Gesetzgebung der Türkei auf dem Gebiete des Privatrechts 1939 - 1956. In: Rabels Zeitschrift für ausländisches und internationales Privatrecht (Tübingen) 23.1958, S.81 - 110

0166 Pritsch, E.: Schweizerisches Zivilgesetzbuch in der türkischen Praxis. In: Rabels Zeitschrift für ausländisches und internationales Privatrecht (Tübingen) 24.1959), S.686 - 718

0167 Mardin, Şerif Arif: Some explanatory notes on the origins of the 'Mecelle' (Medjelle). In: The Muslim World (Hartford, Conneticut) 51.1961, S.189 - 196 u. S.274 - 279

0168 Velideoğlu, H.V.: Erfahrungen mit dem Schweizerischen Zivilgesetzbuch in der Türkei. In: Zeitschrift für Schweizerisches Recht (Basel) N.F.81.1962.1, S.51 - 74

0169 Akev, Sahir Talat: Le jeu et le pari dans le droit privé turc. In: Annales de la Faculté de Droit d'Istanbul (Istanbul) 15.1965.21/22, S.143 - 173

0170 (Türkische Republik): Das Bürgerliche Gesetzbuch vom 17.Februar 1926 (§§ 11 - 22, 26 - 34, 82 - 169, 241 - 277, 290 - 321, 346 - 362, 414 - 422). In: Bergmann,Alexander (Hrsg.): Internationales Ehe- und Kindschaftsrecht. Frankfurt a.M. 1965 ff., Band 3, k.S.

0171 Bilge, N.: Autorité de la jurisprudence en droit privé turc. In: Recueil de la 3ème Semaine juridique turco-suisse. Ankara 1966, S.191 - 211

0172 Postacıoğlu, İ.: L'autorité de la jurisprudence en droit privé. In: Recueil de la 3ème Semaine juridique turco-suisse. Ankara 1966, S.213 - 228

0173 Elbir, Halid Kemal: Le code civil turc, son état présent et son proche avenir. Strasbourg 1967, 16 S. (Faculté internationale pour l'enseignement du droit comparé, session de printemps: Introduction au droit turc. = Publication no.629)

0174 Tedeschi,Guido: Le centenaire de la Mejellé. In: Revue internationale de Droit Comparé (Paris) 1969.1, S.125-133

0175 Meron, Ya'akov: The Mejelle tested by its application. In: Israel Law Journal (Jerusalem) 5.1970, S.203 - 215

0176 Davran, Bülent; Rieck, Jürgen: Die Weiterentwicklung des rezipierten Schweizerischen Zivilrechts in der Türkei. In: Mitteilungen der Südosteuropa Gesellschaft (München) 11.1971.3/4, S.105 - 108

0177 Moisset de Espanés, Luis: Notas sobre et derecho civil turco. In: Bolêtin de la facultad de derecho y ciencias sociales (Cordobá) 35.1971.1/5, S.311 - 329

0178 Baudouin, Jean-Louis: Rapport général. In: Travaux de l'Association Henri Capitant des amis de la culture juridique française (Paris) 1968, S.7 - 138 (Besondere Vertragstypen - Standardverträge - Allgemeine Geschäftsbedingungen: U.a. Türkei

0179 Zwahlen, Mary: Les écarts législatifs entre le droit civil turc et le droit civil suisse. In: Zeitschrift für Schweizerisches Recht (Basel) 92(1).1973.2, S.141 - 186 (Gesamtdarstellung: Rechtsvergleichung, Gesetzesauslegung, Rechtsquellen)

0180 İmre, Zahit: Quelques reflexions sur défience mentale envisagée du point de vue du jugement d'interdiction. In: Kubalı'ya Armağan. Istanbul 1974, S.715 - 719

0181 Zwahlen, Mary: L'application en Turquie du code civil reçu de la Suisse. In: Zeistchrift für Schweizerisches Recht (Basel) 95(1).1976, S.249 - 264

0182 Nadolski, D.G.: Ottoman and secular civil law. In: International Journal of Middle East Studies (New York, London) 8.1977, S.517 - 543

0183 Berkin, Necmeddin: Die alttürkischen Gesetze über Handels-, Wirtschafts- und Konkursrecht für die Balkanländer aus der Zeit der osmanischen Herrschaft als wertvolles Dokument für die neuzeitliche Rechtsgeschichte. In: Annales de la Faculté de Droit d'Istanbul (Istanbul) 25.1979.42, S.385 - 408

2.2. Allgemeiner Teil des Zivilgesetzbuches / General part of the Civil Code / Partie générale du Code Civil

0184 Avni, Hüseyin (Göktürk): L'extinction du pouvoir de représentation et les effets qui en découlent. (Thèse) Genève 1934, XIX, 169 S.

0185 Alperen, Fevzi Mehmet: La différenciation de l'intéret en droit suisse. (Thèse) Fribourg (Yverdon) 1947, 140 S. (Diss.Helv. 1947 - 329)

0186 Tandoğan, H.: Rapport sur le projet de loi turque concernant les fondations nouvelles. In: Recueil des travaux de la 3ème Semaine juridique turco-suisse. Ankara 1966, S.13-36

0187 Serozan, Rona: Die Überwindung der Rechtsfolgen des Formmangels im Rechtsgeschäft nach deutschem, schweizerischem und türkischem Recht. (Diss.) Tübingen 1968, XII, 154 S. (U.68.14608)
Im Handel: Juristische Studien: 6. Tübingen 1968

0188 (Turque, République): Loi sur les fondations. Loi no.903 du 13 juillet 1967. (Traduit par A.Sakmar). In: Annales de la Faculté de Droit d'Istanbul (Istanbul) 18.1969.33/35, S.184 - 192

0189 Oğuzman, Kemal: Effets de la dépréciation monétaire sur les rapports juridiques contractuels en droit civil et en droit du travail. In: Annales de la Faculté de Droit d'Istanbul (Istanbul) 20.1971.37, S.151 - 167

0190 Hatêmî, H.: Considérations sur la forme de l'acte de fondation en droit turc. In: Travaux de la 5ème Semaine juridique turco-suisse. Istanbul 1976, S.23 - 40

0191 Oğuzman, K.: La jurisprudence suisse et turc en matière de l'abus de droit d'invoquer la nullité du contrat pour vice de forme. In: Travaux de la 5ème Semaine juridique turco-suisse. Istanbul 1976, S.143 - 150

0192 Serozan, R.: Die Überwindung der Formnichtigkeit. In: Travaux de la 5ème Semaine juridique turco-suisse. Istanbul 1976, S.151 - 168

0193 Tekinay, S.S.: La forme volontaire. In: Travaux de la 5ème Semaine juridique turco-suisse. Istanbul 1976, S.181-188

2.3. Schuldrecht / Obligations / Obligations

0194 Ferid, Mehmed: Kritik der Lehre Leonhards "Erfüllungsort Schuldort" mit Berücksichtigung fremder Rechte und besonders des islamisch-türkischen Rechts. (Diss.) Göttingen 1923, XV, 191 S.
(U.23.3891)

0195 Wettstein, Georg et.al.: The swiss federal code of obligations, indicating the alterations made in connection with the adoption of this law in Turkey. Zürich 1928, 400 S.

0196 Goadby, F.M.: Notes on the law of delicts in the Medjelle. In: L'Egypte contemporaine (Caire) 15.1924, S.493 - 509

0197 Arda, Sadık: Hauptpunkte der Lehre vom Schadensersatz nach deutschem bürgerlichen Recht, verglichen mit dem alten und neuen türkischen Recht. (Diss.) Bonn 1938, 137 S.
(U.39.1097)

0198 Tarkan, Muntaz (?): Commentaires de la loi sur les adjucations. (Trad. par A.Tevfik). Istanbul 1939, 236 S.

0199 Goadby, F.M.: The moslem law of civil delict as illustrated by the Mejelle. In: Journal of Comparative Legislation and International Law (?) 3rd.ser. 21.1939, S.62-74

0200 (Ottoman Empire): Ottoman code - damages. In: Juridical Review (Edinburgh,Scotland) 53.1941, S.274 - 275

0201 Reisoğlu, Kemal: Die außerkontraktliche Haftung des Geschäftsherrn und ihre Folgen nach deutschem, schweizerischem und türkischem Recht. (Diss.) Bonn 1953, XII,91 S.
(U.53.840)

0202 Postacıoğlu, İ.E.: La date de l'evaluation du prejudice dans le calcul des dommages-intérêts. In: Annales de la Faculté de Droit d'Istanbul (Istanbul) 3.1954, S.203 - 212

0203 İnan, Ali Naim: Die Unmöglichkeit der Leistung im deutschen, schweizerischen und türkischen Recht. (Diss.) Freiburg 1956, XIV, 128 S.
(U.56.2411)

0204 İnan, Ali Naim: Die Unmöglichkeit der Leistung (sic) im deutschen, schweizerischen und türkischen Recht. In: Annales de l'Université d'Ankara (Ankara) 6.1955/58, S.273 - 304

0205 Kalpsüz, Turgut: Die Gefahrttragung im Versendungskauf nach deutschem, schweizerischem und türkischem Recht, historisch und soziologisch entwickelt. (Diss.) Frankfurt 1955, XIII, 178 S.
(U.55.2221)

0206 Arık, K.Fikret: The principle differences between swiss and turkish practice in interpreting the civil code. In: Annales de la Faculté de Droit d'Istanbul (Istanbul) 5.1956.6, S.144 - 149

0207 Davran, Cahit: Der Grundsatz "Kauf bricht Miete" in der sozialen Umgestaltung, insbesondere des türkischen Mietrechts. (Diss.) Freiburg i.Br. 1960 , 130 S.
(U.65.4051)
Im Handel: Frankfurt, Berlin 1964, Arbeiten zur Rechtsvergelichung: 19
Rez.: Bärmann, J. In: Rabels Zeitschrfit für internationales und ausländisches Zivilrecht (Tübingen) 32.1968, S.369 - 370

0208 Ayiter, Kudret: Kausalzusammenhang im Schadensersatzrecht. Römisches Recht und vergleichende Betrachtungen im heutigen Recht. In: Annales de la Faculté de Droit d'Istanbul (Istanbul) 10.196o.15, S.237 ff.

0209 Ünsalan, Ayhan: Das Zinsproblem im türkischen Recht. (Diss.) Berlin 1961, 112 S.
(U.62.906)

0210 Birsen, K.: Restitution de la possession en droit turc d'après la jurisprudence de la cour de cassation. In: Annales de la Faculté de Droit d'Istanbul (Istanbul) 11.1961.16/17, S.90 ff.

0211 Elbir, H.K.: Sur quelques modifications apportées directement ou indirectement par le législateur turc au code des obligations adopté de la Suisse. In: Annales de la Faculté de Droit d'Istanbul (Istanbul) 11.1961.16/17, S.54 ff.

0212 İnan, Ali Naim: Die Unmöglichkeit der Leistung (sic) im deutschen, schweizerischen und türkischen Recht. In: Annales de l'Université d'Ankara (Ankara) 7.1963, S.19 ff.

0213 Tandoğan, Halûk: Le concours des responsabilités contractuelle et delictuelle en droit turc, comparé avec le droit suisse. In: Annales de la Faculté de Droit d'Istanbul (Istanbul) 13.1963.19, S.77 - 115

0214 Tandoğan, Halûk: Différentes catégories d'inexécution des obligations conventionelles et sanctions qui y sont attachées en droit turco-suisse. In: Ernst E.Hirsch'e Armağan. Ankara 1964, S.409 - 438

0215 Tandoğan, Halûk: La réparation d'un dommage causé à un tiers. In: Mélanges Roger Secretan. Montreux 1964, S.305-323

0216 Selici, Özer: Die Haftung des Frachtführers nach deutschem und türkischem Recht und nach den Bestimmungen des Übereinkommens über den Beförderungsvertrag im internationalen Straßengüterverkehr. (Diss.) Würzburg 1965, III, 112, XI S.
(U.65.12430)

0217 Ansay, Tuğrul: Law of obligations. In: Ansay, T.; Wallace, D.(Hrsg.): Introduction to turkish law. Ankara 1966, S.161 - 176

0218 Oğuzman, M.K.: La sanction de l'inexécution du contrat en droit turc. In: Annales de la Faculté de Droit d'Istanbul (Istanbul) 17.1967.26/28, S.88 - 98

0219 Yücel, Turgay: La réparation du dommage moral en cas de rupture des fiançailles et en cas de divorce. Etude de droit français et de droit turc. (Thèse) Lausanne 1968, 127 S.
(Diss.Helv. 1968 - 572)

0220 Aksoy, Suat: Rechtliche Fragen der Pacht und der Teilpacht in der Türkei. In: Recht der Landwirtschaft (Stollhausen) 20.1968, S.57 - 62

0221 İmre, Zahit: La responsabilité civile provenant des choses dangereuses en droit privé turc. In: Annales de la Faculté de Droit d'Istanbul (Istanbul) 18.1968.29/32, S.1 - 64

0222 Postacıoğlu, İlhan; Deprez, Jean; Dalco, R.O.: Les sanctions attachées à l'inexécution des obligations contractuelles en droit civil et commercial. In: Traveaux de l'Association Henri Capitant des amis de la culture juridique française (Paris) 1968, S.7 - 138
(U.a. Türkei)

0223 Tekinay. Selâhattin Sulhi: Le problème du cumul de la responsabilité contractuelle et délictuelle. In: Annales de la Faculté de Droit d'Istanbul (Istanbul) 13.1968.19, S.121 - 124

0224 İmre, Zahit: Les journées néerlandaises de l'Association Henri Capitant et l'évolution recente du droit de la responsabilité. In: Mukayeseli Hukuk Araştırma Dergisi (Istanbul) 3.1969.4, S.307 - 321
(U.a. Türkei)

0225 Serozan, Rona: Die Rückabwicklung unwirksamer Kaufverträge. In: Mukayeseli Hukuk Araştırma Dergisi (Istanbul) 3.1969.4, S.335 - 338

0226 Serozan, Rona: Stückschuld - Gattungsschuld: eine Unterscheidung die es zu beseitigen gilt. In: Mukayeseli Hukuk Araştırma Dergisi (Istanbul) 3.1969.5, S.457 - 459

0227 International Institute for the Unification of Private Law: Sales of movables by installment and on credit in the member states of the Council of Europe. Study in comparative law prepared by UNIDROIT. Straßbourg 1970, 253 S.
(Enthält Informationen über Gesetzgebung und Rechtspraxis: U.a. Türkei)

0228 Stoll, Hans: Penal purposes of the law of tort. In: American Journal of Comparative Law (Baltimore) 8.1970.1/3, S.3 - 21
(Recht der unerlaubten Handlungen: U.a. Türkei)

0229 Tandoğan, Halûk: La jurisprudence turque concernat la revision des loyers. In: Ankara Üniversitesi Hukuk Fakültesi Dergisi 27.1970.3/4, S.193 - 217

0230 İmre, Zahit: Rapport sur la responsabilité civile provenant des choses dangereuses en droit civil turc. In: Travaux de l'Association Henri Capitant des amis de la culture juridique française (Paris) 19.1967.(1971), S.131 - 178

0231 Gürsoy, Kemal Tahir: Reparation du tort moral en matière de responsabilité causale en droit turc. In: Prof.Dr. Hüseyin Cahit Oğuzoğlu'na Armağan. Ankara 1972, S.249 - 269

0232 Kaneti, Selim: Les grandes lignes de la responsabilité extracontractuelle en droit civil turc. In: Revue Internationale de Droit Comparé (Paris) 24.1972.3, S.629 - 656

0233 Keleş, Ruşen: Some legal aspects of air pollution control in Turkey. In: Ankara Üniversitesi Siyasal Bilgiler Fakültesi Dergisi 27.1972.3, S.443 - 455
(Delikts- und Gefährdungshaftung betreffend Umweltschtz.)

0234 Tekinay, S.S.: La réparation du tort moral en matière de responsabilité causale. In: Annales de la Faculte de Droit d'Istanbul (Istanbul) 22.1972.38, S.141 - 145

0235 Ayiter, Kudret: Verträge über die Errichtung von Industrieanlagen in rechtsvergleichender Betrachtung. In: Multitudo legum ius unum. Festschrift für Wilhelm Wengler. Berlin 1973, Bd.2, S.81 - 103

0236 Reichard, Dieter: Türkei. In: Eigentumsvorbehalt und Sicherungsübereignung im Ausland. 3.Aufl., Heidelberg 1973, S.372 - 376

0237 Umar, Bilge: Une "exception de la discussion" n'existe pas en droit turco-suisse. In: Schweizerische Juristenzeitung (?) 70.1974.6, S.81 - 84
(Bürgschaft, Garantievertrag, Schuldbeitritt)

0238 Ertaş, Şeref: Schutz der Persönlichkeit und immaterieller Schadensersatz nach deutschem, schweizerischem und türkischem Recht. (Diss.) Göttingen 1976, VI, 221 S. (U.76.6896)

0239 Akev, S.T.: La forme dans les contrats du cautionnement et de garantie dans les droits suisse et turc. In: Travaux de la 5ème Semaine juridique turco-suisse. Istanbul 1976, S.327 - 346

0240 Altuğ, Yılmaz: The damages for wrongful death under turkish law. In: Annales de la Faculté de Droit d'Istanbul (Istanbul) 14.1976/77.40, S.201 - 204

0241 Kaneti, S.: La forme du contrat de vente d'immeuble en droit civil turc. In: Travaux de la 5ème Semaine juridique turco-suisse. Istanbul 1976, S.315 - 326

0242 Seliçi, Ö.: Die Form der Schenkung. In: Travaux de la 5ème Semaine juridique turco-suisse. Istanbul 1976, S.315 - 326

0243 Ansay, Tuğrul: Law of obligations. In: Ansay, T.; Wallace, Don (Hrsg.): Introduction to turkish law. 2.Aufl., Dobbs Ferry N.Y., Ankara 1978, S.159 - 172

2.4. Sachenrecht / Property / Les biens

0244 Gatteschi, Domenico: Real property, mortgage and waqf, according to ottoman law. (Trad. from the original italian publ. in 1869 by E.A. Van Dyck). London 1884, 96 S.

0245 Cirilli, G.: Du régime de la propriété en Turquie. In: Revue du Monde Musulman (Paris) 12.1910, S.425 - 435

0246 Nord, E.: Die Reform des türkischen Liegenschaftsrechts. In: Niemeyers Zeitschrift (?) 24.1914.1, S.1 - 137

0247 Utku, Kemalettin: La restitution de la possession selon les articles 938 - 940 CCS. (Thèse) Genève 1938, 120 S. (Diss.Helv. 1938/39 - 444)

0248 Tesal, Reşat Dürrü: L'évolution du droit de gage immobilier en Turquie. (Thése) Lausanne 1939, 159 S. (Diss.Helv. 1938/39 - 509)

0239 Gönensay, Samim: La propriété, les droit réels, les successions. In: Lévy-Ullmann, ; Mirkine-Guetzévich, B. (Hrsg.): La vie juridique des peuples: Turquie. Paris 1939, S.196 - 223

0250 Sarc, Ömer Celâl: Die Bodenfrage in der Türkei. In: İktisat Fakültesi Dergisi (Istanbul) 4.1943.4, S.197 - 222

0251 Damci, Adnan: Transfert de la propriété fonçière rurale en droit suisse et en droit turc. Les règles spéciales modifiant le droit commun. (Thèse) Lausanne (Montreux) 1949, 272, 1 S. (Diss.Helv. 1949 - 556)

0252 Reisoğlu, Safa: La prescription extraordinaire et le transfert des immeubles non immatriculés en droit suisse et en droit turc. (Thèse) Lausanne 1956, 120 S. (Diss.Helv. 1957 - 613)

0253 Kurtoğlu, Serda: Les surétés mobilières conventionibles sans dépossession du propriétaire en droit français et en droit turc. (Thèse) Lausanne 1957, 256 S. (Diss.Helv. 1957 - 610)

0254 Oğuzman, M.K.: Problème de la propriéte par étages. In: Annales de la Faculté de Droit d'Istanbul (Istanbul) 10.1960.15, S.180 ff.

0255 Sungurbey, İ.: Système d'acquisition par prèscription extraordinaire du droit suisso-turc. L'arrêt d'unification de la jurisprudence de la cour de cassation du 26.5.1954. In: Annales de la Faculté de Droit d'Istanbul (Istanbul) 10.1960.15, S.279 ff.

0256 Karadeniz, Özcan: Die Sicherungsübereignung im deutschen und türkischen Rechtssystem unter Heranziehung der relevanten Bestimmungen des schweizerischen Rechts, rechtsvergleichend dargestellt. (Diss.) Tübingen 1961, IV,277 S. (U.61.8632)

0257 Feyzioğlu, F.N.: Droit de préemption. In: Annales de la Faculté de Droit d'Istanbul (Istanbul) 11.1961.16/17, S.ii9 ff.

0258 Postacıoğlu, İ.E.: Simulation et le mandat dans l'acquisition des immeubles. Le problème dit du prêt-nom. In: Annales de la Faculté de Droit d'Istanbul (Istanbul) 11.1961.16/17, S.185 ff.

0259 Sungurbey, İ.: Le système d'acquisition par prèscription extraordinaire du droit suisso-turc. In: Zeitschrift für Schweizerisches Recht (Basel) N.F. 80(1).1961, S.269 - 285

0260 Tekinay, S.S.: Transfert des immeubles non immatriculés. In: Annales de la Faculté de Droit d'Istanbul (Istanbul) 11.1961.16/17, S.71 ff.

0261 Eğilmezler, Bedri: Mobiliarkredite im schweizerischen und türkischen Recht. Unter Berücksichtigung der deutschen Sicherungsübereignung. (Diss.) Heidelberg 1962, XI, 111 S. (U.62.4908)

0262 Gürsoy, Kemal Tahir: Les modifications apportés par quelques lois spéciales à la propriété immobilière en droit privé turc. In: Annales de la Faculté de Droit d'Istanbul (Istanbul) 13.1963.19, S.137 - 146

0263 Araboğlu, Mümtaz: Die Schwierigkeiten in der türkischen Praxis bei der Anwendung der Vorschriften des schweizerisch-türkischen Zivilgesetzbuches zum Erwerb des Grundeigentums an Privatgrundstücken. (Diss.) Frankfurt a.M. 1964, 156 S.
(U.64.3261)

0264 Ansay, Tuğrul: Law of property. In: Ansay, T.; Wallace,D. (Hrsg.): Introduction to turkish law. Ankara 1966, S.147-160

0265 Oğuzman, M.K.: La propriété par étages en Turquie. In: Annales de la Faculté de Droit d'Istanbul (Istanbul) 16.1966, S.142 - 150

0266 Cansel, Erol: Rapport sur l'interdiction de se faire justice à soi-même et les cas exceptionnels prévus en droit turc. In: Travaux de l'Association Henri Capitant des amis de la culture juridique française (Paris) 18.1966.(1969), S.124 - 134

0267 Sungurbey, İsmet: Über die Wirkung der Vormerkung persönlicher Rechte im Grundbuch. In: Mukayeseli Hukuk Araştırma Dergisi (Istanbul) 3.1969.4, S.323 f.

0268 Lau, Peter: Die rechtsgeschäftliche Grundstücksübertragung nach türkischem Recht. (Diss.) Münster 1971, XV, 141 S. (U.72.11226)

0269 Zwahlen, Mary: Zilyedlığın havalesi (= Besitzabtretung). In: Kubalı'ya Armağan. Istanbul 1974, S.383 - 408 mit französischer Zusammenfassung auf den S.747 - 749

0270 Tandoğan, H.: Les problèmes concernant la forme de la vente immobilière en droit turc. In: Travaux de la 5ème Semaine juridique turco-suisse. Istanbul 1976, S.223-266

0271 Ansay, Tuğrul: Law of property. In: Ansay, T.; Wallace, D.(Hrsg.): Introduction to turkish law. 2.Aufl., Dobbs Ferry N.Y., Ankara 1978, S.147 - 158

0272 Pulaslı, Hasan: Das Eigentümer-Besitzer-Verhältnis im deutschen, schweizerischen und türkischen Recht. (Diss.) Berlin 1979, X, 206 S.
Im Handel: Europäische Hochschulschriften, Reihe 2, Rechtswissenschaften: 221 (Frankfurt a.M., Bern, Las Vegas)

2.5. Familienrecht / Family law / Droit de la famille

0273 Bedr-Chan, Kamuran Ali: Das türkische Eherecht nach den Grundsätzen der hanafitischen Lehre unter Berücksichtigung des türkischen Familiengesetzes über Zivilehe und Scheidung vom 15.X.1917 und des türkischen Gesetzesentwurfes über Eherecht vom 25.VIII.1924, sowie der Grundsätze des deutschen Eherechts. (Diss.) Leipzig o.J., 99, III S.
(U.26.4693)

0274 Krebs, E.: Die Reform der Ehegesetzgebung in der Türkei. In: Der neue Orient (?) 2.1918, S.158 - 159

0275 Petrich, W.: Das provisorische Gesetz über das Familienrecht in der Türkei. In: Der neue Orient (?) 3.1918, S.470 - 472

0276 Opet, O.: Die Neuregelung des türkischen Eherechts. In: Niemeyers Zeitschrift (?) 28.1920, S.338 - 354

0277 Bouvat, L.: Le code familial ottoman de 1917. In: Revue du Monde Musulman (Paris) 43.1921, S.5 - 26

Cahit, Hüseyin: Siehe: 0279

0278 Hayri, Münip: Le contrat de fiançailles en droit et en jurisprudence suisse et turc. (Thèse) Genève (Lyon) 1933, 179 S.
(Diss.Helv. 1933 - 354)

Hüseyin, Djahit: Siehe: 0279

Münip, Hayri: Siehe: 0278

0279 Oğuzoğlu, Hüseyin Cahit: La condition de la femme mariée d'après l'ancien et le nouveau droit turc. (Thèse) Fribourg 1933, 131 S.
(Diss.Helv. 1933 - 275)

0280 Rechat (Reşat), Osman: Le nom des personnes dans les codes civiles suisse et turc. (Thèse) Genève 1934, 202 S.
(Diss.Helv. 1935 - 440)

0281 Ayanoğlu, Selahattin: Hauptpunkte des türkischen Eheschließungsrechts von früher und heute, verglichen mit

dem deutschen Recht. (Diss.) Bonn 1936, 79 S.
(U.36.1119)

Hıfzı, Mehmed: Siehe: 0282

0282 Timur, Hıfzı (Mehmed): Le lien du mariage à travers l'histoire juridique turque. (Thèse) Paris 1936, 162 S.

0283 Ziyaeddin, Fahri: Essai sur la transformation du code familial en Turquie. (Thèse) Strasbourg (Paris) 1936, k.S.

0284 Cohn, Herman: The foreign laws of marriage and divorce. Tel Aviv 1937, Bd.1: The countries of the european continent, k.S.
(U.a. Türkei)

0285 Göktürk, Hüseyin Avni: La famille. In: Lévy-Ullman, ; Mirkine-Guetzévich, B.(Hrsg.): La vie juridique des peuples: Turquie. Paris 1939, S.152 - 195

0286 Artus, Amil: La reconnaissance des enfants illégitimes en droit suisse et turc. (Thèse) Lausanne 1940, 142 S.
(Diss.Helv. 1939/40 - 387)

0287 Aslaner, Fethi: L'obligation alimentaire entre parents. (Thèse) Lausanne 1940, 191 S.
(Diss.Helv. 1940 - 388)

0288 Jäschke, G.: Die Form der Eheschließung nach türkischem Recht. Ein Beitrag zum internationalen Privatrecht. In: Die Welt des Islams (Leiden) 22.1940, S.1 - 66

0289 Çandarlı, Zahid: L'évolution du mariage en droit turc et la condition du mari. (Thèse) Fribourg 1941, 162 S.
(Diss.Helv.1941/42 - 298)

0290 Türkmen, Salih: Les restrictions apportées au principe de l'égalité des époux par les dispositions du CCS sur: "Les effets généraux du mariage". (Thèse) Genève 1942, 237 S.
(Diss.Helv. 1942 - 370)

0291 Eray, Salim: La nature juridique des fiançailles. (Thèse) Neuchâtel (Lausanne) 1945, 103 S.

0292 Gürsel, Nurettin: Die Verwandtenunterstützungspflicht nach türkischem Zivilgesetzbuch. (Diss.) Basel 1947, 72 S.
(Diss.Helv. 1947 - 33)

0293 Ezgü, Melih: La responsabilité des autorités tutélaires en droit suisse et en droit turc. (Thèse) Fribourg 1949, 82 S.
(Diss.Helv. 1949 - 408)

0294 Demirarslan, Haydar: Die Rechtstellung der unehelichen Kinder. Eine Rechtsvergleichung zwischen deutschem, schweizerischem und türkischem Recht. (Diss.) Kiel 1952, VII, 152 S.
(U.52.5003)

0295 Jäschke, G.: Zur Form der Eheschließung in der Türkei. Eine rechtsvergleichende Untersuchung. Leiden 1953, 72 S.

0296 Jäschke, G.: Zur Form der Eheschließung in der Türkei. In: Die Welt des Islams (Leiden) 2.1953, S.143 - 214

0297 Davran, Bülend: Die Rechtstellung der Pflegekinder und die Rezeption des schweizerischen Zivilgesetzbuches. In: Annales de la Faculté de Droit d'Istanbul (Istanbul) 3.1954, S.405 - 424

0298 Jann, Edmund: Law of divorce applicable to non-moslems in the Ottoman Empire and in modern Turkey. Washington D.C. (U.S. Library of Congress. Law Library.) 1955, 44 S. (mimeo)

0299 Jäschke, G.: Die 'Imam-Ehe' in der Türkei. Leiden 1955, 38 S.

0300 Erol, Süreyya: Die Legitimation unehelicher Kinder nach türkischem Recht. (Diss.) Freiburg i.Br. 1956, 269 S. (U.57.2511)

0301 Fındıkoğlu, Z.F.: L'institution patronymique d'après le code civil turc. In: Annales de la Faculté de Droit d'Istanbul (Istanbul) 5.1956.6, S.150 - 154

0302 Jäschke, G.: Die 'Imam-Ehe' in der Türkei. In: Die Welt des Islams (Leiden) 4.1956, S.164 - 201

0303 Timur, Hıfzı: De la publication et de la célébration du mariage en Turquie. In: Annales de la Faculté de Droit d'Istanbul (Istanbul) 5.1956.6, S.166 - 170

0304 Redden, Kenneth; Esener, Turhan; Saymen, Neriman: Legal devices to promote marriage stability in Turkey. In: Revista del Institudo de Derecho Comparado (?) 8/9.1957, S.674 - 682

0305 Timur, Hıfzı: Civil marriage in Turkey: difficulties, causes and remedies. In: International Social Science Bulletin (Paris) 9.1957, S.34 - 36

0306 Anderson, J.N.D.: The family law of turkish cypriots. In: Die Welt des Islams (Leiden) 5.1958, S.161 - 187

0307 İsman, Mesude: Die Verpflichtung zur Führung bestimmter Namen in Frankreich, Deutschland und in der Türkei. Unter besonderer Berücksichtigung des Namens für Frauen und Kinder. (Diss.) Bonn 1959, Xii, 110 S. (U.60.1244)

0308 (Anonym): Ehefähigkeitszeugnisse aus der Türkei. In: Das Standesamt (Frankfurt a.M.) 13.1960, S.25

0309 Arık, K.Fikret: Etude sur l'adoption dans le doctrine et jurisprudence turque et suisse. In: Annales de la Faculté de Droit D'Istanbul (Istanbul) 12.1962.18, S.49 - 74

0310 Ataay, Aytekin: Quelques réflexions sur les jurisprudences suisse et turque se rapportant aux droits des personnes et de famille. In: Annales de la Faculté de Droit d'Istanbul (Istanbul) 12.1962.18, S.1 - 20

0311 Feroze, Muhammad Rashid: Family laws of the Turkish Republic. In: Islamic Studies (Karachi) 1.1962.2, S.131 - 147

0312 Grossen, J.M.: La réprésentation de l'incapable privé de discernement dans le procès de divorce. In: Annales de la Faculté de Droit d'Istanbul (Istanbul) 12.1962.18, S.21 - 25

0313 Grossen, J.M.: Le choix du régime matrimonial légal ordinaire. In: Annales de la Faculté de Droit d'Istanbul (Istanbul) 12.1962.18, S.26 - 30

0314 Elefteropulos, Elefterios K.: La divorce en droit civil turc. (Thèse) Lyon 1963, 1, 244 S.

0315 Jäschke, G.: Die 'Imam-Ehe' in der Türkei. In: Sabri Şakir Ansay'ın Hatırasına Armağan. Ankara 1964, S.11 - 32

0316 Dimpfel, Rudolf: Geschichte der Familie in der Türkei, 1529 - 1965. Leipzig 1965, 83 S.

0317 Akman, F.: Comparative study of the norwegian and turkish family laws. In: Women's Law Journal (?) 51.1965, S.14 ff.

0318 Gürpınar, Nihat Y.: Die Entwicklung des deutschen Eherechts seit der Rezeption des schweizerischen Zivilgesetzbuches. (Diss.) Göttingen 1966, XVII, 149 S. (U.66.5931)

0319 Ayiter, Nuşin: Die Probleme der außerehelichen Kindschaft in der Türkei. In: Recueil des travaux de la 3ème Semaine juridique turco-suisse. Ankara 1966, S.73 - 102

0320 Gürbüz, Yaşar: Family law. In: Ansay, T.; Wallace, D. (Hrsg.): Introduction to turkish law. Ankara 1966, S.115 - 130

0321 Lalive, P.: Comparaison entre le droit turc et le droit suisse en matière de la filiation illégitime. In: Recueil des travaux de la 3ème Semaine juridique turco-suisse. Ankara 1966, S.103 - 109

0322 Dirks, Sabine: La famille musulmane turque. Son évolution au 20ème siècle. Paris, La Haye 1969, 168 S.

0323 Berki, Şakir: Différences entre plusieurs sortes de parenté. In: Ankara Üniversitesi Hukuk Fakültesi Dergisi (Ankara) 26.1969.1/2, S.113 - 116

0324 Berki, Şakir: La condition de l'enfant né hors mariage vis-à-vis de sa mère et envers son père. In: Ankara Üniversitesi Hukuk Fakültesi Dergisi (Ankara) 27.1970.1/2, S.103 - 107

0325 Castán Vásquez, José M.: La descendencia del adoptante como obstaculo para la adopción. In: Revisto de derecho privado (Madrid) 1970(octuobre), S.849 - 866

0326 Ansay, Tuğrul: Zur Eheschließung nach türkischem Recht. In: Das Standesamt (Frankfurt a.M.) 27.1974.3, S.78 - 79

0327 Ansay, T.; Wuppermann, M.: Das Vaterschaftsanerkenntnis in den türkisch-deutschen Rechtsbeziehungen. In: Das Standesamt 27.1974, S.113 - 123

0328 Ansay, T.: Die Eheschließung der Türken in der Bundesrepublik Deutschland. In: Die Welt des Islams (Leiden) N.S. 15.1974, S.26 - 38

0329 Doğan, Berin: Turquie. In: Patarın, Jean; Zajtaj, Imre (Hrsg.): Le régime matrimonial légal dans les legislations contemporaines. 2.Aufl., Paris 1974, S.701 - 713

0330 Özen, C.: In cases on uncertain parentage the method of comparing the child with the alleged father or mother. In: Annales de la Faculté de Droit d'Istanbul (Istanbul) 23.1975/76, S.329 - 334

0331 (Anonym): Kurzinformation zum Familienrecht. In: Rabels Zeitschrift für ausländisches und internationales Privatrecht (Tübingen) 40.1976, S.295 - 296

0332 Arslan, Ramadan: Die türkischen sog. "Amnestiegesetze" und das Verbot einer Anerkennung von Ehebruchskindern im Art.212 türk.ZGB. In: Das Standesamt (Frankfurt a.M.) 29.1976.4, S.99 - 100

0333 Dilger, K.: Ziviltrauung und religiöse Eheschließung in der Türkei. Zum Problem der Rezeption fremden Rechts. In: Das Standesamt (Frankfurt a.M.) 29.1976, S.353 - 356

0334 Dilger, K.: Ziviltrauung und religiöse Eheschließung in der Türkei. Zum Problem der Rezeption fremden Rechts. In: Die Welt des Islams (Leiden) 17.1976/77, S.194 - 206

0335 Krüger, H.: Fragen des Familienrechts: Osmanisch-islamische Tradition versus Zivilgesetzbuch. In: Zeitschrift für Schweizerisches Recht (Basel) N.F. 95.1976.1, S.287 - 301

0336 Fişek, Hicri: La filiation légitime en droit turc. In: Revue juridique et politique, indépendance et coopération (Paris) 31.1977, S.925 - 938

0337 Fişek, Şadan:La filiation adoptive en droit turc. In: Revue juridique et politique, indépendance et coopération (Paris) 31.1977, S.939 - 949

0338 Ansay, Tuğrul: Problems of migrant workers in Europe. In: Chloros, ? (Hrsg.): Reform of family law in Europe. Deventer 1978, S.323 - 337

0339 Zevkiler, Aydin: Besteht ein Widerspruch zwischen dem türkischen Zivilgesetzbuch und dem Amnestiegesetz über die Anerkennung außerehelicher Kinder ? In: Annales de la Faculté de Droit d'Istanbul (Istanbul) 25.1979.42, S.171 - 183

2.6. Erbrecht / Law of inheritance / Successions

0340 Zohrab, K.: De l'incapacité de l'étranger d'hériter d'un sujet ottoman. In: Egypte Contemporaine (Le Caire) 2.1911, S.409 - 430

0341 Galip, Djemil: Das gesetzliche Erbrecht nach altem und neuem türkisch-n Recht. (Diss.) Fribourg (Leipzig) 1934, X, 77 S.
(Diss.Helv. 1934 - 374)

0342 Onen (Önen ?), Said: De la révocation des testaments en droit suisse. (Thèse) Lausanne 1940, 147, 1 S.
(Diss.Helv. 1941 - 399)

0343 Saymen, Ferit H.: Le droit succesoral paysan. In: İktisat Fakültesi Mecmuası (Istanbul) 4.1943.4, S.224 - 249

0344 Aksoy, Muammer, Das Erbrecht außerehelicher Kinder in

rechtsvergleichender und kritischer Darstellung. (Diss.) Zürich 1954, 2 Bde., zusammen XXXVIII, 137 S.

0344 Caǧa, T.: Über das Verhältnis der gesetzlichen Erbfolge zur Verfügungsfreiheit von Todes wegen im schweizerisch-türkischen Recht. In: Annales de la Faculté de Droit d'Istanbul (Istanbul) 11.1961.16/17, S.196 ff.

0345 Gürsoy, K.: Caractères de l'action en pétition d'hérédité et son aplication en droit turc. In: Annales de la Faculté de Droit d'Istanbul (Istanbul) 11.1961.16/17, S.223 ff.

0346 İlhan, İsmail: Die erbrechtlichen Behandlungen deutscher Nachlässe in der Türkei im Wandel der rechtsgeschichtlichen Entwicklung und unter besonderer Berücksichtigung des gegenwärtigen Kollisionsrechtes. (Diss.) München 1963, 144 S.
(U.63.7782)

0347 Ansay, Tuǧrul: Law of succession. In: Ansay, T.; Wallace, D. (Hrsg.): Introduction to turkish law. Ankara 1966, S.131 - 146

0348 Cuisnier, J.: Systèmes du succession et de dotation en Yugoslavie et en Turquie. In: l'Homme (Paris, La Haye) 7.1967.3, S.25 - 47

0349 Berki, Şakir: La prèscription et l'exception dans les actions héréditaires. In: Ankara Üniversitesi Hukuk Fakültesi Dergisi (Ankara) 25.1968.1/2, S.129 - 135

0350 Berki, Şakir: La responsabilité dès héritiers dans le code civil turc. In: Ankara Üniversitesi Hukuk Fakültesi Dergisi (Ankara) 25.1968.3/4, S.126 - 136

0351 Dural, Mustafa: Die gemeinschaftlichen Testamente nach dem schweizerisch-türkischen Recht. In: Mukayeseli Hukuk Araştırmaları Dergisi (Istanbul) 3.1969.4, S.165 - 173

0352 Ansay, Tuǧrul: Law of succession. In: Ansay, T.; Wallace, D. (Hrsg.): Introduction to turkish law. Ankara 1966, S.131 - 146

0353 İmre, Zahit: De la forme du contrat de partage succesoral en droit civil turc. In: Travaux de la 5ème Semaine juridique turco-suisse. Istanbul 1976, S.71 - 106

0354 Kocayusufpaşaoǧlu, N.: Quelques problèmes soulevés par la forme authentique des testaments. In: Travaux de la 5ème Semaine juridique turco-suisse. Istanbul 1976, S.107 - 122

2.7. Handelsrecht / Commercial law / Droit commercial

0355 (Ottoman Empire): The ottoman commercial code. (Trad. from turkish text and comp. by G.G.Amiryan.) Nicosia 1906, 281 S.

0356 Manasse, E.: Code de commerce du 29 mai 1926, promulgué le 28 juin 1926 entrant en vigeur le 4 octobre 1926. Constantinople (Istanbul) 1926, k.S.
(Législation commerciale turque)

0357 (Turque, République): Code de commerce précédé du dépôt du projet de Code à la G.A.N.T.... Constantinople 1927,

k.S.
(La législation turque)

0358 (Turque, République): Code de commerce (Livre 1,2)! Constantinople (Istanbul) 1928/29, k.S.

0359 (Turque, République): Code de commerce, loi no.865, du 29 mai 1926. Stamboul (Istanbul) 1931, k.S.
(La législation turque)

0360 Belbez, Hikmet: Die Schiffshypothek nach türkischem Recht, unter Vergleichung mit dem deutschen Recht. (Diss.) Göttingen (Stuttgart) 1939, 64 S.
(U.39.3414)
Im Handel: Abhandlungen aus dem gesamten Handelsrecht, Bürgerlichen Recht und Konkursrecht, Heft 18 = Beihefte der "Zeitschrift für das gesamte Handelsrecht und Konkursrecht"

0361 Arslanlı, H.: Le transfert de la propriété dans la vente commerciale en droit turc. In: Annales de la Faculté de Droit d'Istanbul (Istanbul) 1.1952, S.377 - 394

0362 Göknil, Mazhar Nedim: Le nouveau régime des transports maritimes en Turquie. In: Annales de la Faculté de Droit d'Istanbul (Istanbul) 1.1952, S.353 - 376

0363 Göknil, Mazhar Nedim: Le nouveau régime des transports maritimes en Turquie. In: Annales de la Faculté de Droit d'Istanbul (Istanbul) 3.1954, S.142 - 165

0364 Hirsch, E.E.: Die Einflüsse und Wirkungen ausländischen Rechts auf das heutige türkische Recht. In: Zeitschrift für das gesamte Handelsrecht und Konkursrecht (Stuttgart) 11.1954, S.201 - 218

0365 (Turkish Republic): Commercial code of 13th may 1929 and registration of turkish ship order, no 11045 of 18th may 1931. In: Laws Concerning the Nationality of Ships, UN Legislative Series. New York 1955, k.S.

0366 Çetingil, Ergon Atila:Die Sanktionen des Schiffshypothekenrechts in Deutschland verglichen mit anderen Ländern (Türkei, England, Frankreich) und die Bestrebungen die deren Schwäche überwinden sollten. (Diss.) Hamburg 1956, 128 S.
(U.57.3690)

0367 (Türkische Republik): Türkisches Handelsgesetzbuch, Nr. 6762 vom 9.Juli 1956 einschl. Seehandels- und Versicherungsrecht nebst Einführungsgesetz Nr.6763 vom 9.Juli 1956. Übersetzt von Behçet Cemal. Istanbul 1956, k.S.

0368 (Turkish Republic): Commercial code. Turkish commercial code no.6762 dated 2 July 1956 enacted on 29 June 1956 (Official Gazette no.9353 dated 9 July 1956). Translated by A.Tevfik Orman. o.O. 1956, k.S. (mimeo)

0369 Hirsch, E.E.: Der Einfluß des schweizerischen Rechts auf das neue Türkische Handelsgesetzbuch. In: Schweizerische Juristenzeitung (?) 52.1956, S.325 - 328

0370 Hirsch, E,E.: Das neue Türkische Handelsgesetzbuch. Geschichte, Ursachen und Ergebnisse einer Gesetzesreform.

In: Zeitschrift für das gesamte Handelsrecht und Konkursrecht (Stuttgart) 119.1956, S.157 - 207

0371 Göğer, Erdoğan: Haftung des Verfrachters für Seetüchtigkeit des Schiffes in rechtsvergleichender Darstellung. (Diss.) Hamburg 1957, 83 S.
(U.57.3700)

0372 (Turkish Republic): Turkish commercial code, book 1. Transl. by Rassim Cenani. Istanbul 1957, 64 S.
(Translation of book 1 only which deals commercial undertakings generally: Commercial register and books, brokerage and agency, unfair competition, merchants and trade names.)

0373 (Turkish Republic): Commercial code (of 1957). Books 1 and 2 (Commercial undertakings and Commercial Companies). Transl. by Argus Ajans. Galata (Istanbul) 1957, 96 S.

0374 Ansay, Tuğrul: New commercial code (new legislation). In: American Journal of Comparative Law (Baltimore) 6.1957, S.106 - 108

0375 Hirsch, E.E.: Le nouveau code de commerce turc. In: Revue Internationale de Droit Comparé (Paris) 10.1958, S.349 - 360

0376 Bilâl, Bekâm: Die Reform des deutschen Konnossementsrechts von 1939 und das Recht des türkischen Konnossements. (Diss.) Bonn 1959, XII, 116 S.
(U.59.956)

0377 Okay, S.: Modifications apportés par le nouveau code de commerce turc rélativement à l'affrètement. In: Annales de la Faculté de Droit d'Istanbul (Istanbul) 8.1959.9/11, S.295 ff.

0378 Keskin, Yıldırım: La responsabilité de l'armateur et du transporteur maritime. Etude de droit turc. (Thèse) Lausanne 1961, 184 S.
(Diss.Helv. 1961 - 577)

0379 Cihangiroğlu, Celal: Die Haftung des Kollektivgesellschafters nach türkischem Recht. Unter Berücksichtigung des deutschen und des schweizerischen Rechts. (Diss.) Berlin 1962, 166 S.
(U.63.914)

0380 Önen, Ergun: Die gemischtwirtschaftlichen Unternehmungen in der Türkei. (Diss.) Berlin 1962, 205 S.
(U.63.921)

0381 (Türkische Republik): Handelsgesetzbuch Nr.6762 vom 9.Juli 1956, Art.557 - 743. In: Schetter, Wolfgang; Bueler, Heinrich (Hrsg.): Das Scheck- und Wechselrecht aller Länder. Köln 1963, k.S.

0382 Türk, Hikmet Sami: Die Umwandlung der Handelsgesellschaften. Eine vergl. Untersuchung nach dem deutschen und türkischen Recht. (Diss.) Köln 1964, XIII, 143 S.
(U.64.7295)

0383 Yıldırım, Mesut: Voraussetzungen und Wirkungen der Kaufmannseigenschaften im türkischen Recht. Unter bes. Berück-

sichtigung des dt. und schweiz. Rechts. (Diss.) Berlin 1964, XXIII, 144 S.
(U.64.972)

0384 Öngüt, İ.: Financial intermediaries and the capital market in Turkey. In: Symposium on the development of upmarkets, Tehran 1965 (reports and papers). Ankara 1965, S.141 - 152

0385 Ansay, Tuğrul: The commercial law of Turkey. In: Kohlik, G.(Hrsg.): Digest of commercial laws of the world. (Loose leaf) New York 1966, k.S.

0386 Bozer, Ali: Quelques aspects de l'entreprise au sens du code de commerce turc. In: Recueil des travaux de la 3ème semaine juridique turco-suisse. Ankara 1966, S.307 - 326

0387 Gürdoğan, B.: Gage sur les fonds de commerce. In: Recueil des travaux de la 3ème Semaine juridique turco-suisse. Ankara 1966, S.181 - 187

0388 Kocayusufpaşaoğlu, N.: Considérations sur le projet de loi concernant le nantissement du fonds de commerce. In: Recueil des travaux de la 3ème semaine juridique turco-suisse. Ankara 1966, S.169 - 180

0389 Reisoğlu, S.:Gesetzentwurf über das Pfand des Fonds de Commerce. In: Recueil des travaux de la 3ème semaine juridique turco-suisse. Ankara 1966, S.161 - 167

0390 Roberts, Gwyneth; Major, William Thomas: Commercial and industrial laws. London 1967, XX, 308 S.
(U.a. Türkei)

0391 Kuchenberg, T.L.: The OECD consortium to aid Turkey. In: Studies in Law and Economic Development (?) 2.1967, S.91 - 109

0392 (Anonym): The legal aspects of the capital market in Turkey. In: Foreign Tax Law - Weekly Bulletin (?) 20.1969. 31/32, S.19 - 27

0393 Belbez, Hikmet: Die Schiffshypothek nach türkischem Recht, unter Vergleichung mit dem deutschen Recht. (Diss.) Göttingen (Stuttgart 1939, 64 S.
Reprint: Frankfurt a.M. 1970
(Vgl. 0360)

0394 Tekinalp, Ünal: Les effets de la dépréciation monétaire sur les rapports juridiques contractuelles en droit commercial turc. In: Travaux de l'association Henri Capitant des amis de la culture juridique française (Paris) 23.1971, S.763 - 778

0395 Funakoshi, Eiichi: Hô no keiju to koyûhô. (Rechtsübernahme und altvorhandenes Recht.) In: Shôkô keizahô no shamondai. Takada Gensei. (= Probleme des Handels- und Wirtschaftsrechts. Festschrift für Prof.Takada Gensei.) Tokyo 1972, S.289 - 319
(Original japanisch; Allg. Lehren, Gesetzesauslegung)

0396 Artus, Amiel (Amil?): Les traits essentiels du nouveau code de commerce turc. In: Verzekeringen van vriendschap.

Rechtsgeleerde opstellen aangeboden aan prof.mr. T.J. Dorhout Mus. Deventer 1974, S.365 - 371

0397 Edis, Altan: Die Haftung des Frachtführers nach schweizerischem Obligationen- und türkischem Handelsrecht. (Diss.) Bern 1975, 206 S.
(Diss.Helv. 1975 - 331)
Im Handel: Europäische Hochschulschriften, Reihe 2, Rechtswissenschaften: 125 (Bern, Frankfurt a.M.)

0398 Karayalçın, Y.: Les effets de l'inscription au registre du commerce en droit turc. In: Travaux de la 5ème semaine juridique turco-suisse. Istanbul 1976, S.415 - 452

2.8. Gesellschaftsrecht / Business organizations / Sociétés

0399 (Turque, République): Loi provisoire sur les sociétés étrangères, sociétés étrangères anonymes, sociétés étrangères dont le capital est divisé en actions, sociétés étrangères d'assurances du 24 Mouharrem 1333. Constantinople (Istanbul) 1927, k.S.

0400 (Turque, République): Arrête du 30 janvier 1926 sur les sociétés anonymes étrangères. In: Annuaire de Législation Etrangère, publié par la Société de Législation Comparée (Paris) 1927, k.S.

0401 (Turque, République): Loi de juin 1927 sur la réassurance. Loi sur le contrôle de l'industrie de l'assurance et des sociétés d'assurances. Loi du 30 juin 1927 portant addition à la loi sur le contrôle des sociétés d'assurances. In: Annuaire de Législation Etrangère, publié par la Société de Législation Comparée (Paris) 1928, k.S.

0402 Selahattin, Nihat: Le conseil d'administration dans les sociétés anonymes en Turquie. Selon le code du commerce turc du 29 mai 1926. (Thèse) Lausanne 1934, IV, 135 S.
(Diss.Helv. 1934 - 515)

0403 Tahir, Orhan: Les sociétés coopératives de consommation en Turquie au point de vue juridique. (Thèse) Lausanne 1934, IV, 136, 1 S.
(Diss.Helv. 1934 - 517)

0404 (Turque, République): Loi provisoire sur les sociétés étrangères (anonymes et celles dont le capital est divisé en actions et sur les sociétés étrangères d'assurances) du 24 mouharrem 1333/ 3 décembre 1914. Istanbul 1934, k.S.
(La législation turque. Lois particulières.)

0405 Kemal, Ahmet: Les assemblées générales d'actionnaires dans les sociétés anonymes turques. (Thèse) Lausanne 1935, 151 S.
(Diss.Helv. 1935 - 528)

0406 Öğelman, Selâhattin: Die Verfassung der türkischen Aktiengesellschaft im Vergleich mit dem früheren und dem heutigen deutschen Recht. (Diss.) Bonn 1939, 83 S.
(U.39.1125)

0407 Ekemen, Zeki: La condition légale des sociétés commerciales étrangères en Turquie. (Thèse) Fribourg 1950, 111 S.
(Diss.Helv. 1950 - 354)

0408 Tolun, Osman: Die Folgen einer Sitzverlegung für Firma und Warenzeichen nach deutschem, schweizerischem und türkischem Recht. (Diss.) Freiburg 1954, XIII, 262 S. (U.54.2556)

0409 Onar, S.S.: The analysis and the criticism of the causes of the public corporations in Turkey and the legal ans administrative structures of those corporations. In: Revue Internationale des Sciences Administratives (Bruxelles) 20.1954, S.23 - 66

0410 Dal, Kemâl: Les organismes économiques d'Etat en Turquie à caractère commercial sous le régime de la loi dite 3460. (Thèse) Bordeaux 1956, XVI, 216 S.

0411 Akıntürk, Turgut: Die Kollektivgesellschaft im neuen deutschen Handelsrecht. (Diss.) Würzburg 1958, VII, 163 S. (U.58.7758)

0412 Paksoy, Kâzım: La constitution des sociétés anonymes en droit turc. (Thèse) Grenoble 1959, 294 S.

0413 Arslanlı, H.: Des droits acquis en matière des sociétés anonymes. In: Annales de la Faculté de Droit d'Istanbul (Istanbul) 8.1959.9/11, S.92 ff.

0414 Even, Seven: Das Auskunftsrecht des Aktionärs, als Fall der aktienrechtlichen Offenlegung, nach deutschem, schweizerischem und türkischem Recht unter Berücksichtigung der Aktienrechtsreform. (Diss.) Kiel 1961, VIII, 137 S. (U.61.5449)

0415 Akipek, Jale: Le but des associations en droit turc et son importance juridique. Ankara 1963, 55 S.

0416 Ansay, Tuğrul: The control of formation of corporations in Turkey. In: Banka ve Ticaret Hukuku Dergisi - Banking and Commercial Law Journal (Ankara) 2.1963, S.73 - 82

0417 Elbir, Halid Kemal: La fusion des sociétés en droit turc. In: Annales de la Faculté de Droit d'Istanbul (Istanbul) S.131 - 135

0418 Kemahlıoğlu, Güner: Generalversammlung bei der Aktiengesellschaft im türkischen Recht mit Vergleich des deutschen und schweizerischen Rechts. (Diss.) München 1964, VII, 89 S. (U.64.8855)

0419 Arslanlı, Halil: Le contrôle de l'état dans les sociétés anonymes en droit turc. In: Annales de la Faculté de Droit d'Istanbul (Istanbul) 14.1964.20, S.1 - 25

0420 Ansay, Tuğrul: Legal persons, societies and associations. In: Ansay, T.; Wallace, D.(Hrsg.): Introduction to turkish law. Ankara 1966, S.99 - 114

0421 Mimaroğlu, Sait Kemal: Les modes de fondation des sociétés anonymes selon le droit comparé turc et suisse. In: Revue de Droit International et de Droit Comparé (Bruxelles) 1967.4, S.221 - 237

0422 Oğuzman, K.; Kaneti, S.: Groupements et organismes sans personalité juridique en droit civil turc. In: Cahiers de Droit Fiscal International (Amsterdam) 21.1969, S.78 - 87

0423 Ülgen, Hüseyin: Die Rechtstellung der Parteien bei den Zustimmungs- und Eintragungsbedürftigen Nachgründungsverträgen der Aktiengesellschaft. In: Mukayeseli Hukuk Araştırmaları Dergisi (Istanbul) 3.1969.4, S.331 - 333 (Zusammenfassung eines Aufsatzes in türkischer Sprache.)

0424 Ünal, Şeref: Geschäftsführung und Vertretung bei Kollektivgesellschaften im schweizerischen und türkischen Recht. (Diss.) Bern 1970, 129 S.
(Diss.Helv. 1970 - 315)

0425 Pimenta, Alberto: A prestação das contas do exercicio nas sociedades comerciais. In: Boletin do Ministério da justiça (Lisboa) 1970.200, S.11 - 106 und: 1970.201, S.5 - 71
(U.a. Türkei)

0426 Karayalçın, Yaşar: La fondation d'une société anonyme à participation étrangère et la dépréciation monétaire. In: Travaux de l'Association Henri Capitant des amis de la culture juridique française (Paris) 23.1971, S.779 - 793

0427 Pimenta, Alberto: A prestação das contas do exercicio nas sociedades comerciais. In: Boletin do Ministério da justiça (Lisboa) 1971.202, S.5 - 57 und: 1971.203, S.5 - 53, 1971.204, S.5 - 48, 1971.205, S.5 - 58, 1971.207, S.5-46, 1971.209, S.5 - 36
(U.a. Türkei)

0428 Mimaroğlu, Sait Kemal: De la responsabilité civile des administrateurs dans les sociétés anonymes en droit turc et en droit suisse. In: Prof.Dr.Hüseyin Cahit Oğuzoğlu'na Armağan. Ankara 1972, S.387 - 419

0429 Mimaroğlu, Sait Kemal: De la responsabilité civile des administrateurs dans les sociétés anonymes en droit turc et en droit suisse. In: Revue de Droit International et de Droit Comparé (Bruxelles) 49.1972.1/2, S.53 - 84

0430 (Turkey, Republic of): Associations act. (Act.number: 1630, acceptance date: Nov.22, 1972).(Trans.by T.Akgüner). In: Annales de la Faculté de Droit d'Istanbul (Istanbul) 21.1972.3, S.217 - 247

0431 Aksoy, Turgay: La publicité, sa mise en oeuvre et son contrôle par des examples concrets, cas de la Turquie. (Thèse) Montpellier (I) 1973, 507 S., Ill.
(F.1973 - 11670)

0432 Oğuzman, Kemal; Kaneti, Selim: Rapport sur les groupements et organismes sans personalité juridique en droit civil turc. In: Travaux de l'Association Henri Capitant des Amis de la culture juridique française (Paris) 21.1969.(1974), S.78 - 87

0433 Poroy, Reha: Rapport sur les groupements et organismes sans personalité juridique en droit commercial turc. In: Travaux de l'Association Henri Capitant des amis de la culture juridique française (Paris) 21.1969.(1974), S.167 - 169

0434 Aytaç, Zühtü: Deutsches und türkisches Konzernrecht im Vergleich. (Diss.) Freiburg 1975, XXXII, 244 S.
(U.75.6663)

0435 Ansay, T.: Gründungsformalitäten einer Aktiengesellschaft nach türkischem Recht. In: Travaux de la 5ème semaine juridique turco-suisse. Istanbul 1976, S.387 - 399

0436 Poroy, R.; Tekinalp, Ü.: Les problèmes de forme dans les sociétés commerciales en droit turc. In: Travaux de la 5ème semaine juridique turco-suisse. Istanbul 1976, S.365 - 386

0437 Ansay, Tuğrul: Legal persons, societies and associations. In: Ansay, T.; Wallace, D.(Hrsg.) Introduction to turkish law. 2.Aufl., Dobbs Ferry N.Y., Ankara 1978, S.99 - 114

0438 Ansay, T.: "Gast"-Gesellschaften. In: Festgabe für Murad Ferid. München 1978, S.3 - 13

0439 Akyıldız, Mehmet: Die Mitwirkung des Staates bei Aktiengesellschaften in der Türkei unter Berücksichtigung des deutschen Aktienrechts. (Diss.) Münster 1980, XXXI, 216 S.

0440 Şen, Faruk: Türkische Arbeitnehmergesellschaften. Gründung, Struktur und wirtschaftliche Funktion der türkischen Arbeitnehmergesellschaften in der Bundesrepublik Deutschland für die sozioökonomische Lage der Türkei. (Diss.) Münster 1979, XI, 285 S.
Im Handel: Europäische Hoschuschulschriften, Reihe 5, Volks- und Betriebswirtschaft: 254.(Frankfurt a.M., Bern 1980, XI, 285 S.

2.9. Genossenschaften / Cooperatives / Coopératives

0441 Bereket, Ahmet Remzi: Les coopératives en général et l'organisation des coopératives en Turquie. (Thèse) Bordeaux 1952, 2 Bde., 311, IV S., 196, III S.

0442 Valko, Laszlo: International handbook of co-operative legislation. Pullmann 1954, 273 S.
(U.a. Türkei)

0443 Atasağun, Y.S.: Le développement des coopératives de crédit agricole en Turquie. In: Société Belge d'Etudes et d'Expansion (Liège) 54.1955, S.786 - 792

0444 Pastanoğlu, H.: Cooperatives in Turkey. In: International Review of Cooperatives(London) 48.1955, S.222 - 225

0445 Birsen, K.: Das Genossenschaftsrecht im türkischen Handelsgesetzbuch. In: Zeitschrift für das gesamte Genosseschaftswesen (Göttingen) 7.1957, S.329 - 333

0446 Spaull, H.: The cooperative movement in Turkey. In: International Review of Cooperatives (London) 50.1957, S.71-73

0447 İlmen, ?: Genossenschaftliche Bildung und Ausbildung in der Türkei. In: Zeitung für Genossenschaftswesen (?) 15.1965, S.47

0448 Fındıkoğlu, Z.F.: Une coopérative de vente des produits agricoles à Erdemli en Anatolie méditeranéen. In: İş ve düşünce (Istanbul) 256≙31.1966.12, S.17 - 23

0449 (Turkish Republic): Act.no.1163 respecting co-operatives. Dated 24 April 1969. (Resmî Gazete, 10 May 1969, no.13195, p.4) In: International Labor Office Legislation Series 1969 Tur.2.1969, S.1 - 26

0450 Bozer, Ali: Quelques considérations relatives à la nouvelle loi turque sur les coopératives et les grands sociétés coopératives. In: Banka ve Ticaret Hukuk Dergisi - Banking and Commercial Law Journal (Ankara) 6.1971.1, S.69 - 81

0451 Tekinalp, Ü.: Der Genossenschaftsbegriff des Türkischen Genossenschaftsgesetzes und die Großgenossenschaften, dargelegt unter besonderer Berücksichtigung des Nichtmitgliedergeschäfts. In: Annales de la Faculté de Droit d'Istanbul (Istanbul) 22.1972.38, S.379 - 391

0452 (The Agricultural Bank of the Turkish Republic): Agricultural credit and marketing cooperatives in 1975. Ankara 1977, 67 S.
(Publication: 63)

0453 Günçe, Murat Ergin: Turkey: Turkish workers' companies. Bonn 1978, 46 S.
(Friedrich-Ebert-Stiftung. Forschungsinstitut. Dokumentationsstelle. Arbeiten aus der Abteilung Entwicklungspolitik: 71)

0454 Ignatova, Galina Nikolajevna: Sel'skochozjajstvennaja kooperacija v Turcii. Avtoref.dis.Kand.èkon. Moskva 1979, 18 S.
(Landwirtschaftliche Genossenschaften der Türkei.)

0455 Uzel, Celâl: Genossenschaften in der Türkei. In: Kooperatifçilik - Kooperatif İncemeler Dergisi (Ankara) 1978.39, S.34 - 37

0456 Şen, Faruk: Gemeinwirtschaft in der Türkei. Köln, Frankfurt a.M. 1979, 41 S.
(Schriftenreihe Gemeinwirtschaft: 36)

0457 Alieva, A.A.: Kooperativnoe dviženie v sel'skom chozjajstve Turcii. In: Narody Azii i Afriki (Moskva) 1980.2, S.118 - 124

2.10. Wertpapierrecht / Negotiable instruments / Titres négociables

0458 Sa^{c}īd, M.Gâmīl: Das türkische Aktienrecht. (Diss.) Heidelberg (Bruchsal) 1932, 72 S.
(U.32.4159)

0459 Hirsch, E.E.: Das türkische Aktienrecht. Frankfurt a.M., Berlin 1958, XX, 184 S.
(Ausländische Aktiengesetze: 5)

Vgl. auch Abschnitt 2.8. !!

2.11. Gewerblicher Rechtsschutz - Urheber- und Verlagsrecht / Industrial property - Copyright and publishing law / Propriété industrielle - Droit d'auteur et d'édition

0460 Davran, B.; Davran, C.: Licensing in Turkey. In: Pollzien, ?; Langen, ? (Hrsg.): International licensing agreements, 2.Aufl., Indianapolis, New York o.J., S.425 - 432

0461 (Turkish Republic): Turkish copyright law. (Translated by

Yusuf Mardin.) Ankara o.J., 49 S.

0462 (Ottoman, Empire): Loi sur les patents. Istanbul 1880, k.S.

0463 (Ottoman, Empire): Règlement relatif à la forme et au texte des patents, à la terme des registres à souche et à la compatibilité. Constantinople 1888, k.S.

0464 White, W.W.; Ravenscroft, B.G.: Patents throughout the world. New York 1923, 244 S.
(U.a. Türkei)

0465 White, W.W.; Ravenscroft, B.G.: Patents throughout the world. 2.Aufl., New York 1928, 398 S.
(U.a. Türkei)

0466 (Turque, République): Loi revisée sur les brevets d'invention du 18 février 1879. In: La Propriété Industrielle (Genève) 1929, k.S.

0467 (Ottoman, Empire): Règlements sur les marques de fabrique et de commerce du 11 mai 1888. In: La Propriété Industrielle (Genève) 44.1928, k.S.

0468 (Turque, République): Brevets d'invention et marques de fabrique. Istanbul 1929, k.S.

0469 Brown, J.L.: Patent and trademark protection in Turkey. Washington D.C. 1930, 8 S.
(U.S. Bureau of For. and Dom.Com., Spec. Circ.: 201)

0470 Koepfle, L.G.: Copyright protection throughout the world. Washington 1936/37, 7 parts (= Industrial Property Bulletin no.83 - 89), 70 S., 175 S., 160 S., 143 S., 151 S., 141 S., 88 S.

0471 Hirsch, E.E.: Turkish copyright. In: Pinner, H.L (Hrsg.): World Copyright. An Rbcyclopedia. Leyden 1953, 4 Bde, k.S.
(U.a. Türkei)

0472 Peter, W.: Neues türkisches Urheberrecht. In: Rabels Zeitschrift für ausländisches und internationales Privatrecht (Tübingen) 18.1953, S.107 - 118

0473 (Türkische Republik): Revidiertes Gesetz über die Erfindungspatente vom 18.Februar 1879. In: Erfinder- und Warenzeichenschutz im In- und Ausland. Berlin 1956, Bd.3, Teil 4, k.S.

0474 (Türkische Republik): Verordnung Nr.4350 über die für die Erklärung des Prioritätsrechts erforderlichen Formalitäten vom 21.Dezember 1926. In: Erfinder-und Warenzeichenschutz im In- und Ausland. Berlin 1956, Bd.3, Teil 4, k.S.

0475 (Türkische Republik): Gebührengesetz Nr.5887 vom 25.Februar 1952 (Auszug). In: Erfinder und warenzeichenschutz im In- und Ausland. Berlin 1956, Bd.3, Teil 4, k.S.

0476 (Türkische Republik): Durchführungsordnung für die gewerblichen Schutzrechte vom 1.April 1954. In: Erfinder- und Warenzeichenschutz im In- und Ausland. Berlin 1956, Bd.3, Teil 4, k.S.

0477 (Turkish Republic): Law of 10th December 1951 on artistic and intellectual works. Law no.5680 of 20th July 1950 concerning the press (extract). In: Copyright Laws and Treaties of the World. Washington 1956, k.S.

0478 Hirsch, E.E.: Das neue Urheberrechtsgesetz der Türkei. Zugleich ein Beitrag zur Reform des Deutschen Urheberrechts. Mit deutschsprachiger Fassung des Gesetz(es) über Geistes- und Kunstwerke (Fıkır ve sanat eserleri kanunu) vom 5.Dezember 1951. Baden Baden i957, 116 S. (Schriftenreihe der UFITA: 4)

0479 (Türkische Republik): Gesetz über Geisteswerke und Kunstwerke Nr.5846 vom 5.Dezember 1951. In: Hirsch, E.E.: Das neue Urheberrechtsgesetz der Türkei. Baden Baden 1957, k.S.

0480 (Turque, République): Décision concernant l'application sur les articles des marques enregistrées, no.4/8262 du décembre 1956. Décret concernant les marques internationales enregistrées jusqu'à la date du 10 septembre 1956, no.4/8446 du 18 décembre 1956. In: La Propriété Industrielle (Berne) 73.1957. 1 und 5, k.S.

0481 Kınacıoğlu (Kınacı), Naci: Das neue türkische Urheberrechtsgesetz im Vergleich mit dem deutschen Referentenentwurf und mit dem Welturheberrechtsabkommen. (Diss.) Freiburg i.Br. 1958, XII, 214 S.
(U.58.2243)

0482 (Copyright): Neighbouring rights. A comparative study of the law and jurisprudence of certain countries. Part 3. In: UNESCO Copyright Bulletin (Paris) 11.1958, S.33 - 50

0483 Türker, Kaya: Der Verlagsvertrag nach dem deutschen und türkischen Recht. Unter besonderer Berücksichtigung des schweizerischen Obligationenrechts und des Urheberrechtsgesetzentwurfes des Bundesjustizministeriums von 1959. (Diss.) Freiburg i.Br. 1961, 139 S.
(U.61.3009)

0484 (Turkish Republic): Patent and trade mark regulations dated september 21, 1955 (text). In: Patent and Trade Mark Review (?) 57.1959, S.311 - 320 und S.361 - 363

0485 (Turkish Republic): Patent and trade mark regulations no. 9450 dated november 6, 1956. Amending regulations of september 21, 1955 (text). In: Patent and Trade Mark Review (?) 57.1959, S.343 - 344

0486 Hirsch, E.E.: Darstellung und Übersetzung des türkischen Gesetzes über Geisteswerke und Kunstwerke. In: Möhring,?; Schulze,?;Ulmer,?;Zweigert,?(Hrsg.): Quellen des Urheberrechts. Frankfurt a.M. 1961, k.S.

0487 Elbir, İ.K.: Lettre de Turquie. In: Droit d'Auteur (Genève) 65.mai 1962, S.103 ff.
(Betrifft: Urheberrecht)

0488 Mentha, Bénigne: Türkisches Urheberrecht und Berner Übereinkunft. In: Archiv für Urheber-, Film-, Funk- und Theaterrecht (Baden Baden) 36.Februar 1962, S.55 ff.

0489 (Turque, République): Loi no.5846 du 10 décembre 1951 sur les oeuvres intellectuelles et artistiques. Loi no. 5680 du 20 juillet 1950 sur la presse. In: Lois et Traités sur le Droit d'Auteur. Paris 1962, Bd.3, k.S.

0490 Mentha, Bénigne: Türkische Urheberrecht und Berner Übereinkunft. In: Ehrengabe für E.E.Hirsch. Persönlichkeit im Lichte des Urheber-, Film-, Funk- und Fersehrechts. Baden Baden 1963, S.55 - 60

0491 Eyüboğlu, Cemal R.: Licensing in Turkey. In: Pollzien,?; Bronfen,?(Hrsg.): International Licensing Agreements. New York 1965, k.S.

0492 Özkül, Aydin: La protection des desins et modèles en droit français et en droit turc. (Thèse) Lausanne 1968, 116 S.
(Diss.Helv. 1968 - 571)

0493 (Copyright - Performers rights): Turkey. In: Laws and treaties of the World on the protection of performers, producers of phonograms and broadcasting organizations. (loose-leaf) Geneva 1969, Bd.1, k.S.
(Enthält die einschlägigen Gesetzestexte in Übersetzung.)

0494 Ayiter, Nuşin: Der heutige Zustand des internationalen Patentrechts und die patentrechtlichen Probleme der Entwicklungsländer. In: Gewerblicher Rechtsschutz und Urheberrecht. Internationaler Teil (Weinsheim) 1970.8/9, S.274 - 275
(U.a. Türkei)

0495 Ayiter, Nuşin: Das Patentrecht der Türkei. In: Gewerblicher Rechtsschutz und Urheberrecht. Internationaler Teil (Weinsheim) 1971.11, S.473 - 480

0496 Schade, Hans: Patents at a glance. A survey of substantive laws and formalities in 46 countries. Translated from the 4th revised and expanded german edition of "Patent-Tabelle" and supplemented by Lydia Rezanka. Köln, Berlin 1971, 46 S.
(U.a. Türkei)

0497 Ulmer, Eugen: Das Folgerecht und seine Qualifikation im internationalen Urheberrecht. In: Rabels Zeitschrift für ausländisches und internationales Privatrecht (Tübingen) 37.1973.2/3, S.499 - 514
(Mit englischer Zusammenfassung; U.a. Türkei)

2.12. Wettbewerbs- und Warenzeichenrecht / Unfair competition - Trademarks / Concurrence déloyale - Marques de fabrique

0498 (Türkische Republik): Gesetz über die Fabrikmarken vom 10.Mai 1888 (in der Fassung des Gesetzes Nr.6591 vom 20. Mai 1955). Gesetz Nr.1401 zur Ergänzung der Bestimmungen des Gesetzes vom 10.Mai 1888 über die Marken, vom 2.März 1929. Erlaß Nr.4/8262 über die Benutzung der eingetragenen Marken und Waren, vom 18.Dezember 1956. Erlaß Nr. 4/8446 über die bis zum 10.September 1956 eingetragenen internationalen Handelsmarken vom 18.Dezember. In: Erfinder- und Warenzeichenschutz im In- und Ausland. Berlin 1956, Bd.3, Teil 4, k.S.

0499 Deschamps, Marcel: Notes from other nations. (Canada, Ethiopia, Great Britain, Sarawak, Saudi-Arabia, Turkey). In: Trade Mark Reporter (?) 47.1957, S.805 - 808 (Patentrecht)

0500 Deschamps, Marcel: Notes from other nations. (Australia, Belgium, Canada, Great Britain, Israel, Turkey). In: Trade Mark Reporter (?) 47.1957, S.1349 - 1354 (Patentrecht)

0501 Deschamps, Marcel: Notes from other nations. (Austria, Canada, Turkey). In: Trade Mark Reporter (?) 48.1958, S.155 - 157

0502 Ansay, Tuğrul: Trade marks in Turkey. In: American Journal of Comparative Law (Baltimore) 13.1964, S.93 - 96

0503 Ansay, Tuğrul: Tqo examples on similiarity of trade marks. In: The Journal of Business Law (London) 1966, S.189 ff.

0504 Yüksel, A.S.: Das türkische Warenzeichenrecht. In: Gewerblicher Rechtsschutz und Urheberrecht. Internationaler Teil (Weinsheim) 1967, S.329 - 333

0505 Azizoğlu, Orhan; Davran, Cahit: Turkey. Patent law and practise. In: Kohlik, George (Hrsg.): The digest of commercial laws of the world (Patents and trademarks). 2 Bde. (loose-leaf). Dobbs Ferry N.Y. 1968 (with additions 1969)
(Publication for the National Association of Credit Management)
(U.a. Türkei)

0506 Deringer, Arved: Internationale Lizenzverträge und Antitrustrecht. In: Gewerblicher Rechtsschutz und Urheberrecht. Internationaler Teil (Weinsheim) 1968, S.179 - 193
(Patentrecht, Warenzeichenrecht: U.a. Türkei)

0507 (Turkey, Republic of): Trademark law (no.551 of march 3, 1951. In: Industrial Property (?) 10.1971, S.268 - 274

0508 (Wettbewerbsrecht): Gerichtsentscheidung: Wettbewerbsrecht. Anmerkung zu: Kassationshof der Türkischen Republik 11.2.1972 (971/12331-Nr.1080). Leitsätze in: Neue Juristische Wochenschrift (München), Fundheft für Zivilrecht 20.1974, S.279, Nr.5847
(U.a. zu Art.48 TOG und Art.56 - 65 THGB.)

2.13. Internationales Privatrecht / Conflict of laws / Droit international privé

0509 Brehmer, Carl Ernst: Die Stellung der deutschen Staatsangehörigen in der Türkei unter besonderer Berücksichtigung des Liegenschaftsrechts. (Diss.) Greifswald 1916, 71 S.
(U.16.313)

0510 Weiss, A.: Manuel de droit international privé. Paris 1920, k.S.
(Mit Beiträgen zum türkischen Staatsangehörigkeitsrecht auf den S.290 und 697.)

0511 Aksoy, Mehmet Reşat: La nationalité de la femme mariée et

des enfants mineurs d'après le droit turc. (Thèse) Fribourg 1941, 127 S.
(Diss.Helv. 1940/41 - 262)

0512 Berki, Osman Fazil: La succession ab intestat dans le droit international de la Turquie. (Condition des étrangers et conflit de lois.) (Thèse) Fribourg (Genève) 1941, 116 S.
(Diss.Helv. 1940/41 - 264)

0513 Berki, M. Şakir: La nationalité des enfants naturels dans le droit international privé de la Turquie. (Thèse) Fribourg 1946, 96 S.
(Diss.Helv. 1946 - 300)

0514 Hirsch, E.E.: Die Quellen des Internationalen Privatrechts in der Türkei. In: Festschrift für H.Lewald. Basel 1953, S.245 - 257

0515 Öztek, Esat: Die Entwicklung des türkischen Internationalen Privatrechts seit der Rezeption des schweizerischen Zivilrechts. (Diss.) München 1954, VI, 188 S.
(U.54.6656)

0516 Seviğ, V.: Le principe d'autonomie de la volonté en droit international privé turc. In: Annales de la Faculté de Droit d'Istanbul (Istanbul) 3.1954.4, S.213 - 233

0517 Seviğ, V.: Le système des conflits des lois particuliers en droit international privé turc. In: Annales de la Faculté de Droit d'Istanbul (Istanbul) 4.1954.5, S.175 - 190

0518 Früdorff, E.A.: Aus dem ausländischen Recht. Doppelte Staatsangehörigkeit der Ehefrau. In: Das Standesamt (Frankfurt a,M.) 8.1955, S.166
(U.a. Türkei)

0519 Saymen, F.H.: Notes on turkish court decisions. In: Journal de Droit International (Clunet) (Paris) 84.1957, S.1037 - 1061
(Rechtsprechung zum IPR in englischer und französischer Sprache.)

0520 Seviğ, V.: La condition actuelle des étrangers en Turquie. In: Annales de la Faculté de Droit d'Istanbul (Istanbul) 6.1957.7, S.34 - 55

0521 Taran, Abdullah Kerim: Die Staatsangehörigkeit als Anknüpfungspunkt im türkischen internationalen Privatrecht. (Diss.) München 1958, VIII, 116 S.
(U.58.5999)

0522 Seviğ, Vedat R.: Les cas de double nationalité en droit turc. In: Annales de la Faculté de Droit d'Istanbul (Istanbul) 7.1958.8, S.82 - 97

0523 Erdener, N.: L'application de la règle "locus regit actum" en droit international privé turc. In: Annales de la Faculté de Droit d'Istanbul (Istanbul) 8.1959.9/11, S.158 - 203

0524 (Anonym): Eheschließung von Ausländerinnen nach türkischem Recht. In: Das Standesamt (Frankfurt a.M.) 13.1960, S.25

0525 Ökçün, A. Gündüz: Certaines dispositions legales turques relatives au conflit des lois. In: Turkish Yearbook of International Relations (Ankara) 1.1960, S.181 - 188

0526 Peters, Ernst: Ausstellung von Ehefähigkeitszeugnissen in Italien und der Türkei. In: Das Standesamt (Frankfurt a.M.) 13.1960, S.301

0527 Seviğ, V.R.: De certains nouveaux développements du droit international privé commercial turc. In: Mélanges J. Maury. Paris 1960, Bd. 2, S.485 - 507

0528 (Türkei): Zur Amtshaftung gegenüber Türken. Anmerkung zu: BGH, 3.ZS, Urteil vom 10.5.1954 - III ZR 45/53; BGHZ 13, 241; NJW 1954, 1283; LM Nr.1 zu § 7 Beamtenhaftungsgesetz mit Anm. von Pagendamm, IntLR 1954, 208. In: Die deutsche Rechtsprechung auf dem Gebiete des Internationalen Privatrechts in den Jahren 1954/55. Tübingen 1960, S.90 - 92 (= Nr.30)

0529 Unat, İlhan: Application du principe d'estoppel par le Conseil d'Etat turc dans le contentieux de la nationalité. In: Turkish Yearbook of International Relations (Ankara) 1.1960, S.121 - 131

0530 Seviğ, Vedat R.: Le droit international privé turc en face du Marché Commun. In: Turkish Yearbook of International Relations (Ankara) 3.1962, S.115 - 149

0531 (Türkei): Eine Verletzung eines einem Inländer gehörenden ausländischen Markenrechts liegt auch vor, wenn ein Spediteur bei der Beförderung der Waren In Länder mitwirkt, in denen Zeichenschutz besteht. Die Verletzungshandlung beim Export von Waren, die unzulässigerweise mit dem geschützten Zeichen versehen werden, beginnt am Ort der Versendung und endet im Lande, wo der Zeichenschutz gewährt wird. Anmerkungen zu: BGH, 1.ZS., Urt.v.15.1.57 - I ZR 56/55; LM Nr.22 zu § 22 WZG; GRUR 59(1957)352; MittDVGR 1957,90 m. Anm.v.Meydt; Betrieb 10(1957)426; RIW 3(1957)74; VRS 12 (1957)344; Leitsätze in MDR 11(1957) Beil.Nr.446/57; GRUR Ausl.1957,449; SchlHA 204(1957)172. In: Die deutsche Rechtsprechung auf dem Gebiete des Internationalen Privatrechts in den Jahren 1956/57. Tübingen 1962, S.525 - 527 (= Nr.165)

0532 Uluocak (Erdener), Nihal: The private international law of exchange contracts. In: Annales de la Faculté de Droit d'Istanbul (Istanbul) 12.1962.18, S.245 - 268

0533 Zimmerscheid, ?: Eheschließung türkischer Staatsangehöriger in Deutschland. In: Das Standesamt (Frankfurt a.M.) 15.1962, S.197 - 198

0534 Marquardt, ?: Ist das Heimataufgebot durch das türkische BGB für alle Fälle vorgeschrieben? In: Das Standesamt (Frankfurt a.M.) 16.1963, S.225 - 226

0535 Seviğ, Vedat R.: Les successions en droit international privé turc. In: Turkish Yearbook of International Relations (Ankara) 4.1963, S.110 - 144

0536 Ansay, Tuğrul: Türkische Rechtsprechung zum Internationalen Privatrecht. In: Rabels Zeitschrift für auslän-

disches und internationales Privatrecht (Tübingen) 1964, S.731 - 744
(Rechtsprechung zum Staatsangehörigkeitsrecht.)

0537 Seviğ, Vedat R.: Le Marché Commun et le droit d'établissement adopté par la Turquie. In: Annales de la Faculté de Droit d'Istanbul (Istanbul) 14.1964.20, S.39 - 62

0538 Seviğ, Vedat R.: Le système turc des conflits de lois en matière de droit du travail. In: Turkish Yearbook of International Relations (Ankara) 5.1964, S.72 - 110

0539 Uluocak (Erdener), Nihal: L'assistance judiciaire en droit international privé turc. In: Revue de Droit Quebecois (Montreal) 1964, S.115 - 122

0540 (Anonym): Eheschließung deutscher Frauen mit türkischen Staatsangehörigen. In: Das Standesamt (Frankfurt a.M.) 1965, S.273 ff.

0541 Seviğ, Vedat R.: L'election de foi en droit international privé turc. In: Annales de la Faculté de Droit d'Istanbul (Istanbul) 15.1965.21/22, S.115 - 142

0542 Ansay, Tuğrul: American-turkish private international law, Dobbs Ferry N.Y. 1966, k.S.
(Moore, Nina (Hrsg.): Bilateral studies in international private law: 16)

0543 Narlıoğlu, Orhan: Spannungen im Verhältnis des türkischen zum deutschen Familienrecht. (Diss.) München 1966, X, 191 S.
(U.66.11543)

0544 Altuğ, Yılmaz: Turkish aspects of migration for employment to europe. In: Annales de la Faculté de Droit d'Istanbul (Istanbul) 16.1966, S.1 - 17

0545 Seviğ, Vedat R.: La cour de cassation de Turquie et la contrôle de l'application et de l'interpretation du droit étranger. In: Turkish Yearbook of International Relations (Ankara) 7.1966, S.1 - 15

0546 Krüger, H.: Zur Frage der Legitimation durch nachfolgende Ehe im türkischen internationalen Privatrecht. In: Das Standesamt (Frankfurt a.M.) 20.1967, S.140 - 142

0547 Seviğ, V.R.: Le projet de convention sur la reconaissance et l'exécution des jugements étrangers en matière civile et commerciale. In: Annales de la Faculté de Droit d'Istanbul (Istanbul) 16.1967.26/28, S.180 - 204 und: Annexe: Conférence de La Haye de droit international privé - session extraordinaire - acte final. In: Annales de la Faculté de Droit d'Istanbul (Istanbul) 16.1967.26/28, S.205 - 237

0548 Schwind, Fritz: Das Übereinkommen der internationalen Kommission für das Zivilstandswesen über die Anerkennung in Ehesachen. In: Zeitschrift für Rechtsvergleichung (Wien) 9.1968, S.161 - 184
(Betrifft u.a. die Türkei.)

0549 Seviğ, Vedat R.: Les effets possibles en droit international privé turc du projet de convention sur la reconnaissance et l'exécution des jugements étrangers en matière civile et commerciale. In: Annales de la Faculté de Droit d'Istanbul (Istanbul) 18.1968.29/32, S.188 - 223

0550 (Türkei): Zum Eigentumserwerb an einer deutschen Hochseejacht. LG Hamburg, Urt.v.16.10.1961 - 1309/59; (unveröffentlicht). In: Die deutsche Rechtsprechung auf dem Gebiete des Internationalen Privatrechts in den Jahren 1960/61. Tübingen 1968, S.182 - 185 (= Nr.55)

0551 (Türkei): Der Ausländer, der von einem deutschen Gericht geschieden wurde, ohne daß sein Heimatrecht die Scheidung anerkennt, kann im Inland wieder heiraten, da andernfalls das deutsche Scheidungsurteil nicht alle ihm nach deutschem Recht zukommenden Wirkungen entfalten würde. - Der Wiederheirat eines in Deutschland geschiedenen türkischen Staatsangehörigen muß ein Aufgebot beider zuständigen Behörden in der Türkei vorausgehen. Anmerkungen zu: LG Hannover, Beschl.v.19.4.1961 - 8 T 11/61: JZ 1963,21 m.Anm. Gamillscheg; StAZ 1961,288; DRspr.I(180)46 d; Leitsatz in StaZ 1962,12 m.Anm.Beyer; DRiZ 1963 B 12 Nr.209. In: Die deutsche Rechtsprechung auf dem Gebiete des Internationalen Privatrechts in den Jahren 1960/61, S.315 - 318 (= Nr. 90)

0552 Batiffol, Henri: (Scheidungsklage eines Ausländers, der zugleich die Nationalität des Wohnsitzes besitzt. Anknüpfung an gemeinsamen Ehewohnsitz der Gatten.) Anmerkung zu: Cour de cass. (1ère Ch.Civ.) 17.6.(1968) In: Revue critique de Droit International Privé (Paris) 58.1969, S.59 - 63
(Personalstatut/Nichtigkeit, Auflösung der Ehe (Frankreich - Türkei))

0553 Franci, Giuseppe: Sulla convenzione italo-turca e i principi in tema di competenza internazionale. Anmerkung zu: App.Milano 24.6.(1966); Giur.it. (1969) P.1;Sez.1 In: Giurisprudenzia Italiana (Torino) 121.1969 Parte 1, Sezione 1, S.1925 - 1928
(Vermögensrechtliche Angelegenheiten (Italien - Türkei))

0554 Sayman, Yücel: Le dédoublement fonctionnel et la solution des conflits des lois en matière de sociétés commerciales. In: Annales de la Faculté de Droit d'Istanbul (Istanbul) 18.1969.33/35, S.91 - 132

0555 Seviğ, Vedat R.: Chronique de jurisprudence turque. In: Journal de Droit International (Paris) 96.i969, S.441-450

0556 (Türkei): Einer in Deutschland nur in religiöser Form nach islamischem Zeremoniell erfolgten Eheschließung zwischen einer Deutschen und einem Türken kommt auch in der Türkei keine rechtliche Bedeutung zu. Zur Ersetzung der Einwilligung des gesetzlichen Vertreters einer Deutschen für die Eingehung der Ehe mit einem Türken. Anmerkung zu: LG Berlin, Beschl.v.10.5.1963 - 83 T 96/63: DAVorm 1963, 193. In: Die deutsche Rechtsprechung auf dem Gebiete des Internationalen Privatrechts in den Jahren 1962/63. Tübingen 1969, S.217 - 219 (= Nr.73)

0557 (Türkei): Bedenken gegen die Anwendung des § 1666 BGB bei türkischen Staatsangehörigen bestehen nicht, zumal auch das Bürgerliche Gesetzbuch der Türkei vorsieht, daß Kinder, die körperlich oder geistig gefährdet sind, der Obhut der Eltern entzogen werden. Anmerkungen zu: LG Hanau, Beschl.v.19.4.1964 - 2 T 54/64: RdZ, 1965,185 mit Anm.(K.H.Deutsch). In: Die deutsche Rechtsprechung auf dem Gebiete des Internationalen Privatrechts in den Jahren 1964/65. Tübingen 1970, S.76 (= Nr.123)

0558 (Türkei): Erstinstanzliche Entscheidung zur Legitimation eines unehelichen Kindes durch Heirat der deutschen Mutter mit dem Kindesvater türkischer Staatsangehörigkeit. Anmerkungen zu: AG Hamburg 27.1.1965 - 111 VII F 4806. In: Die deutsche Rechtsprechung auf dem Gebiete des Internationalen Privatrechts in den Jahren 1964/65. Tübingen 1970, S.440 (= Nr.148)

0559 (Türkei): Anerkennung und Vollstreckung ausländischer Entscheidungen in vermögensrechtlichen Angelegenheiten. Anmerkungen zu: BGH, Urt.v.30.6.1964 - VI ZR 88/63; WM 1964,879; DB 1964,1258; MDR 1964,840; BGH Wam 1964,Nr.187; LM Nr.14 zu § 328 ZPO; AWD 1965,94; DRspr IV(415) 68a; Leitsatz in NJW 1964,2109 Nr.5; DRiZ 1964 B 115 Nr.1577 und 1965 B 19 Nr.360. In: Die deutsche Rechtsprechung auf dem Gebiete des Internationalen Privatrechts in den Jahren 1964/65. Tübingen 1970, S.722 - 726 (= Nr.257)

0560 (Türkei): Das Ehewirkungsstatut regelt auch die Namensführung der Ehefrau. Nach türkischem Recht führt die Ehefrau den Familiennamen des Mannes. Das nach Art.14 EGBGB ermittelte letzte gemeinsame Heimatrecht gilt nur, solange ihm noch ein Ehegatte untersteht. Ist der Ehemann verstorben und wechselt die Ehefrau die Staatsangehörigkeit, so bestimmt sich das Namensführungsrecht nach dem neuen Heimatrecht. Anmerkungen zu: AG Bielefeld, Beschl.v.8.5.1967-20 III 178/66, StAZ 1968, 107 (dort mit Dat.9.5.67). In: Die deutsche Rechtsprechung auf dem Gebiete des Internationalen Privatrechts in den Jahren 1966/67. Tübingen 1970, S.273 - 274 (= Nr.84)

0561 (Türkei): Zur Regelung der elterlichen Gewalt nach Ehescheidung gemäß türkischem Recht. Das türkische Recht steht einer Vereinbarung der Eltern über die elterliche Gewalt nicht im Wege. Anmerkungen zu: AG Hamburg, Beschl.v.14.11. 1966 - 112 XK 20209 = StAz 1968,106; HambJVBl 1967,55; In: Die deutsche Rechtsprechung auf dem Gebiete des Internationalen Privatrechts in den Jahren 1966/67. Tübingen 1970, S.374 - 376 (= Nr.111)

0562 (Türkei): Erstinstanzliche Entscheidung zur Legitimation unehelich geborener Kinder durch nachfolgende Ehe nach türkischem Recht. Anmerkungen zu: AG Hamburg, Beschl.v. 17.11.1966 - 111 VII G 7476. In: Die deutsche Rechtsprechung auf dem Gebiete des Internationalen Privatrechts in den Jahren 1966/67. Tübingen 1970, S.432 (= Nr.138f)

0563 Berkin, Necmeddin: Die internationale Zuständigkeit der türkischen Gerichte in Bezug auf die Interessen der Ausländer. In: Annales de la Faculté de Droit d'Istanbul (Istanbul) 20.1971.37, S.199 - 216

0564 Seviğ, Vedat R.: Les effets de la dépréciation monétaire sur les rapports juridiques contractuels en droit international privé turc. In: Travaux de l'Association Henri Capitant des amis de la culture juridique française (Paris) 23.1971, S.227 - 236

0565 (Türkei): Zur Legitimation der unehelichen Kinder auf Grund türkischen Rechts nach Eheschließung der Eltern auf Tondern (Dänemark). Anmerkungen zu: AG Hamburg, Beschl.v. 25.3.1968 - 110 VII Sch 106,34 = MDR 1968,670; HambJVBl 1968, 40. In: Die deutsche Rechtsprechung auf dem Gebiet des Internationalen Privatrechts in den Jahren 1968/69. Tübingen 1971, S.322 - 324 (= Nr.133)

0566 Ferid, M.: Deutsch-türkische Rechtsbeziehungen im Lichte der Auskunftspraxis des Instituts für Rechtsvergleichung der Universität München. In: Hüseyin Cahit Oğuzoğlu'na Armağan. Ankara 1972, S.213 - 224 (Internationales Privatrecht: Eherecht, Kindschaftsrecht (Türkei-Bundesrepublik Deutschland))

0567 Krüger, Hilmar: Anerkennung eines nichtehelichen deutschen Kindes durch einen verheirateten türkischen Staatsangehörigen. Anmerkungen zu: LG Duisburg 23.6.1972 = StAZ 1973, 16. In: Das Standesamt (Frankfurt a.M.) 26.1973.5, S.120 - 121

0568 Otto, G.: Zur Wirksamkeit der von Türken im Ausland geschlossenen Ehen. In: Das Standesamt 26.1973, S.283

0569 (Türkei): Es entspricht fester Praxis, daß, unbeschadet der Anwendung materiellen ausländischen Rechts, die deutschen Gercihte zur Anordnung vormundschaftsgerichtlicher Maßnahmen zuständig sind, wenn die Beteiligten in der Bundesrepublik Deutschland leben und die begehrte Fürsorgemaßnahme in dem Zuständigkeitsbereich des angerufenen Gerichts notwendig ist. Vorläufige Maßnahmen zum Schutze ehelicher Kinder sind nach Art.137 des türkischen Bürgerlichen Gesetzbuches bereits statthaft, wenn die Scheidungsklage eingereicht ist. Deren Zustellung ist nicht erforderlich. Anmerkungen zu: OLG Köln, Beschl.v.5.4.1971 - 16 WX 26/71; OLGZ 1971,442. In: Die deutsche Rechtsprechung auf dem Gebiete des Internationalen Privatrechts im Jahre 1971. Tübingen 1973, S.214 - 216 (= Nr.65)

0570 (Türkei): Zur Übertragung der elterlichen Gewalt nach Scheidung gemäß türkischem Recht. Anmerkungen zu: AG Hameln, Beschluß vom 6.7.1971 - 2 XU 2/70 = FamRZ 1971,654. In: Die deutsche Rechtsprechung auf dem Gebiete des Internationalen Privatrechts im Jahre 1971. Tübingen 1973, S.221-224

0571 (Türkei): Die Feststellung der Vaterschaft zu einem deutschen nichtehelichen Kind, das seinen gewöhnlichen Aufenthalt in Deutschland hat und Ansprüche nach dem Haager Unterhaltsabkommen vom 24.1o.1956 geltend macht, erfolgt nach deutschem Recht. Anmerkung zu: AG Hamburg, Teilurt.v.30.7. 1970 - 4a (17/70): DAVorm 1970,426. In: Die deutsche Rechtsprechung auf dem Gebiete des Internationalen Privatrechts im Jahre 1971. Tübingen 1973, S.226 - 228 (= Nr.73)

0572 (Türkei): Das nichteheliche Kind einer deutschen Frau, das einen Ausländer als Erzeuger in Anspruch nimmt, kann eine beschränkte Vaterschaftsstellung nur in Ansehung der Unterhaltspflicht des Beklagten verlangen. Für diese beschränkte Vaterschaftsstellung ist deutsches Recht anzuwenden. Anmerkung zu: OLG Düsseldorf, Urt.v.10.11.1971 - 3 U 74/71; OLGZ 1972,216; FamRZ 1971,664; NJW 1972,396; MDR 1972, 329; DRspr.I(180)76 c. In: Die deutsche Rechtsprechung auf dem Gebiete des Internationalen Privatrechts im Jahre 1971. Tübingen 1973, S.286 - 289 (= Nr.95)

0573 Ansay, Tuğrul; Wuppermann, Micahel: Das Vaterschaftsanerkenntnis in den türkisch-deutschen Rechtsbeziehungen. In: Das Standesamt (Frankfurt a.M.) 27.1974.5, S.113 - 123

0574 Ferid, M.: Die Beischreibung eines türkischen Vaters. In: Der Amtsvormund (Frankfurt a.M.) 47.1974, S.80 - 85

0575 Krüger, Hilmar: Eheschließung von Türken im Ausland. In: Das Standesamt (Frankfurt a.M.) 27.1974.3, S.60 - 63

0576 Seviğ, Vedat R.: Chronique de jurisprudence turque. In: Journal de Droit International (Clunet) (Paris) 101.1974.1, S.178 - 185

0577 Jayme, Erik: (Zur Anerkennung einer türkischen Sorgerechtsentscheidung). Anmerkung zu: OVG Münster v.22.3.1974. In: Zeitschrfit für das gesamte Familienrecht (Bielefeld) 22.1975.1, S.50

0578 Niclas, I.D.: Vaterschaftsfeststellungs- und Unterhaltsanspruch gegen türkische Staatsangehörige. In: Zentralblatt für Jugendrecht (?) 62.1975, S.170 - 173

0579 Seviğ, Vedat R.: La théorie des droits acquis en connexion avec le droit international privé turc. In: Annales de la Faculté de Droit d'Istanbul (Istanbul) 23.1975/76, S.237 - 248

0580 Özdemir, Munir: Grundzüge des türkischen Internationalen Gesellschaftsrechts. (Diss.) Köln 1976, XXXVI, 209 S.

0581 Seviğ, Vedat R.: La loi régissant la forme des actes en droit international privé turc. In: Travaux de la 5ème semaine juridique turco-suisse. İstanbul 1976, S.453 - 459

0582 Krüger, Hilmar: Nochmals: Eheschließung von Türken im Ausland. In: Das Standesamt (Frankfurt a.M.) 30.1977.7, S.187

0583 Öztan, Bilge; Will, Michael R.: Das zweite Gleis im türkischen Ehe- und Kindschaftsrecht. In: Das Standesamt (Frankfurt a.M.) 30.1977.3, S.78 (Internationales Privatrecht der Türkei: Eherecht (Form der Eheschließung), Kindschaftsrecht)

0584 Seviğ, Vedat R.: Loi national. Loi du lieu de conclusion du contrat. (Anmerkung zu:) Cour cass. 4 ch.civ.,13.10.50, İstanbul, Senai Olgaç: Türk Borçlar Kanunu. İstanbul 1966, n.620. In: Journal du Droit International (Clunet) (Paris) 105.1978.4, S.929

0585 Seviğ, Vedat R.: Biens. Etrangers. Propriété. Réciprocité. (Anmerkungen zu:) Cour.cass., 7.ch.civ. E 566/K. Adalet Dergisi (İstanbul) 1960.7, S.430. In: Journal du Droit International (Clunet) (Paris) 105.1978.4, S.929

0586 Seviğ, Vedat R.: Succession. Bien immobilier situé dans un village etranger. (Anmerkungen zu:) Cour.cass., 2.ch. civ., 28.11.1949, E.1224/K, Istanbul; Berki/Erginay: Yabancılar hukuku ve kanun ihtilafları ile ilgili Yargıtay kararlarının tahlil ve hakları. Ankara 1963, S.19. In: Journal du Droit International (Clunet) (Paris) 105. 1978.4, S.930 - 931

0587 Seviğ, Vedat R.: Succession. Réciprocité. (Anmerkungen zu:) Cour. cass., 2.ch.civ., 3.6.1971, E.3475/K.3585, Istanbul; Resmî Kararlar Dergisi 1971.11, S.384'385. In: Journal du Droit International (Clunet) (Paris) 105.1978.4, S.391

0588 Seviğ, Vedat R.: Caution judicatum solvi. Demandeur étranger. Domicile à l'étranger. (Anmerkungen zu:) Cour.cass., 2.ch.civ., 7.5.1973, E 3064/K.3001, Istanbul;Resmî Kararlar Dergisi 1973.12, S.489 - 490. In: Journal du Droit International (Clunet) (Paris) 105.1978.4, S.933

0589 Lichtenberger, Peter; Gebhard, Hans-Rainer: Hinweise zum Ehegüterrecht bei Fällen mit Auslandsberührung. In: Mitteilungen der Rheinischen Notarkammer (Köln) 1979.1, S.1 - 13
(U.a. Türkei)

0590 Reichard, Heinz: Zur Vaterschaftsanerkennung verheirateter Türken. In: Das Standesamt (Frankfurt a.M.) 32.1979.10, S.278 - 279

0591 Jayme, Erik: Wandlungen des ordre public im internationalen Kindschaftsrecht. In: Das Standesamt (Frankfurt a.M.) 33.1980.11, S.301 - 307
(U.a. Türkei)

3. GERICHTSVERFASSUNG - ALLGEMEINES PROZESSRECHT - ZIVILPROZESS / JUDICIAL SYSTEM - PRACTICE AND PROCEDURE - CIVIL PROCEDURE / ORGANISATION JUDICIAIRE - DROIT JUDICIAIRE EN GENERAL - PROCEDURE CIVILE

3.1. Allgemeines / In general / En général

0592 Esen, Bülent Nuri: Wie man in der Türkei Recht spricht. Berlin 1950, k.S.
(Geist und Gesetz der Völker und Länder:4)

0593 Grund, ?: Prozeßführung und Urteilsvollstreckung im Ausland. In: Neue Juristische Wochenschrift (München) 1951. 21, S.823 - 825

0594 Ayiter, N.(Menemencioğlu): La riparazione del danni derivante dall'errore giudiziario. (Diss.) Catania 1954, VII, 126 S.

0595 (Türkei): Zur Prüfung der internationalen und örtlichen Zuständigkeit eines dt.Gerichtes zur Regelung der Personensorge eines ausländischen Kindes. Zur örtlichen Zuständigkeit zur Änderung einer Sorgerechtsregelung. Zur Frage des Wohnsitzes des Kindes - anwendbares Recht. Zum Wohnsitz des Kindes nach türkischem Recht. Anmerkung zu: KG - West, 1.ZS. Vorlagebeschl. vom 14.6.1954 - 1 W 1824/54). In: Die deutsche Rechtsprechung zum Internationalen Privatrecht 1954/55. Tübingen 1960, Nr.104

0596 (Türkei): Klageweg bei Klage gegen Anerkennung eines ausländischen Scheidungsurteils durch Justizminister. Zur Anerkennung eines ausländischen Scheidungsurteils durch Justizminister.(VGH Stuttgart, 4.Sen., Urt.vom 8.11.1954-45 260/52). In: Die deutsche Rechtsprechung zum Internationalen Privatrecht in den Jahren 1954/55. Tübingen 1960, k.S., (= Nr.192) und in: Zeitschrift für das gesamte Familienrecht (Bielefeld) 2.1955, S.178

0597 (Türkei): Gerichtsentscheidung: Nichtanerkennung ausländischen Scheidungsurtiels in der Türkischen Republik. Folgen einer Scheidung der Ehe eines türkischen Staatsbürgers in der Bundesrepublik Deutschland. Voraussetzungen bei Wiederverheiratung. Anmerkungen zu: LG Hannover 19.4.1961 (ohne Aktenz.). Leitsätze in: Neue Juristische Wochenschrift - Fundeheft Zivilrecht (München) 8.1962, S.155, Nr.3742. In: Das Standesamt (Frankfurt a.M.) 1962, S.41

0598 Devereux, R.: Turkey's judicial security mechanism. In: Die Welt des Islams (Leiden) 10.1965.1/2, S.33 - 40

0599 Berkin, A.G.: a) Restrictions on lawyers qualified in one country and practising in an other country. b) Establishment of a law office in a foreign jurisdiction and problems related thereto. Report. Turkey. In: International Bar Association. Eleventh Conference Report. Lausanne 1966. The Hague 1966, S.77

0600 Gürdoğan, Burhan: Contrôle de la Cour de Cassation sur le pouvoir d'appreciation du juge. Ankara 1967, XI, 87 S.

0601 Seviğ, Vedat R.: (Die Anerkennung von Statusentscheidungen in der Türkei, Deutschland und Frankreich.) In: Kubalı'ya Armağan. Istanbul 1974, S.710 - 712
(Französische Zusammenfassung eines Aufsatzes in türkischer Sprache)
(Prozeßrecht: Ehe- und Kindschaftssachen)

0602 Hirsch, E.E.; Çernis, Volf: Qualis est actio? Begründung eines bei dem Türkischen Kassationshof gestellten Antrags auf Kassierung eines Urteils eines Grundgerichts in Handelssachen. In: Zeitschrift für Schweizerisches Recht (Basel) N.F. 95(1).1976, S.323 - 341

3.2. Gerichtsverfassung / Judicial system / Organisation judiciaire

0603 (Anonym): Courts of justice in Turkey. New York o.J., 7 S. (Turkish Information Service: Turkey today)

0604 (Anonym): Courts of justice in Turkey. In: Legal Observer and Solicitor's Journal (?) 15.(o.J.), S.208 und 1838

0605 Hartmann, M.: Das heilige Recht und das neue Gerichtswesen in der Türkei. In: Der neue Orient (?) 1.1917, S.442

0606 Jäschke, G.: Zur Reform der türkischen Gerichtsverfassung. In: Der neue Orient (?) 1.1917, S.545 - 547

0607 Postacıoğlu, İ.E.: Aperçu sur l'organisation judiciaire en Turquie et son fonctionnement. In: Annales de la Faculté de Droit d'Istanbul (Istanbul) 4.1954, S.155 - 161

0608 Bilge, Necip: Gerichtsorganisation und Rechtszüge im türkischen Recht unter besonderer Berücksichtigung des deutschen und französischen Rechts. In: E.E.Hirsch'e Armağan. Ankara 1964, S.563 - 579

0609 Ensari, Şakir: Etude comparative des problêmes de l'organisation et de la compêtence des juridictions repressives pour mineurs en droit français et en droit turc. (Thèse) Poitiers 1970, k.S.

0610 Derbolav, Dietrich: Richter und Gericht in der Türkei. In: Oesterreichische Richterzeitung (Wien) 49.1971.2, S.19-20

0611 Berkin, N.: Quelques observations sur l'organisation et la procédure judiciaire dans l'ancien droit turc. In: Annuaire Français de Droit International (Paris) 23.1975/76, S.57 - 69

0612 Berkin, Necmeddin M.: Indizien über die rechtliche Stellung und die Funktion des höchsten Gerichtshofes in der Türkei. In: Annales de la Faculté de Droit d'Istanbul (Istanbul) 24.1976/77.40, S.71 - 84

0613 Kuru, Baki; Heinz (Hainz?), Hans-Joachim; Petereit, Joachim; Reichmann, Armin; Reinecker, Heinrich; Scheerer, Hans-Peter: Zivilgerichtsbarkeit und Zwangsvollstreckung in den Ländern Türkei, Griechenland, Spanien, Portugal und Schweiz. Grundzüge. Stuttgart 1978, 308 S.
(Dt.Sparkassenverlag, Forschungsberichte: 6)

3.3. Richter und Staatsanwälte / Judges and public prosecutors / Juges et procureurs

0614 Berkin, N.: Die Befugnisse des Richters zur Einschränkung des gerichtlichen Geständnisses. In: Annales de la Faculté de Droit d'Istanbul (Istanbul) 3.1954, S.363 - 379

0615 (Turkey, Republic of): Law on judges, July 4, 1934. Promulgation date: July 14, 1934. Official Gazete no.2751. Law no. 2556. In: Karlen, Delmar; Arsel, İlhan: Civil Litigation in Turkey. Ankara 1957, S.243 - 271

0616 Postacıoğlu, İ.E.: Le rôle du juge dans la conduite du procès. In: Annales de la Faculté de Droit d'Istanbul (Istanbul) 13.1963.19, S.125 - 130

0617 Postacıoğlu, İ.E.: Le rôle du juge en présence des problèmes économiques. In: Annales de la Faculté de Droit d'Istanbul (Istanbul) 20.1970.36, S.197 - 205

0618 İmre, Z.: Le rôle du juge en présence des problèmes économiques en droit civil turc. In: Annales de la Faculté de Droit d'Istanbul (Istanbul) 22.1972.38, S.73 - 97

0619 (Anonym): Rapport sur le rôle du juge en présence des problèmes économiques en droit public japonais. In: Travaux de l'Association Henri Capitant des amis de la culture juridique française (Paris) 22.1970(1975), S.31 - 32
(U.a. Türkei)

0620 (Anonym): Rapport sur le rôle du juge en présence des problèmes économiques en droit commercial japonais. In: Travaux de l'Association Henri Capitant des amis de la culture juridique française (Paris) 22.1970(1975), S.150 - 151

0621 Boulouis, Jean: Rapport sur le juge communautaire. In: Travaux de l'Association Henri Capitant des amis de la culture juridique française (Paris) 22.1970(1975), S.252 - 259
(U.a. Türkei)

0622 Cabrillac, Michel: Rapport sur le rôle du juge en présence des problèmes économiques en droit commercial français. In: Travaux de l'Association Henri Capitant des amis de la culture juridique française(Paris) 22.1970(1975), S.152 - 166
(U.a. Türkei)

0623 Hansenne, Jacques; Casters, Jean: Rapport sur le rôle du juge en présence des problèmes économiques en droit civil belge. In: Travaux de l'Association Henri Capitant des amis de la culture juridique française (Paris) 22.1970(1975), S.169 - 184
(U.a. Türkei)

0624 İmre, Zahit: Rapport sur le rôle du juge en présence des problèmes économiques en droit civil turc. In: Travaux de l'Association Henri Capitant des amis de la culture juridique française (Paris) 22.1970(1975), S.212 - 229

0625 Kaneti, Selim: Rapport sur le rôle du juge en présence des problèmes économiques en droit civil turc. In: Travaux de l'Association Henri Capitant des amis de la culture juridique française (Paris) 22.1970(1975), S.230 - 243

0626 Oppetit, Bruno: Rapport sur le rôle du juge en présence des problèmes économiques en droit civil français. In: Travaux de l'Association Henri Capitant des amis de la culture juridique française (Paris) 22.1970(1975), S.185 - 211
(U.a. Türkei)

0627 Orianne, Paul: Rapport sur le rôle du juge en présence des problèmes économiques en droit public belge. In: Travaux de l'Association Henri Capitant des amis de la culture juridique française (Paris) 22.1970(1975), S.18 - 30
(U.a. Türkei)

0628 Postacıoğlu, İlhan E.: Rapport sur le rôle du juge en présence des problèmes économiques en droit civil turc. In: Travaux de l'Association Henri Capitant des amis de la culture juridique française (Paris) 22.1970(1975), S.244 - 251

0629 Schrans, Guy: Rapport sur le rôle du juge en présence des problèmes économiques en droit commercial belge. In: Travaux de l'Association Henri Capitant des amis de la culture juridique française (Paris) 22.1970(1975), S.133 - 149
(U.a. Türkei)

3.4. Allgemeines Prozeßrecht - Zivilprozeßrecht / Practice and procedure - Civil procedure / Droit judiciaire en général - Procedure civile

0630 (Ottoman Empire): The ottoman code of civil procedure with appendices, the execution law and the law of the notary public. Nicosia 1919, 48 S.

0631 Möller, H.A.; Wolff, Harry (Hrsg.): Handbook of foreign

legal procedure. Legal relations in Euroep. London 1924, 503 S.
(U.a.Türkei)

0632 (Turque, République): Code de procedure civile... du 18 juin 1927. Istanbul 1928, k.S.
(La législation turque)

0633 Akan, Atalay: Organisation judiciaire civile en Turquie. (Thèse) Toulouse 1938, 152 S.

0634 Belgesay, Mustafa R.: Les procès entre particuliers. In: Lévy-Ullmann, H.; Mirkine-Guetzévich, B.(Hrsg.): La vie juridique des peuples: Turquie. Paris 1939, S.293 - 341

0635 Belgesay, M.R.: Réflexions sur la réforme de procédure concernant les voies de recours contre les decisions du juge en cours d'instruction. In: Annales de la Faculté de Droit d'Istanbul (Istanbul) 1.1952.2, S.346 - 352

0636 Berkin, N.: Bemerkungen über die sachlichen Zuständigkeitsvorschriften der türkischen Zivilprozeßordnung. In: Annales de la Faculté de Droit d'Istanbul (Istanbul) 2.1953.3, S.203 - 212

0637 Arsel, İlhan; Karlen, Delmar: Civil litigation in Turkey. A comparative study of anglo-american and continental civil procedure and judicial administration, as manifested in the systems in effect in the United States and Turkey. Ankara 1957, XII, 279 S.
(Joint Publication Series: 7; Legal Research Institute, Faculty of Law, University of Ankara - New York University. Graduate School of Public Administration and Social Services)
Rez.: Chandler, H.P. In: New York University Law Review (New York) 33.1958, S.422 - 429

0638 (Turkey, Republic of): Turkish code of civil procedure. Law no.1086. Date of publication: July 2, 3, 4, 1927. Effective date: October 5, 1927. In: Arsel, İlhan; Karlen, Delmar: Civil litigation in Turkey. Ankara 1957, S.157 - 271

0639 Berkin, N.: Beweislast und Beweispflicht nach modernem türkischem Prozeßrecht. In: Annales de la Faculté de Droit d'Istanbul (Istanbul) 14.1964.20, S.112 - 122

0640 Ansay, Tuğrul; Karlen, Delmar; Arsel, İlhan; Gölcüklü, Feyyaz: Law of procedure. Civil and criminal. In: Ansay, T.; Wallace, D.(Hrsg.): Introduction to turkish law. Ankara 1966, S.189 - 225

0641 Schütze, Rolf: Die Vollstreckung ausländischer Zivilurteile und Schiedssprüche in der Türkei. In: Internationale Wirtschaftsbriefe (Herne) 1967.3 = 5 Türkei.Gr.3, S.3 - 6

0642 Bilge, Necip: Rapport sur les modes non formels d'expression de la volonté juridique dans le droit judiciaire privé turc. In: Travaux de l'Association Henri Capitant des amis de la culture juridique française (Paris) 20.1968, S.281 - 286

0642 Berki, Şakir: Capacité des personnes capables et incapables de discernement. In: Ankara Üniversitesi Hukuk Fakültesi Dergisi (Ankara) 26.1969.1/2, S.120 - 134

0643 Berkin, Necmeddin: Parteivernehmung und Parteivorweisungspflicht im modernen türkischen Zivilprozeßrecht. In: Annales de la Faculté de Droit d'Istanbul (Istanbul) 19.1969.33/35, S.69 - 80

0644 Bilge, Necip: Les modes non formels d'Expression de la volonté juridique dans le droit judiciaire privé. In: Ankara Üniversitesi Hukuk Fakültesi Dergisi (Ankara) 26.1969.3/4, S.208 - 213

0645 Berkin, Necmeddin: Das Wesen, die Tragweite und die Stellung des Sachverständigen in der Zivilrechtspflege und der türkischen Gerichtspraxis. In: Annales de la Faculté de Droit d'Istanbul (Istanbul) 20.1970.36, S.249 - 258

0646 Berkin, N.M.: Darlegungen über Anwalts- und Prozeßfühungsrecht in Zivilsachen in der Türkei. In: Annales de la Faculté de Droit d'Istanbul (Istanbul) 22.1972.38, S.109 - 120

0647 Ansay, Tuğrul: Variations on the theme of enforcement of foreign money judgements. In: Multitudo legum ius unum. Festschrift für Wilhelm Wengler. Berlin 1973, Bd.2, S.67 - 80

0648 Ansay, Tuğrul; Gölcüklü, Feyyaz: Law of procedure. Civil and criminal. In: Ansay, T.; Wallace, D.(Hrsg.): Introduction to turkish law. 2.Aufl., Dobbs Ferry N.Y., Ankara 1978, S.189 - 225

0649 Berkin, Necmeddin: Die Einrede der Verjährung nach dem türkischen Zivilprozeßrecht. In: Annales de la Faculté de Droit d'Istanbul (Istanbul) 24(25).1978.41, S.53 - 67

0650 Berkin, Necmeddin M.: Bericht zu den Erläuterungen über den Ehescheidungsprozeß im türkischen Zivil- und Zivilprozeßrecht. In: Annales de la Faculté de Droit d'Istanbul (Istanbul) 24(25).1978.41, S.139 - 152

0651 Sevig, Vedat R.: Immunité diplomatique. Incompétence du tribunal. Anmerkungen zu: Cour.cass., 6.ch.civ., 29.6.1957, E 7120/K.5768, Istanbul. Berki/Erginay, S.154. In: Journal du Droit International (Clunet) (Paris) 105.1978.4, S.935

3.5. Schiedsgerichtsbarkeit / Arbitration / Arbitration

0652 Salem, E.R.: La clause compromissoire et l'arbitrage en Turquie. In: Journal du Droit International (Clunet) (Paris) 1929, S.962 - 966

0653 (Anonym): Turkish statutory arbitration provisions. In: International Arbitration Journal (?) 1.1945, S.139 - 142

0654 Yelmer, N.S.: Turkey (commercial arbitration). In: International Association of Lawyers(Hrsg.): International Commercial Arbitration. (Rapporteur général Pieter Sanders) Paris 1956, Bd.1, S.468 - 479

0655 Ansay, Tuğrul: Commercial arbitration in Turkey. In: Arbitration Journal (New York) N.S.12.1957, S.31 - 37

0656 Koral, R.: Exécution des sentences arbitrales étrangères en Turquie. In: Annales de la Faculté de Droit d'Istanbul

(Istanbul) 10.1960.15, S.161 ff.

0657 Koral, Rabi: L'exécution des sentences arbitrales étrangères en Turquie. In: Revue de l'arbitrage (Paris) 2.1960, S.38 - 43

0658 Kalpsüz, T.: Schiedsgerichtsabarkeit bei den Industrie- und Handelskammern in der Türkei. In: Ankara Hukuk Fakültesi. 40 Yıl Armağanı. Ankara 1966, S.187 - 199

0659 Uluç, M.R.: The commercial arbitration of the International Chamber of Commerce and enforcement of its awards in Turkey and U.S. In: Annales de la Faculté de Droit d'Istanbul (Istanbul) 18.1968.29/32, S.106 - 136

0660 Koral, Rabi: L'harmonisation des règlements d'arbitrage et le Congrès d'Istanbul de la C.C.I. In: Annlaes de la Faculte de Droit d'Istanbul (Istanbul) 18(19).1969.33/35, S.257-260

0661 Kalpsüz, Turgut: Die Schiedsgerichtsbarkeit der Industrie- und Handelskammern in der Türkei. In: Außenwirtschaftsdienst des Betriebsberaters (Heidelberg) 17.1971.2, S.70 - 73

0662 Alangoya, Y.: Die Form des Schiedsvertrages über Rechtsgeschäfte, die öffentlicher Beurkunfung bedürfen. In: Travaux de la 5ème semaine juridique turco-suisse. Istanbul 1976, S.461 - 467

0663 Koral, Rabi: Système turc concernat l'attribution de nationalité aux sentences arbitrales et critères consacrés par notre cour de cassation. In: nnales de la Faculté de Droit d'Istanbul (Istanbul) 23(24).1976/77.40, S.157 - 182

0664 Ayiter, K.: Vollstreckbarkeit ausländischer Schiedsprüche in der Türkei. In: Festschrift für Murad Ferid. München 1978, S.15 - 24

0665 Koral, Rabi: Système turc concernant l'attribution de nationalité aux sentences arbitrales et critères consacrés par notre cour de cassation. In: Annales de la Faculté de Droit d'Istanbul (Istanbul) 25(26).1979.42, S.59 - 72

3.6. Zwangsvollstreckung - Konkursrecht / Enforcement of judgements - Bankruptcy / Exécution forcée - Faillite

0666 (Turque, République): Loi sur l'exécution et la faillite .... du 24 avril 1929. Istanbul 1929, k.S. (La législation turque, supplement)

0667 (Turque, République): Loi sur l'exécution et la faillite. Loi no.2004 du 16 juin 1932. Istanbul 1932, k.S. (La législation turque)

0668 Berkin, Necmeddin: Der Aussonderungsanspruch für fremdes Eigentum im deutschen und türkischen Konkursverfahren. Freiburg i.Br. 1949, k.S.

0669 Berkin, Necmeddin: Das Zwangsausgleichsverfahren im türkischen Recht und die kritischen Ansichten über die Verbesserung dieses Verfahrens. (Diss.) Freiburg i.Br. 1949, 112 S.
(U.49.2008)

0670 Berkin, N.: Grundbegriffe des türkischen Zwangsvollstreckungs- und Konkursrechts. In: Annales de la Faculté de Droit d'Istanbul (Istanbul) 4.1954.5, S.93 - 154

0671 Kuru, B.: Das schweizerische Schuldbeitreibungs- und Konkursgesetz in der Türkei. In: Zeitschrift für Schweizerisches Recht (Basel) N.F. 83(1).1964, S.331 - 350

0672 Kuru, B.: Das schweizerische Schuldbeitreibungs- und Konkursgesetz in der Türkei. In: Blätter für Schuldbeitreibung und Konkurs (Wädenswil) 1965, S.97 - 131

0673 Kuru, B.: Die neue Revision des türkischen Schuldbeitreibungs- und Konkursgesetzes. In: Blätter für Schuldbeitreibung und Konkurs (Wädenswil) 1967, S,33 - 45

0674 Kuru, B.: Die Wechselbeitreibung im türkischen Recht. In: Festschrift für Max Guldener. Zürich 1973, S.177 - 188

0675 Berkin, Necmeddin: Der nichtgesetzmäßige Arrest und die daraus entstehenden rechtlichen Folgen. In: Annales de la Faculté de Droit d'Istanbul (Istanbul) 25(26).1979.42, S.219 - 222

3.7. Notar / Notary / Notaire

0676 Tokdemir, S.Hallis: Passado y presente del notariado turco. In: Revista internacional del notariado (Buenos Aires) 23.1972.71, S.327 - 329

3.8. Personenstandsrecht / Civil status registration / Registre d'état civil

0677 Tüzemen, Ekrem: Les registres de l'état civil. (Thèse) Lausanne 1939, 271, 1 S.
(Diss.Helv. 1940 - 401)

0678 Mulle, Christian: Der Einfluß des ausländischen Namensrechts auf die Führung der Personenstandsbücher. In: Das Standesamt (Frankfurt a.M.) 8.1955, S.215 - 219
(U.a. Türkei: S.218a)

0679 Ansay, Tuğrul: Law of persons. In: Ansay, T.; Wallace, D. (Hrsg.): Introduction to turkish law. Ankara 1966, S.85 - 98

0680 Ansay, Tuğrul: Law of persons. In: Ansay, T.; Wallace, D. (Hrsg.): Introduction to turkish law. 2.Aufl., Dobbs Ferry N.Y., Ankara 1978, S.85 - 98

0681 Böhmer, Christof: Die CIEC-Konferenz in Madrid. (30.Jahreshauptversammlung der Internationalen Kommission für das Zivilstandswesen, Madrid, 12.-16.9.1979.) In: Das Standesamt (Frankfurt a.M.) 31.1979.12, S.313 - 318
(U.a.Türkei)

4. STRAFRECHT / CRIMINAL LAW / DROIT PENAL

4.1. Allgemeines / In general / En général

0682 (Ottoman Empire): The ottoman penal code, 28 Zilhilje 1274. (Tr.from the french text by C.G.Walpole.) London 1888, 133 S.

0683 Salem, M.: Le droit d'extradition en Turquie. In: Revue de Droit International et de Législation Comparée (Paris) 1891, S.354 - 381

0684 (Ottoman Empire): The imperial ottoman penal code. (A translation by J.A.S. Bucknill and H.A.S. Utidijan.) London 1913, 243 S.

0685 Jaenecke, Wilhelm: Grundprobleme des türkischen Strafrechts. Eine rechtsvergleichende Darstellung. (Diss.) Greifswald 1918, VIII, 59 S.
(U.18.305)

0686 (Türkische Republik): Das Türkische Strafgesetzbuch vom 1.März 1926. Das Ausführungsgesetz zum türkischen Strafgesetzbuch vom 26.April 1926. (Übersetzt von K.Ziemke.) Berlin, Leipzig 1927, 138 S.
(Sammlung außerdeutscher Strafgesetzbücher: 46)

0687 (Turquie, République): Adjucations publiques. Cahier de charges. Istanbul 1929, k.S.
(La législation turque, supplement)

0688 Seiger, S.: Strafrechtsreform in der Türkei. In: Zeitschrift für vergleichende Rechtswissenschaft (Heidelberg) 46.1931, S.193 - 226

0689 American Jewish Joint Distribution Commitee: European legislation on declarations of death survey. (Concluded on January 1, 1949) Paris 1949, 149 S.
(U.a.Türkei)

0690 Erman, Sahir: Jurisprudence turc - droit pénal. In: Annales de la Faculté de Droit d'Istanbul (Istanbul) 1.1951.1, S.214 - 220

0691 Kunter, N.: Les facteurs sociaux de la criminalité en Turquie. In: Annales de la Faculté de Droit d'Istanbul (Istanbul) 1.1951.1, S.43 - 71

0692 (Turkish Republic): (Criminal law.) Penalties under turkish criminal law. Compiled by K.Grzybowski. Washington 1954, 14 p.
(U.S.Library of Congress.Law Library: Studies and Reports)

0693 (Turkish Republic): (Criminal law.) Penalties under turkish criminal law. Compield by K.Grzybowski. Washington 1954, 20 p.
(U.S.Library of Congress.Law Library: Studies and Reports)

0694 Kunter, N.: Les facteurs du récidivisme en Turquie. In: Annales de la Faculté de Droit d'Istanbul (Istanbul) 4.1954.5, S.1 - 8

0695 (Türkische Republik): Das Türkische Strafgesetzbuch vom 1.März 1926. Übersetzt und eingeleitet von N.Şensoy und O.Tolun.) Berlin 1955, k.S.
(Sammlung außerdeutscher Strafgesetzbücher: 76)

0696 Yalkut, Mustafa Nejdet: Le rôle du ministère public en droit pénal turc et français comparé. (Thèse) Paris 1955, 265 S.

0697 Schafer, Stephen: Restitution to victims of crime. London,

Chicago 1960, 130 S.
(U.a. Türkei)

0698 (Turkish Republic): Turkish criminal code (english translation).(Trans. by Orhan Sepici and Mustafa Ovacik.) o.O. 1960, 178 S.
(Hrsg.: Headquarters United States Air Force in Europe. Office of the Staff Judge Advocate)

0699 Önder, Ayhan: Das türkische Strafrecht. In: Mezger,E.; Schönke, A; Jescheck, H.-H.(Hrsg.): Das ausländische Strafrecht der Gegenwart. Berlin 1962, Bd.4, S.417 - 599

0700 Yücel, Mustafa: Adult probation. A critical analysis. (Ph.D.-thesis) New York 1964, 189 S.

0701 (Turkish Republic): The turkish criminal code. Translated by Nevzat Gürelli. With an introduction by Nevzat Gürelli. London 1965, XVIII, 190 S.
(American series of foreign penal codes: 9)

0702 Gölcüklü, Feyyaz: Criminal law. In: Ansay, T.; Wallace, D. (Hrsg.): Introduction to turkish law. Ankara 1966, S.177 - 188

0703 Lopez-Rey, Miguel: La réforme pénitentiaire en Turquie. In: Revue de Droit Pénal et de Criminologie (?) 48.1967/68.3, S.372 - 391

0704 Konanç, Esin: La minor età nel diritto penale. (Diss.) Perugia 1968, 167 S.

0705 (Turque, République): Jurisprudence de la cour constitutionnelle. Classification des arrêts rendus en matière pénale. Trad. par Duygun Yarsuvat, Köksal Bayraktar. In: Annales de la Faculté de Droit d'Istanbul (Istanbul) 18(19).1969.33/35, S.225 - 234

0706 Erman, S.: Le norme penali e processuali penali contenute nella nuova costituzione turca. In: Annales de la Faculté de Droit d'Istanbul (Istanbul) 22.1972.38, S.99 - 108

0707 Dönmezer, Sulhi: Le cinquantenaire du code pénal turc et les problèmes de l'évolution de la politique criminelle moderne. In: Annales de la Faculté de Droit d'Istanbul (Istanbul) 23(24).1976/77.40, S.15 - 36

0708 Baer, Gabriel: The transition from traditional to western criminal law in Turkey and Egypt. In: Studia Islamica (Paris) 45.1977, S.139 - 158

0709 Bayraktar, Köksal: Les principes de politique criminelle en Turquie et les rapports de ces principes avec ceux de la politique pénale conçue dans le sens strict du terme. In: Annales de la Faculté de Droit d'Istanbul (Istanbul) 24(25).1978.41, S.169 - 175

0710 Gölcüklü, Feyyaz: Criminal law. In: Ansay, T.; Wallace, D. (Hrsg.): Introduction to turkish law. 2.Aufl., Dobbs Ferry N.Y., Ankara 1978, S.173 - 188

0711 Artuk, Mehmet Emin: Sinn und Zweck der Strafe und die Maßnahmen zur Sicherung und Besserung im türkischen Strafrecht. (Diss.) Köln 1979, XVI, 188 S.
Im Handel: Neue kölner rechtswissenschaftliche Abhandlungen: 83; Königstein/Ts.

4.2. Strafgesetzbuch, Allgemeiner Teil / Criminal Code, general part / Partie générale du Code pénal

0712 Tan, Hadi: Grundriß des türkischen Strafrechts. Allg.Teil nebst einer Übersetzung des Allg.Teiles des türk. Strafgesetzbuches. (Diss.) Marburg 1941, 75, 40 S. (U.42.4976)

0713 Ersoy, Yüksel: Ignoranza ed errore nel diritto penale. Ankara 1968, XII, 190 S.

4.3. Strafgesetzbuch, Besonderer Teil / Criminal Code, particular part / Partie particulaire du Code pénal

0714 Basman, Cevdet Ferit: Les infractions pénales, leur répression, leur réparation. In: Lévy-Ullmann, H.; Mirkine-Guetzévitch, B.(Hrsg): La vie juridique des peuples: Turquie. Paris 1939, S.112 - 151

0715 Şensoy, Naci: Le délit d'adultère dans le droit pénal turc. In: Annales de la Faculté de Droit d'Istanbul (Istanbul) 3.1954.4, S.349 - 362

0716 Gürbaşkan, Süheyl: Les infractions contre l'honneur en droit turc. (Thèse) Paris 1956, XIV, 198, 9 S.

0717 Gürbaşkan, S.: Les causes d'aggravation de la peine des diffamations et injures en droit turc. In: Annales de la Faculté de Droit d'Istanbul (Istanbul) 6.1957.7, S.115 - 128

0718 Gürbaşkan, S.: Eléments matériels de la diffamation publique en droit turc et en droit comparé. In: Annales de la Faculté de Droit d'Istanbul (Istanbul) 8.1959.9/11, S.204 ff.

0719 Doğan, Hasan: Die Erpressung. Ein Vergleich zwischen deutschem und türkischem Recht. (Diss.) München 1964, IX, 49 S. (U.64.8841)

0720 Dönmezer, Sulhi: La protection de la famille et les infractions contre la moral sexuelle dans le droit pénal turc. In: Annales de la Faculté de Droit d'Istanbul 15.1965.21/22, S.99 - 114

0721 Erman, Sahir: La responsabilité pénale pour négligence professionnelle. (Rapport général présenté au VIIème Congrès international de Droit comparétenu à Uppsala du 6 au 13 août 1966 - Section: Droit pénal). In: Annales de la Faculté de Droit d'Istanbul (Istanbul) 16(17).1967.26/28, S.41 - 67

0722 Erman, Sahir: Les délits militaires en droit turc. In: Annales de la Faculté de Droit d'Istanbul (Istanbul) 16(17).1967.26/28, S.238 - 260

0723 Kaynak, ?: La notion de délit d'opinion, spécialement en Turquie. (Thèse) Montpellier 1970, 380 S.

0724 Oehring, Otmar: Strafrechtlicher Bevölkerungsschutz und Bevölkerungsplanung in der Türkischen Republik. In: Orient (Opladen) 21.1980.3, S.345 - 370

0725 (Türkische Republik): Gesetz über die Bevölkerungsplanung Nr.557 vom 1.4.1965, Resmî Gazete Nr.11976 vom 10.4.1965). (Übersetzt von Otmar Oehring.) In: Orient (Opladen) 21.1980.3, S.359 - 361

4.4. Strafprozeßrecht / Criminal pricedure / Procédure pénale

0726 (Turque, République): Code de procédure pénale. Loi no. 1412 du 9 avril 1929. Istanbul 1930, k.S. (La législation turque)

0727 Del Vecchio, Giorgio: The basis of penal justice. In: Seminar, annual extraordinary number of the 'Jurist'(?) 8.1950, S.23 - 44 (u.a. Türkei)

0728 Postacıoğlu, İ.E.: De la restriction de la preuve testimoniale dans les droits turc, français et italien comparés. In: Annales de la Faculté de Droit d'Istanbul (Istanbul) 1.1951.1, S.102 - 118

0729 Önder, Ayhan: Die gerichtliche Voruntersuchung im türkischen Strafverfahrensrecht, verglichen mit den entsprechenden Regelungen im deutschen Recht. (Diss.) Münster 1955, XIV, 159, XXIII S. (U.55.7631)

0730 Snee, J.M.; Pye, A.K.: Status of forces agreement and criminal jurisdiction. New York 1957, 167 S. (U.a. auch Probleme des türk.Strafprozeßrechts.)

0731 (Turkish Republic): The turkish code of criminal procedure. English translation. Ankara 1957, 92 S.

0732 Yazıcı, Turan: Der Wahrheitsbeweis bei ehrenrührigen Behauptungen im deutschen und türkischen Strafrecht. Unter bes. Berücks. der geschichtlichen Entwicklung. (Diss.) Freiburg i.Br. 1961, XVII, 170 S.

0733 (Turkish Republic): The turkish code of criminal procedure (with an introduction by F.Gölcüklü). London 1962, 158 S.

0734 Elibol, Ercüment: Die Vermutung der Unschuld im deutschen und türkischen Strafverfahren. (Diss.) Tübingen 1965, XIII, 103 S. (U.65.11998)

0735 Ansay, Tuğrul; Karlen, Delmar; Arsel, İlhan; Gölcüklü, Feyyaz: Law of procedure. Civil and criminal. In: Ansay, T.; Wallace, D.(Hrsg.): Introduction to turkish law. Ankara 1966, S.189 - 225

0736 Önder, A.: Der Einfluß des deutschen Rechts auf das türkische Strafprozeßrecht. In: Annales de la Faculté de Droit d'Istanbul (Istanbul) 22.1972.38, S. 366 - 378

0737 Ansay, Tuğrul; Gölcüklü, Feyyaz: Law of procedure. Civil and criminal. In: Ansay, T.; Wallace, D.(Hrsg.): Introduction to turkish law. 2.Aufl., Dobbs Ferry N.Y., Ankara 1978, S.189 - 225

4.5. Jugendstrafrecht / Juvenile offenders / Droit pénal spécial des mineurs délinquants

0738 (Turkish Working Group): The prevention and treatment of juvenile deliquency in Turkey. In: Annales de la Faculté de Droit d'Istanbul (Istanbul) 1.1951.1, S.1 - 43

0739 Barutoğlu, Oğuz: Die Jugendkriminalität und das Jugendstrafrecht in Deutschland und in der Türkei. (Diss.) Göttingen 1955, VII, 171 S.
(U.56.2902)

0740 Kursun, Şükrü: Jugendkriminalität in der Türkei. (Diss.) München 1957, VIII, IV, 179 S.
(U.58.5987)

0741 Erçman, Sevinç: Die Organisation und Aufgabe der Jugendgerichte in der USA (besonders New York), in Deutschland und in der Türkei. (Diss.) Hamburg 1965, k.S.
(U.65.5644)

0742 Kunter, N.: Evolution de la délinquance juvénile en Turquie. In: Annales de la Faculté de Droit d'Istanbul (Istanbul) 10.1965.15, S.136 ff.

0743 Hausmann, Hans Jürgen: Türkisches Jugendkriminalrecht. (Diss.) Hamburg 1971, VII, 65 S.
(U.71.4965)

0744 Yuce (Yüce?), Timuçin Necati: Les problèmes criminologiques et juridiques posés par la délinquance juvénile en Turquie. (Thèse) Montpellier (I) 1972, 198, XV S.
(F 1972 - 922)

4.6. Wehrstrafrecht / Military offences / Droit pénal militaire

0745 Erman, S.: L'insubordinazione nel diritto penale militare turco e nel campo internazionale. In: Annales de la Faculté de Droit d'Istanbul (Istanbul) 13.1963.19, S.147 - 153

0746 Şener, H.: Comparison of turkish and american military systems of nobjudicial punishment. In: Military Law Review (?) 27.1965, S.111 ff.

0747 International Commission of Jurists: Military justice in Turkey. In: Review of the International Commission of Jurists (?) 9.1972, S.16 - 17

0748 Erman, S.: L'evoluzione della condizione giuridica dell' arma dei giannizzeri in Turchia. In: Annales de la Faculté de Droit d'Istanbul (Istanbul) 24.1976/77.40, S.37 - 43

0749 Erman, S.: L'evoluzione della condizione giuridica dell' arma dei giannizzeri in Turchia. In: Revue de Droit pénal militaire et de Droit de la guerre (?) 17.1978, S.345 - 350

0750 Donay, Süheyl; Bayraktar, Köksal: Compétence des juridictions militaires en Turquie. In: Annales de la Faculté de Droit d'Istanbul (Istanbul) 15(26).1979.42, S.323 - 355

4.7. Strafvollzug / Penology / Science pénitentiaire

0751 Kunter, Nurullah: Le travail pénal, son rôle, son organisation juridique. (Thèse) Lausanne 1940, 159, 1 S. (Diss.Helv. 1940 - 395)

0752 Taner, T.: Le traitement des délinquants en Turquie. In: Annales de la Faculté de Droit d'Istanbul (Istanbul) 2.1953.3, S.5 - 33

0753 Jäschke, G.: Vollzug der Todesstrafe in der Türkei. In: Westöstliche Abhandlungen. Rudolf Tschudi zum 70.Geburtstag. Wiesbaden 1954, S.338 - 341

0754 Yüce, Turhan Turfan: Die Grundprobleme des türkischen Strafvollzugs im Vergleich mit dem Strafvollzug in Deutschland. (Diss.) Freiburg i.Br. 1956, XIII, 151 S. (U.57.2573)

0755 Tepebaşılı, İ.: Etude comparée du système pénitentiaire en France et en Turquie. (Thèse) Montpellier 1968, k.S.

4.8. Internationales Strafrecht / International criminal law / Droit international pénal

0756 Beckmann, Theodor: Die Straftat eines Deutschen im Konsulargerichtsbezirk und den Schutzgebieten, insbesondere die Vielehe in der Türkei. (Diss.) Berlin 1905, VIII, 49 S. Im Handel: Berliner Juristische Beiträge: 7

0757 Rosenbaum, Berthold: Ist die seitens eines Deutschen in der Türkei eingegangene Vielehe vor dem Deutschen Reichsstrafgesetzbuch mit Strafe bedroht? (Diss.) Berlin 1909, 40 S. (U.09.3690)

0758 Boenisch, Herbert: Die Strafbarkeit einer in den Konsulargebieten begangenen Bigamie unter besonderer Berücksichtigung der in der Türkei bestehenden Verhältnisse. (Diss.) Breslau 1917, V, 49 S. (U.17.145)

0759 (Anonym): Zur Möglichkeit der Rechtshilfe im Sinne des § 41 DAG seitens der dt. Behörden gegenüber der türk. Behörde ohne Verpflichtung gem. § 19 des deutsch-türkischen Auslieferungsvertrages. Voraussetzung der Gegenseitigkeit. (BGH, Beschl. vom 6.11.1964 - 4 ARs 23/64, BAusl 4/64). In: Neue Juristische Wochenschrift 1965, S.506 - 507 und: 1145

0760 Grützner, Heinrich: Die zwischenstaatliche Anerkennung europäischer Strafurteile. In: Neue Juristische Wochenschrift (München) 22.1969.9, S.345 - 352 (U.a. Türkei)

0761 Turner, Michael Allan: The international politics of narcotics. Turkey and the United States. (Ph.D.-thesis) Kent State University 1975, 354 S. (DAH 76 - 04948) (DAI 36/09 - A.p.6295)

5. STAATSLEHRE - POLITIK / GENERAL THEORY OF THE STATE - POLITICS / THEORIE DE L'ETAT - POLITIQUE

5.1. Allgemeines / In general / En général

0762 (Anonym): Staat und staatliche Herrschaft im Vorderen

Orient und Nordafrika. Türkei, Libanon, Jordanien, VAR (Ägypten), Syrien, Irak, neue VAR (Föderation), Tunesien, Marokko. In: Renesse, Ernst-Albrecht von (Hrsg.): Unvollendete Demokratien. O.O. 1965, S.119 - 265

0763 Miller, W.: The Ottoman Empire and its successors, 1801 - 1927. London 1966, k.S.

0764 Heinrich, B.; Roth, J.: Partner Türkei oder Foltern für die Freiheit des Westens. Reinbek 1973, 155 S.

0765 Mansfield, P.: The Ottoman Empire and its successors. London, Basingstoke 1973, 240 S., 4 Kt.
Rez. in: Revista de Politica Internacional (Madrid) 136.1974, S.301 - 305; Vatikiotis, P.J. In: History (Birmingham, London) 60.1975.199, S.258; Tanasković, D. In: Jugoslovenski Istorijski Časopis (Ljubljana, Zagreb, Beograd) 1975.3/4, S.194 - 196

0766 Danilov, V.I.: O vozrastanii roli armii v političeskoj zizni Turcii. In: Leninizm, klassy i klassovaja bor'ba v stranach Vostoka. Moskva 1973, S.271 - 284
(Über die Zunahme der Rolle der Armee im politischen Leben der Türkei.)

0767 Dankert, Pieter: In Turkije is democratie ook moeilijk. In: Sociale Democratie (Amsterdam) 30.1975.5, S.232 - 238

0768 Davison, Roderic: The Turkish Republic: fifty years of peace. In: World Affairs (London) 136.1973.2, S.164 - 180

0769 Howard, H.N.: Continuing trouble in the Turkish Republic. Current History. In: Current History (Philadelphia) 64.1973.377, S.26 - 29 und 38 - 39

0770 Kazancıgil, A.: La participation et les élites dans un système en crise: le cas de la Turquie. In: Revue Française de Science Politique (Paris) 83.1973.1, S.5-32

0771 Köymen, Oya; Sönmez, Attila: The social and economic background to Turkey's non-involvement in World War II. In: Les Grandes puissances et les Balkans à la veille et au début de la deuxième guerre mondiale, 1937-1941. Sofija 21.-26.IV.1971 = Studia Balcanica (Sofija) 7.1973, S.387 - 398

0772 Mardin, Şerif: Center-periphery relations,a key to turkish politics. In: Daedalus (Cambridge, Mass.) 102.1973.1, S.169 - 190

0773 Olson, R.: Al-Fatah in Turkey: its influence on the 12 March coup. In: Middle Eastern Studies (London)9.1973.2, S.197 - 205

0774 Tachau, Frank; Good, M.J.D.: The anatomy of political and social change. Turkish parties, parliaments and elections. In: Comparative Politics (?) 5.1973.4, S.551 - 573

0775 Tamkoç, M.: Stable instability of the turkish polity. In: Middle East Journal (Washington, D.C.) 27.1973.3, S.319 - 341

0776 Vesela, Zdenka: Republika tureckého národa. In: Nový Orient (Praha) 28.1973.9, S.261 - 262
(Die Republik des türkischen Volkes.)

0777 Željazov, Željaz: Krizata v Turcija. In: Armejski Komunist (Sofija) 1973.1, S.90 - 96
(Krise in der Türkei.(Die Ereignisse vom 12.März 1971.))

0778 Dzsihangir, Fehmi: A Török Köztársaság fél évszázada. Politikai és gazdasági áttekintés. Budapest 1974, 266 S.
(Ein halbes Jahrhundert der Türkischen Republik. Politischer und wirtschaftlicher Überblick.)

0779 Harputlu, Kamuran Bekir: La Turquie dans l'impasse. Une analyse marxiste. - De l'Empire ottoman à nos jours. Paris 1974, 344 S.

0780 Lewis, Geoffrey: Modern Turkey. 4.Aufl., London, Tonbridge 1974, 255 S.

0781 Nye, Roger P.: The military in Turkish politics, 1960 - 1973. (Ph.D.thesis) Washington University 1974, 302 S.
(UM 74-22,540)(DAI 35.4.1974-1975.2358-A)

0782 Sunar, İlkay: State and society in the politics of Turkey's development. Ankara 1974, 196 S.
(University of Ankara, Faculty of Political Science, Publications: 377)
Rez.: Ronall, Joachim O. In: Journal of Economic History (New York) 36.1976.2, S.482 - 484; Suzuki, Peter T. In: American Historical Review (New York) 81.1976.4, S.916; Weiker, Walter F. In: American Political Science Review (Menasha, Wisconsin) 71.1977.3, S.1248 - 1249

0783 Fischer, A.J.: Die türkische Krise. In: Zukunft (?) 23/24. 1974, S.6 - 8
(Regierungskrise vom 29.11.1974.)

0784 Frescobaldi, D.: La difficile strada turca alla democrazie. In: Affari Esteri (Roma) 24.1974, S.51 - 65
(Bemühungen der Regierung Ecevit, 1974.)

0785 Hottinger, Arnold: Die moderne Türkei seit Atatürk. In: Kündig-Steiner, Werner (Hrsg.): Die Türkei, Raum und Mensch, Kultur und Wirtschaft in Gegenwart und Vergangenheit. Tübingen, Basel 1974, S.402 - 423

0786 MacKenzie, Kenneth: Turkey at the crossroads. In: World Survey (London) 65.1974, S.1 - 16

0787 Orhonlu, Cengiz: Observations on reforms in Turkey. In: Journal of the Regional Cultural Institute (Tehran) 7.1974.1, S.5 - 14

0788 Parusev, P.: Socialno-politicesko razvitie i diferenciacija na političeskite sili v Turcija. In: Meždunarodni otnošenija (Sofija) 3.1974.1, S.91 - 100
(Die gesellschaftlich-politische Entwicklung und die Differenzierung der politischen Kräfte in der Türkei.)

0789 Todorov, N.: 50 godini ot săzdavanteo na Turskata respublika. In: Vekove (Sofija) 3.1974.1, S.55 - 60
(Fünfzig Jahre seit der Entstehung der Türkischen Republik.)

0790 Georgijan, E.A.: Tureckaja respublika. Moskva 1975, 220 S.
(Die Türkische Republik.)
Rez.: Ivanova, E. In: Etudes Balkaniques (Sofia) 12.1976.3, S.142 - 143

0791 Tachau, Frank (Hrsg.): Political elites and political development in the Middle East. New York 1975, 310 S.
Rez.: Leiden, Carl In: Middle East Journal (Washington, D.C.) 29.1975.4, S.482 - 483; Leigh, M. In: International Affairs (London) 52.1976.1, S.121 - 122

0792 Ergil, Doğu: The political forces behind secularism and Islamic conservatism in Turkey. In: Islamic Studies (Islamabad) 14.1975, S.55 - 64

0793 Ergil, Doğu: Turkish reform movement and beyond (1923 - 1938). In: Islamic Studies (Islamabad) 14.1975, S.249 - 260

0794 Ergil, Doğu: Class conflict and turkish transformation (1950 - 1975). In: Studia Islamica (Paris) 41.1975, S.137 - 161

0795 Fidel, K.: Military organization and conspiracy in Turkey. In: Military in developing countries. New Brunswick, N.J. 1975, S.169 - 218

0796 Fischer, A.J.: Shades of the Weimar republic? Report from Ankara. In: Contemporary Review (London) 226.1975.1311, S.169 - 174

0797 Frey, Fred W.: Patterns of elite politics in Turkey. In: Lenczowski, George (Hrsg.): Political elites in the Middle East. Washington, D.C. 1975, S.41 - 82

0798 Landau, Jacob M.: Atatürk's reforms in Turkey. Preliminary notes about their impact on some other countries in the Middle East. In: Atatürk devrimleri I.milletlerarası simpozyumu/First international symposium on Atatürk's reforms. Istanbul, 10.-14.11.1973. Istanbul 1975, S.553 - 565

0799 Mardin, Ş.: Center-periphery relations: a key to turkish politics? In: Akarlı, Engin D.; Ben Dor, Gabriel (Hrsg.): Political partizipation in Turkey. Historical background and present problems. Istanbul 1975, S.7 - 32 (Boğaziçi University publication)

0800 Okyar, Osman: Notes on political and economic developments in Turkey after the 1920 - 1922 war of independence. In: Dış Politika/ Foreign Policy (Ankara) 5.1975.2/3, S.124 - 137

0801 Oren, S.: Turkey moves right - and East. In: Contemporary Review (London) 227.1975.1314, S.9 - 13

0802 Szyliowicz, Joseph: Elites and modernization in Turkey. In: Tachau, Frank (Hrsg.): Political elites and political development in the Middle East. New York 1975, S.23 - 66

0803 Ahmad, F.: The turkish experiment in democracy.1950 - 1975. London 1976, 400 S.
Rez.: Wheeler, G. In: Asian Affairs (London) 8.1977.3, S.348 - 349; Dodd, C.H. In: Political Studies (Oxford) 25.1977.4, S.617 - 618; Weiker, Walter F. In: Turkish Studies Association Bulletin (Bloomington, Ind.) 3.1977, S.21 - 22; Shick, Irvin Cemil;Tonak, Ertuğrul, Ahmet In: Toplum ve Bilim (Istanbul) 11.1980, S.131 - 140

0804 Finefrock, Michael Martin: From sultanate to republic.

Mustafa Kemal Atatürk and the structure of turkish politics 1922 - 1924. (Ph.D.thesis) Princeton 1976, 408 S. (UM 76-23,852)(DAI 37.5.1976.3088)
(Abstract auch in: Turkish Studies Association Bulletin (Bloomington, Ind.) 3.1977, S.35)

0805 Hale, William: Modern turkish politics: an historical introduction. In: Hale, William (Hrsg.): Aspects of modern Turkey. London, New York 1976, S.1 - 7

0806 Heper, Metin: The recalcitrance of the turkish public bureaucracy to 'bourgeois politics'. A multi factor political stratification analysis. In: Middle East Journal (Washington, D.C.) 30.1976.4, S.485 - 500

0807 Hottinger, A.: Atatürks Erbe. Türkei: Suche nach Identität. In: Schweizer Monat (?) 56.1976.5, S.393 - 406

0808 Lewis, Geoffrey: Political change in Turkey since 1960. In: Hale, William (Hrsg.): Aspects of modern Turkey. London, New York 1976, S.15 - 19

0809 Liebe, Klaus: Abkehr von Europa. In: Das Parlament (Bonn) 26.1976.50, S.1 - 3

0810 Mango, Andrew J.A.: Turkey: the emergence of a modern problem. In: Hale, William (Hrsg.): Aspects of modern Turkey. London, New York 1976, S.9 - 14

0811 Pellizzari, Valerio: Turchia: repressione e bigottismo. In: Relazioni Internazionali (Milano) 40.1976.27, S.650 - 651

0812 Turner, Michael A.: Changing patterns of turkish politics. A developmental perspective. In: Turksih Studies Association Bulletin (Bloomington, Ind.) 1.1976, S.6 - 13

0813 Bjôrne, Lars:"...syihin ja lakiin eika mielivaltaan..." Tutkimus Turnu hovioikenden poliittisista oikendenkäyuneistä vuosina 1918 - 1939. Vammala 1977, XVII, 503 S. (Politische Entwicklungen in der Türkei 1918 - 1939.)

0814 Chomenko, Irina Evgen'evna: Studenčestvo v social'no-političeskoj žizni razvivajuščichsja stran (na primere Indii, Turcii i Sri Lanki). Avtoref.dis.kand.ist., Moskva 1977, 24 S.
(Die Studentenschaft im sozialen und politischen Leben der Entwicklungsländer (am Beispiel von Indien, der Türkei und Sri Lanka).)

0815 Özbudun, Ergun: Social change and political participation in Turkey. Princeton 1977, 254 S.
Rez.: Rivlin, Helen In: Political Science Quarterly (New York) 92.1977.3, S.572 - 573; Weiker, Walter F. In: Middle East Journal (Washington, D.C.) 31.1977.2, S.223 - 224; Brosnahan, Thomas F. In: Balkan Studies (Thessalonike) 19.1978, S.211 - 212; Dodd, C.H. In: Government and Opposition (London) 13.1978.4, S.517 - 518; Leder, Arnold In: Turkish Studies Association Bulletin (Bloomington, Ind.) 4.1978, S.11 - 12; Dodd, C.H. In: Political Studies (Oxford) 27.1979.2, S.324; Karpat, K.H. In: American Political Science Review (New York) 73.1979.1, S.305 - 307

0816 Ataman, M.H.: Struggle for democratic rights in Turkey. In: New Perspectives (Helsinki) 7.1977.3, S.45 - 46

0817 Chakov, Džengiz: Ikonomičeski i socialno-političeski aspekti na reakcionija režim na Bajar-Menderes v Turcija (1950-1960). In: Izvestija na Bălgarskoto Istoričesko Druzestvo (Sofija) 30.1977, S.221 - 248 (Wirtschaftliche und gesellschaftspolitische Aspekte des reaktionären Regimes Bayar-Menderes in der Türkei (1950 - 1960).)

0818 Chomenko, I.E.: O nekotorych tendecijach v issledovanii problem social'no-političeskoj aktivnosti studenčeskoj molodeži v Indii, Turcii i Sri Lanki (60-70e gg.). In: Aktual'nye voprosy istoriografii meždunarodnogo molodežnogo dvizenija. Moskva 1977, S.354 - 359 (Tendenzen in der Beurteilung der sozialen und politischen Aktivitäten der akademischen Jugend in Indien, der Türkei und Sri Lanka (in den 60er und 70er Jahren).)

0819 Haim, Abraham: Internal developments in Turkey, 1969-1970. In: Middle East Record (?) 5.1977, S.1185 - 1226

0820 Hale, W.: Turkish democracy in travail: the case of the State Security Courts. In: World Today (London) 33.1977.5, S.186 - 194

0821 Hottinger, A.: Kemal Atatürk's heritage. In: Encounter (?) 48.1977.2, S.75 - 81 (Entspricht 0807!)

0822 Hurni, Ferdinand: Demokratie in der Türkei. Grenzen und Erfolg einer 'Kulturrevolution'. In: Schweizer Monat (?) 57.1977.5, S.339 - 348

0823 Mango, Andrew: The state of Turkey. In: Middle Eastern Studies (London) 13.1977.2, S.261 - 274

0824 Munir, M.: Turkey's student uprising: the deeper implication. In: Middle East (London) 30.1977, S.42 - 43

0825 Ruehl, Lothar: Die Lage im östlichen Mittelmeer. In: Europäische Rundschau (Wien) 5.1977.3, S.37 - 47 (Die Lage nach den türkischen Wahlen im Juni 1977.)

0826 Sayarı, Sabri: Political patronage in Turkey. In: Gellner, E.; Waterbury, J.(Hrsg.): Patrons and elites in Mediterranean societies. London 1977, S.103 - 113

0827 Simpson, D.J.: Turkey. Shadows of conflict. In: Current History (Philadelphia) 72.1977.423, S.11-14

0828 Slykov, V.I.: Političeskaja bor'ba v Turcii v načale 1970-ch godov. In: Vestnik Moskovskogo Universiteta, Serija Vostokovedenija (Moskva) 1977.2, S.17 - 29 (Der politische Kampf in der Türkei Anfang der 70er Jahre.)

0829 Tachau, F.: Social background of turkish parlamentarians. In: Nieuwenhuijze, C.A.O. van (Hrsg.): Commoners, climbers and notables. A sampler of studies on social ranking in the Middle East. Leiden 1977, S.293 - 313

0830 Turan, İlter: Military influences and coalition governments as inputs into ministerial attributes, attitudes and job risks: Turkey 1961 - 1972. In: İktisat Fakültesi Mecmuası (Istanbul) 34.1974/75(1977), S.49 - 67

0831 Viti, Donatella: Vento di crisi in Turchia. In: Relazioni Internazionali (Milano) 41.1977.10, S.225

0832 Viti, Donatella: Turchia: a vinto Bulent Ecevit. In: Relazioni Internazionali (Milano) 41.1977.24, S.573

0833 Kaloumenos, D.: Ἡ τραγική νύχτα τῆς Κωνσταντινουπόλεως. Athenai 1978, 10 S.
(Die tragische Nacht von Konstantinopel.(Zum Angriff auf das griechische Vermögen in Istanbul am 6.9.1955.))

0834 Keskin, Hakkı: Die Türkei. Vom Osmanischen Reich zum Nationalstaat. Werdegang einer Unterentwicklung. Berlin (1978), 301 S.
Rez.: Hanisch, Rolf In: Verfassung und Recht in Übersee (Hamburg) 12.1979.1, S.72 - 74

0835 Kondakčjan, R.P.: Vnutrennjaja politika Turcii v gody 2-oj mirovoj vojni. Erevan 1978, 244 S.
(Türkische Innenpolitik in den Jahren des Zweiten Weltkrieges.)

0836 Renglet, Claude: 40 millions de Turcs - ou la démocratie sauvage. Paris, Brixelles 1978, 259 S.
(Sammlung von Reportagen und journalistischen Arbeiten über die moderne Türkei mit einigen historischen Angaben.)

0837 Šlykov, Vjačeslav Ivanovič: Pričiny, charakter i posledstvija vnutri-političeskogo krizisa 1971 goda v Turcii. Avtorev.dis.kand.ist. Moskva 1978, 20 S.
(Ursachen, Wesen und Folgen der innenpolitischen Krise des Jahres 1971 in der Türkei.)

0838 Stamatopoulos, Thrasyvoulos Terry: The role of the military in the Republic of Turkey. (M.A.-thesis)(McGill University) Montreal 1978, 218 S.

0839 Trimberger, Ellen Kay: Revolution from above. Military bureaucrats and developments in Japan, Turkey, Egypt and Peru. London, New Brunswick 1978, VIII, 196 S.
Rez.: Zamora, Mario D. In: Annals of the American Academy of Political and Social Science (Philadelphia) 1979.441, S.201 - 202; Tachau, Frank In: American Political Science Review (Menasha, Wisconsin) 73.1979.4, S.1198 - 1199; Českov, M.A. In: Narody Azii i Afriki (Moskva) 1980.2, S.226 - 231

0840 Weiher, Gerhard: Militär und Entwicklung in der Türkei, 1945 - 1973. Ein Beitrag zur Untersuchung der Rolle des Militärs in der Entwicklung der Dritten Welt. Opladen 1978, 324 S.
Rez.: (Anonym): In: Mitteilungen der Deutsch-Türkischen Gesellschaft (Bonn) 1978.100, S.15; Fernau, Friedrich-Wilhelm In: Orient (Opladen) 19.1978.3, S.145 - 151; Barthel, Günter In: Asien Afrika Lateinamerika (Berlin, DDR) 7.1979.2, S.354 - 356; Hanisch, Rolf In: Verfassung und Recht in Übersee (Hamburg) 12.1979.1, S.72 - 74; Weiker, Walter F.:In: International Journal of Middle East Studies (London, New York) 12.1980.1, S.113 - 114

0841 Bubnov, V.: Turcija: novoe pravitel'stvo, novye koncepcii. In: Meždunarodnaja žizn' (Moskva) 1978.4, S.125 - 126

0842 Carretto, Giacomo E.: Il governo Ecevit nel 1978. In: Oriente Moderno (Roma) 58.1978.12, S.623 - 644

0843 Coryell, S.: Turquie, stratégie de la terreur. In: Afrique-Asie (Paris) 167.1978, S.42 - 43
(Politisch-wirtschaftliche Probleme der Türkei am Ende der 70er Jahre.)

0844 Dadašev, T.P.: Tureckie istočniki o kul'turnoj revoljucii v Turcii v 20-30-ch godach. In: Šamsutdinov, A.M. u.a.((Hrsg.): Turcija: istorija, ekonomija. Moskva 1978, S.143 - 153

0845 Danilov, V.I.: O nekotorych istoričeskich predposylkach političeskich ustremlenij tureckogo oficerstva v sovremennoj Turcii. In: Šamsutdinov, A.M. u.a.(Hrsg.): Problemy istorii Turcii. Moskva 1978, S.188 - 199
(Zu einigen historischen Voraussetzungen der politischen Ziele des türkischen Offizierskorps in der modernen Türkei.)

0846 Danilov, V.I.: Armija i politika v sovremennoj Turcii. In: Šamsutdinov, A.M. u.a.(Hrsg.): Turcija: istorija, ekonomija. Moskva 1978, S.16 - 25
(Armee und Politik in der modernen Türkei (in den 60er und 70er Jahren).)

0847 Friedmann, A.: Türkei. Der "kranke Mann" am Bosporus. In: Horizont (Berlin) 11.1978.7, S.16 - 17

0848 Heper, Metin: Recent instability in turkish politics: end of a monocentrist policy? In: International Journal of Turkish Studies (Madison, Wisconsin) 1.1979.1, S.102 - 113

0849 Ivanova, Margarita: Les luttes politiques en Turquie 1924 - 1930. In: Etudes Balkaniques (Sofia) 14.1978.4, S.12 - 31

0850 Jäschke, Gotthard: Die Gründung der Türkischen Republik. Anfang der Reformen Kemal Atatürks. In: Atatürk Üniversitesinin Kuruluşunun XX.Yıl Armağanı. I.Kıtap, Makaleler "Atatürkçülük ve Devrimler. Ankara 1978, S.44 - 47
(Atatürk Üniversitesi Yayınları: 534)

0851 Mardin, Şerif: Youth and violence in Turkey. In: Archives Européennes de Sociologie - European Journal of Sociology (Paris, Düsseldorf, Chicago) 19.1978, S.229 - 254

0852 Olson, Robert W.; Tucker, William F.: The Sheikh Sait rebellion in Turkey (1925). In: Welt des Islam (Leiden) 18.1978.3/4, S.195 - 211

0853 Ronneberger, Franz: Der Beitrag der Türkei zur politischen Modernisierung. In: Grothusen, Klaus-Detlev (Hrsg.): Die Türkei in Europa. Beiträge des Südosteuropa-Arbeitskreises der DFG zum IV.Internationalen Südosteuropa-Kongreß der AIESEE. Göttingen 1979, S.229 - 245

0854 Steinbach, U.: Die Türkei in der Dauerkrise? In: Krisenquadrat Mittelost. Bad Honnef 1978, S.115 - 122
(Innenpolitische Entwicklung der Türkei in den 70er Jahren.)

0855 Turan, İlter: The development of violence as a feature of turkish political life. In: Current Turkish Thought (Istanbul) 37.1978, S.1 - 11

0856 Vaner, Semih: La construzione di un'alternativa in Turchia. In: Politica Internazionale (Firenze) 1978.9, S.7 - 13

0857 Viti, Donatella: Ankara: Ecevit torna al governo. In: Relazioni Internazionali (Milano) 42.1978.1/2, S.9

0858 Chakov, Džengis: Političeskata borba v Turcija 1960 - 1971. Sofija 1979, 171 S.
(Der politische Kampf in der Türkei, 1960 - 1971.)
Rez.: S., V. In: Slovanský Přehled (Praha) 66.1980.4, S.332

0859 Dodd, C.H.: Democracy and development in Turkey. Beverly (North Humberside) 1979, 200 S.
Rez.: Burrows, Bernard In: International Affairs (London) 56.1980.3, S.542 - 543; Weiker, Walter F. In: Middle East Journal (Washington, D.C.) 34.1980.4, S.494 - 495

0860 Steinbach, Udo: Kranker Wächter am Bosporus. Die Türkei als Riegel zwischen Ost und West. Freiburg i.Br., Würzburg 1979, 144 S.
(Außen- und Innenpolitik: Vergangenheit und Zukunft.)

0861 Utku, Mustafa Kemal: A marxist analysis of the state in military dictatorships: the cases of Greece and Turkey. (Ph.D.-thesis) New York University 1979, 210 S. (UM 80-10405)(DAI 40.11.1980.5994-A)

0862 Achundov, I.A.; Sultanova, Z.Dz.: Iz istorii molodeznogo dvizenija v Turcii (60-e - nacalo 70-ch godov). In: Tarix, Fälsäfä, Huğuğ/Istorija, Filosofija, Pravo (Baku) 1979.1, S.21 - 31
(Aus der Geschichte der Jugendbewegung in der Türkei in den 60er und Anfang der 70er Jahre.)

0863 Bilen, İ.: Die Situation in der Türkei. In: Probleme des Friedens und des Sozialismus (Praha) 22.1979.2, S.180 - 189
(Darstellung der Probleme der Türkei durch den Generalsekretär des ZK der Türkischen Kommunistischen Partei.)

0864 Coryell, S.: Turquie. Au bord de l'abime. In: Afrique-Asie (Paris) 179.1979, S.44 - 45

0865 Jäschke, G.: Die Türkei als Nationalstaat seit der Revolution Mustafa Kemal (Atatürk)s 1920 - 1974. In: Schieder,Th. (Hrsg.) Handbuch der europäischen Geschichte. Stuttgart 1979, Bd.7/1, S.1339 - 1351

0866 Mango, Andrew: The multiple crisis in Turkey. In: Asian Affairs (London) 10.1979, S.125 - 131

0867 Nesterov, N.: Turcija: starye i novye problemy. In: Azija i Afrika Segodnja (Moskva) 1979.6, S.17 - 19
(Die Türkei: alte und neue Probleme (Ende der 70er Jahre).)

0868 Okyar, Osman: Inflation and political democracy in Turkey 1923 - 1978. In: Dış Politika - Foreign Policy (Ankara) 8.1979, S.60 - 78

0869 Rustow, Dankwart A.: Turkey's travails. In: Foreign Affairs (London) 58.1979.1, S.82 - 102

0870 Sahin, Kemal: Von Atatürk zu Ecevit. Teil 1 - 5. In: Antiimperialistisches Informationsbulletin (Marburg, Lahn)

10.1979.2, S.16 - 21; 10.1979.3, S.15 - 17; 10.1979.4, S.20 - 22; 10.1979.5, S.17 - 19; 10.1979.6, S.4 - 8

0871 Sen, Faruk: Parteien und Wahlen in der Türkei. In: Balkan Studies (Thessalonike) 20.1979.1, S.111 - 121

0872 Steinbach, Udo: Die Türkei im Umbruch? Tiefgreifende soziale und politische Wandlungen bewirken eine Orientierungskrise. In: Orien (Opladen) 20.1979.2, S.42 - 63

0873 Viti, Donatella: Situazione esplosiva in Turchia. In: Relazioni Internazionali (Milano) 43.1979.1/2, S.6

0874 Weinbaum, M.G.: Dimension of élite change in the Middle East. In: Comparative Political Studies (Beverly Hills, Calif.) 12.1979.2, S.123 - 150
(Vergleichende Studie über 10 Länder des Nahen Ostens, behandelt u.a. die Türkei in den 60er und 70er Jahren.)

0875 Bloomfield, Lincoln P.: Anarchy in Turkey: the growing pains of a young democracy. In: Conflict (New York) 1.1980, S.31 - 56

0876 Chakov, Džengis: Koalicionnye pravitel'stva Ismeta Inënju i dve neuspešnye popytki voennogo perevorota v Turcii (1961 - 1963). In: Etudes Balkaniques 16.1980.2, S.19 - 41
(Die Koalitionsregierungen Ismet Inönüs und zwei erfolflose militärische Umsturzversuche in der Türkei (1961 - 1963).)

0877 Çambel, Leyla: Sendungsbewußtsein der kemalistischen Armee. Anläßlich des Briefes der türkischen Streitkräfte über den "Gesichtspunkt der Armee". In: Mitteilungen der Deutsch-Türkischen Gesellschaft (Bonn) 103.1980, S.20 - 24

0878 Hale, William: The role of the electoral system in turkish politics. In: International Journal of Middle East Studies (London, New York) 11.1980.3, S.401 - 417

0879 Schick, I.C.; Tonak, E.A.: Turkish politics and class struggle: 1850 - 1975. In: MERIP Report (Washington, D.C.) 10.1980.1(=84), S.14 - 18

0880 Simpson, Dwight James: Turkey moves into the 1980's. In: Current History (Philadelphia) 78.453.1980.5/8, S.33 - 34

0881 Turan, İlter: Attitudinal correlates of political democracy: the case of Korea and Turkey. In: Orient (Opladen) 21.1980.1, S.77 - 88

0882 Viti, Donatella: Turchia alla deriva. In: Relazioni Internazionali (Milano) 44.1980.20, S.601

0883 Viti, Donatella: La Turchia sotto i militari. In: Relazioni Internazionali (Milano) 44.1980.38, S.815

0884 Viti, Donatella: Le prime mosse dei generali turchi. In: Relazioni Internazionali (Milano) 44.1980.39, S.844

5.2. Politische Ideologien und Ordnungssysteme / Political ideologies and political systems / Idéologies politiques et systèmes socials

0885 Abadan, Yavuz: Les activités subversives en Turquie. In: Turkish Yearbook of International Relations (Ankara) 2.1961, S.91 - 102

0886 Harris, G.S.: The origins of communism in Turkey. Stanford, California, 1967, 215 S.
(Publications of the Hoover Institution on War, Peace and Revolution)
Rez.: Tachau, F. In: American Political Science Review (Menasha, Wisconsin) 63.1969.1, S.234 - 236

0887 Abadan, Nermin: L'avenir des institutions politiques en Turquie: le probable et le faisąble. In: Analyse et Prévision (Paris) 1.1967.2, S.111 - 128

0888 Yalçın, A.: Turkey: emerging democracy. In: Foreign Affairs (London) 45.1967.4, S.706 - 714

0889 Kili, Suna: Turkey: a case study of political development. Istanbul 1968, 44 S.
(Robert's College, School of Business Administration and Economics)

0890 Gasanova, E.J.: Ob ideologičeskich osnorah Kemalizma i ih sovremennom tolkovanil v Turcii. In: Narody Azii i Afriki (Moskva) 3.1968, S.25 - 35

0891 Holzinger, Lutz: Schmalspurfaschismus. Türkei: Ausverkauf einer nationalen Revolution. In: Neues Forum (?) 1971.213, S.8 - 11

0892 Achundov,I.A.: Levodemokratičeskoe dviženie v Turcii konca 60-ch - načala 70-ch godov. Avtoref.dis.kand., Moskva 1973, 21 S.
(Die Linksdemokratische Bewegung in der Türkei am Ende der 60 und Anfang der 70er Jahre.)

0893 Karakartal, Bener: Le système politique turc et les partis d'extrème gauche. (Thèse) Paris (I) 1973, XXXVI, 1224 S.
(Fondation nationale des sciences politiques)

0894 Achmedov, Achmed: Borbata na buržoaznite političeski partii za vlast i etatizmǎt v Turcija (1945-1948g.). In: Trudove na Velikotǎrnovskija Universitet " Kiril i Metodij" (Veliko Tǎrnovo) 9.1973.2, S.137 - 170
(Der Kampf der bürgerlichen politischen Parteien um die Macht und der Etatismus in der Türkei (1945 - 194J.)
(Mit englischer Zusammenfassung.)

0895 Achmedov, A.S.: Etatizmǎt i borbata za vlast v Turcija prez m. maj 1950g. In: Trudove na Velikotǎrnovskija Universitet "Kiril i Metodij" (Veliko Tǎrnovo) 10.1973.2, S.111 - 129
(Etatismus und Kampf um die Macht in der Türkei im Mai 1950.)

0896 Ahmad, Feroz: The turkish guerillas: symptoms of a deeper malaise. In: The New Middle East (?) 55.1973, S.13 - 16

0897 Karpat, Kemal H.: Social groups and the political system after 1960. In: Karpat, Kemal H.(Hrsg.): Social change and politics in Turkey: a structural-historical analysis. Leiden 1973, S.227 - 281

0898 Karpat, Kemal H.: Ideology in Turkey after the revolution of 1960. In: Kaιpat, Kemal H.(Hrsg.): Social change and politics in Turkey: a structural-historical analysis. Leiden 1973, S.317 - 366

0899 Širaliev, V.: Progressivnye sily Turcii v Bor'be za mir (načale 50-ch godov). In: Arabskie strany, Turcija, Iran, Afganistan: istorija, ėkonomia. Moskva 1973, S.166 - 169 (Die fortschrittlichen Kräfte in der Türkei im Kampf um den Frieden (Anfang der 50er Jahre).)

0900 Wakebridge, Ch.: The Turkish urban guerillas: the problem Turkey has yet to solve. In: The New Middle East (?) 52/53.1973, S.54 - 56

0901 Yalman, Nur: Some observations on secularism in Islam: the cultural revolution in Turkey. In: Daedalus (Cambridge, Mass.) 102.1973.1, S.139 - 168

0902 Farfutdinov, N.M.: Gruppa "Kadro" i eë rol' v obščestvenno-političeskoj žizni Turcii 30-ch godov. Avtoref.dis.kand., Moskva 1974, 28 S.
(Die "Kadro"-Gruppe und ihre Rolle im gesellschaftlich-ideologischen Leben der Türkei in den 30er Jahren.)

0903 Landau, Jacob M.: Radical politics in modern Turkey. Leiden 1974, XII, 315 S.
(Social, economic and political studies of the Middle East: 14)
Rez.: Carretto, Giacomo E. In: Oriente Moderno (Roma) 56.1976.1/4, S.103 - 104; Kili, Suna In: Boğaziçi Üniversitesi Dergisi. İdari Bilimler - Sosyal Bilimler (Istanbul) 4/5.1976/1977, S.93 - 94; Kuran, Ercümend In: Türk Kültürü (Ankara) 14.1976.161, S.304 - 305; Weiker, Walter F. In: International Journal of Middle East Studies (London, New York) 7.1976.2, S.304 - 305; Devereux, Robert In: Turkish Studies Association Bulletin (Bloomington, Ind.) 3.1977, S.17; Götz, Manfred In: Welt des Islam (Leiden) 18.1977.1/2, S.140 - 144; Hale, W. In: International Affairs (London) 53.1977.1, S.130 - 131; Zajaczkowski, Wlodzimierz In: Folia Orientalia (Kraków) 19.1978, S.281; Karpat, Kemal H. In: Middle Eastern Studies (London) 15.1979.2, S.286 - 289; Tachau, Frank In: Middle East Journal (Washington, D.C.) 33.1979.3, S.378 - 379

0904 Berkes, Niyazi: The two facets of the Kemalist revolution. In: The Muslim World (Hartford, Conn.) 64.1974.4, S.292 - 306

0905 Bozbağ, Ali F.: Kemalismus als liberaler Entwicklungsweg für den gesellschaftlichen Transformationsprozeß in der Türkei. In: Vierteljahresberichte: Probleme der Entwicklungsländer (Bonn) 55.1974, S.37 - 47

0906 Grote, Martina; Timm, Klaus: Der Kemalismus und seine aktuelle Bedeutung. Bericht über eine wissenschaftliche Tagung an der Sektion Asienwissenschaften der Humboldt-Universität Berlin am 15.11.1973 in Berlin. In: Asien Afrika Lateinamerika (Berlin, DDR) 2.1974.3, S.468 - 470

0907 Khalid, Detlev H.: A Study of Atatürk's laicism in the light of muslim history. In: Islam and the Modern Age (New Delhi) 5.1974.3, S.43 - 73

0908 Khalid, Detlev A.: Atatürk's concepts of islamic reformism and muslim unity. In: Journal of the Regional Cultural Institute (Tehran) 7.1974.1, S.39 - 52

0909 Kondakčjan, R.P.: Propaganda pantjurkizma v Turcii v gody vtoroj mirovoj vojny. In: Vestnik Erevanskogo Universiteta. Obščestvennye Nauki (Erevan) 1974.1(22), S.198 - 205 (Die pantürkische Propaganda in der Türkei in den Jahren des Zweiten Weltkrieges.)

0910 Rogozin, B.: Studenčeskoe dviženie Turcii i levky ekstremizm. In: Informacionyj bjulleten' kommunističeskich moloděžnych organizacij SSSR (Moskva) 1974.10, S.18 - 29 (Die türkische Studentenbewegung und der linke Extremismus.)

0911 Tachirov, Š.: Pantjurkizmăt - orădie na antikommunizma. In: Godišnik na Sofijskija Universitet, Ideologičeski Katedri (Sofija) 65.1973(1974), S.135 - 175
(Der Panturkismus, eine Waffe des Antikommunismus.)
(Mit deutscher Zusammenfassung.)

0912 Alderman, Nancy Margaret: Secularization in the first turkish republic, 1924 - 1960. (Ph.D.thesis) University of Columbia, New York 1975, 216 S.
(UM 75-18,349)(DAI 36.3.1975.1739-A)

0913 Ahmad, F.: The secularization of politics: The turkish example. In: Muslims in India. New Delhi 1975, S.273 - 303

0914 Karabaev, B.: Ideologija pantjurkizma v Turcii i ee reakcionnaja suščnost'. In: Izvestija Akademii Nauk Turkmeskoj SSR. Serija Obščestvennych Nauk (Aschabad) 1975.5, S.9 - 17 (Die pantürkische Ideologie in der Türkei und ihr reaktionärer Charakter.)

0915 Landau, Jacob M.: Political involvment of religious groups in modern Turkey - some observations. In: Proceedings of the VIth Congress of Arabic and Islamic studies (Visby, 13.-16.VIII 1972 - Stockholm, 17.-19.VIII 1972). Stockholm 1975, S.64 - 74

0916 Manacorda, Gastone: Occidentalizzione e rivoluzione delle riforme di Atatürk. In: Atatürk devrimleri I.milletlerarası simpozyumu - First international symposium on Atatürk's reforms. Istanbul, 10.-14.11.1973. Istanbul 1975, S.513 - 522

0917 Rogušin, A.A.: Demokratičeskoe dviženie v Turcii i proiski maoistskich grupp. In: Narody Azii i Afriki (Moskva) 1975.2, S.118 - 123
(Die demokratische Bewegung in der Türkei und die Umtriebe maoistischer Gruppen.)

0918 Sayarı, Binnaz: Religion and political development in Turkey. (Ph.d.thesis) City University of New York 1976, 367 S. (UM 76-21,188)(DAI 36.3.1976.1774-A)

0919 Barchard, David: The intellectual background to radical protest in Turkey in the 1960's. In: Hale, William M.(Hrsg.): Aspects of modern Turkey. London, New York 1976, S.21 - 37

0920 Kondakčjan, R.P.: Iz istorii ideologičeskogo proniknovenija germanskogo fašizma v Turciju nakanune i v period vtoroj mirovoj vojny. In: Vestnik Erevanskogo Universiteta. Obščestvennye Nauki (Erevan) 1976.1, S.235 - 240
(Zum Eindringen der deutschen faschistischen Ideologie in die Türkei am Vorabend und während des Zweiten Weltkrieges.)

0921 Özdalga, Elisabeth: Den demokratiska vänsterrorelsen i Turkiet. In: Tiden (?) 68.1976.2, S.92 - 101
(Die demokratische Linksbewegung in der Türkei.)

0922 Scarcia-Amoretti, Biancamaria: Due osservazioni sul modernismo islamico. In: Annali della Facoltà di Lingue e Letterature Stranieri di Ca'Foscari (Venezia, Brescia) 15.1976.3, S.25 - 40
(Betrifft auch die religiöse Opposition in der Türkei.)

0923 Leder, Arnold: Catalysts of change. Marxist vs. Muslim in a turkish community. Austin, Texas 1977, 64 S.
(Middle East Monographs: 1)

0924 Carretto, Giacomo E.: Polemiche fra kemalismo, fascismo, comunismo negli anni'30. In: Storia Contemporanea (Bologna) 8.1977.3, S.499 - 530

0925 Isıklar, Fechmi (Işıklar, Fehmi): Turcija: ugroza nastuplenija reakcii. In: Vsemirnoe Profsojuznoe Dviženie (Moskva) 1977.10, S.6 - 8
(Die Türkei: Drohung einer reaktionären Offensive.)

0926 Jacob, Xavier: Wird die Hagia Sophia wieder Moschee? In: Stimmen der Zeit (München)195.1977.1, S.60 - 63

0927 Rustamov, Ju.I.; Mustafaev,G.I.: Ob islamskom antikommunizme v Turcii. In: Elmi Äsärlär, Tarix vä Fälsäfä/Učenye zapiski, istorija i filosofija (Baku) 1977.3, S.54 - 59
(Über den islamischen Antikommunismus in der Türkei.)

0928 Zimová, Nad'a: On the character and ideas of the kemalist movement. In: Archív Orientální (Praha) 45.1977.2, S.97 - 105

0929 Balabanov, D.: Ljavoradikalnoto mladežko dviženie v Turcija prez vtorata polovina na 60-te i načaloto na 70-te godini. In: Todorov, N.; Šterev, P.; Grigorova, Z.(Hrsg.): Balkanite sled vtorata svetovna vojna. 1.Problemi na 60-te godini. Sofija 1978, S.162 - 179
(Die linksradikale Jugendbewegung in der Türkei in der 2. Hälfte der 60er Jahre und am Anfang der 70er Jahre.)

0930 Gadziev, V.: Prosvetitel'skie idei Kemalja Atatjurka o religii. In: Elmi Äsärlär, Tarix vä Fälsäfä/Učenye zapiski, istorija i filosofija (Baku) 1978.5, S.22 - 28
(Die aufklärerischen Ansichten Kemal Atatürks von der Religion.)

0931 Gasanova, E.Ju.: Princip "narodničestva" Kemalizma i ego traktovka v sovremennoj Turcii. In: Šamsutdinov, A.M. u.a. (Hrsg.): Turcija: istorija, ekonomija. Moskva 1978, S.49 - 59

0932 Glasneck, Johannes: Der Kemalismus und seine Bedeutung für den antiimperialistischen Kampf der Völker Afrikas und Asiens. In: Wissenschaftliche Zeitschrift der Martin-Luther-Universität Halle-Wittenberg. Gesellschafts- und sprachwissenschaftliche Reihe (Halle-Wittenberg) 27.1978.4, S.105 - 116

0933 Nuriava, Zineti: Antiklerikalizmăt na Atatürk (1881 - 1938). In: Ateična Tribuna (Sofija) 1978.6, S.12 - 22
(Der Antklerikalismus Atatürks.)

0934 Yalçın, Aydın: New trends in European communism: the case in Turkey. In: Dış Politika/Foreign Policy (Ankara) 7.1978.1/2, S.28 - 50

0935 Šabanov, F.S.: O kemalistskich principach formirovanija nacional'noj gosudarstvennosti v Turcii. In: Šamsutdinov, A.M. u.a.(Hrsg.): Turcija: istorija, ekonomija. Moskva 1978, S.123 - 134

0936 Barthel, Günter (Hrsg.): Der Kemalismus und die moderne Türkei. Berlin 1979, 127 S.
(= Asien Afrika Lateinamerika (Berlin, DDR): Sondernummer 5)

0937 Benhabib, S.: Right-wing groups behind political violence in Turkey. In: MERIP Report (Washington, D.C.) 9.1979.4, S.16 - 17

0938 Fernau, Friedrich-Wilhelm: Kemalismus auf der Waage. In: Mitteilungen der Deutsch-Türkischen Gesellschaft (Bonn) 102.1979, S.1 - 5

0939 Ivanova, Margarita: Kam vaprosa za ideologijata na "Kadrovci" v Turcija. In: Studia Balcanica (Sofija) 14.1979, S.370 - 378
(Mit französischer Zusammenfassung: Contribution à la question concernant l'idéologie des adhérents de "Kadro" en Turquie (1931 - 1935).)

0940 Jacob, Xavier: Phénomènes de scission en Turquie. In: L'Afrique et l'Asie modernes (Paris) 121.1979, S.23 - 53
(Ideologische Entwicklung in der Türkei seit 1923.)

0941 Jalamov, Ibrahim: Osnovni buržoazni idejni tečenija v săvremenna Turcija. In: Săvremenni Socialni Teorii (Sofija) 1979.9, S.118 - 147
(Die geistigen Hauptströmungen der Bourgeoisie in der modernen Türkei.)
(Mit russischer und englischer Zusammenfassung.)

0942 Steinbach, Udo: Das politische System der Türkei in der Bewährungsprobe. In: Elemente des Wandels in der Westlichen Welt. Köln 1979, S.181 - 200

0943 Ahmad, Feroz: The political power of the turkish bourgeoisie has been increasing with every decade. In: MERIP Report (Washington, D.C.) 10.1980.1(=84), S.19 - 22

0944 Hottinger, Arnold: Identitätskrise in der Türkei. Was bleibt vom Geist der Reformen Atatürks? In: Europa Archiv (Bonn) 35.1980.2, S.41 - 48

5.3. Parteien / Political parties / Partis Politiques

0945 Tahtinen, Dale Rudolph: The role of the single party in the modernization process of five Middle Eastern states. (Ph.D. thesis) University of Maryland o.J., 218 S.
(UM 74-29,113)
(Behandelt die Türkei, Tunesien, Algerien, Ägypten und Syrien.)

0946 Feyzioğlu, Turhan: Les partis politiques en Turquie. Du parti unique à la démocratie. In: Revue Française de Science Politique (Paris) 4.1954.1, k.S.

0947 Gürbüz, Yaşar: Du parti unique au multipartisme en Turquie. (Thèse) Bordeaux 1956, IV, 127 S.

0948 Ünsal, Gökhan: Die politischen Parteien und das positive Recht in der Türkei. (Diss.) Tübingen 1960, III, 147 S. (U.60.8074)

0949 Abadan, Yavuz: Das türkische Parteiengesetz. In: Bracher, K.B.; Geiger, W.; Smend, R.(Hrsg.): Die moderne Demokratie und ihr Recht. Tübingen 1966, S.283 - 304

0950 Weiker, Walter F.: Political tutelage and democracy in Turkey: the Free Party and its aftermath. Leiden 1973, XII, 317 S.
(Social, economic and political studies of the Middle East: 8)
Rez.: Harris, George S. In: Middle East Journal (Washington, D.C.) 29.1975.1, S.103 - 104; Landau, Jacob M. In: Zeitschrift der Deutschen Morgenländischen Gesellschaft (Wiesbaden) 126.1976.2, S.389 - 390; Hale, W. In: International Affairs (London) 53.1977.1, S.130 - 131; Veselá-Přenosilová, Zdenka In: Archiv Orientální(Praha) 45.1977. 3, S.278 - 279

0951 Franz, Erhard: Die Krise der CHP: eine Darstellung innerer und äußerer Konflikte der türkischen Mutterpartei. In: Orient (Opladen) 14.1973.1, S.33 - 37

0952 Tachau, Frank: Turkish provincial party politics. In: Karpat, Kemal H.(Hrsg.): Social change and politics in Turkey: a structural-historical analysis. Leiden 1973, S.282 - 316

0953 Tachau, F.; Good, M.-J.D.: The anatomy of political and social change. Turkish parties, parliaments and elections. In: Comparative Politics (?) 5.1973.4, S.551 - 573

0954 Leder, Arnold: Kemalist rule and party competition in rural Turkey. Politics and change in an anatolian community. (Ph.D.thesis) Indiana University 1974, 297 S. (UM 75-1715)(DAI 35.7.1974-1975.4638-9A)

0955 Onulduran, Ersin: Political development and political parties in Turkey. Ankara 1974, 116 S.
(University of Ankara, Faculty of Political Science, Publications: 370)
Rez.: Sayarı, Sabri In: Gelişme Dergisi (Ankara) 6.1975, S.201 - 203; Weiker, Walter F. In: American Political Science Review (New York) 71.1977.3, S.1248 - 1249

0956 Grote, Martina: Sozialreformerische Gesellschaftstheorien innerhalb der Republikanischen Volkspartei der Türkei. Bülent Ecevit und die Richtung 'ortanın solu'. In: Asien Afrika Lateinamerika (Berlin, DDR) 3.1975.5, S.837 - 840

0957 Sen, Faruk: Türkei. Volkssektor. Gemeinwirtschaftliche Elemente im Programm der Republikanischen Volkspartei. Bonn 1976, 34 S.
(Hrsg.: Friedrich-Ebert-Stiftung, Forschungsinstitut, Dokumentationsstelle. Arbeiten aus der Abteilung Entwicklungspolitik: 40)

0958 Williams, Dennis Paul: Local level politics. A study of political parties in a turkish province. (Ph.D.thesis) Johns

Hopkins University 1976, 460 S.
(UM 78-22020)(DAI 39.5/6.1978.3813-A)
(Behandelt die Arbeit der Gerechtigkeitspartei und der Republikanischen Volkspartei in der Provinz Izmir in den Jahren 1960 - 1973.)

0959 Landau, Jacob M.: The National Salvation Party in Turkey. In: Asian and African Studies (Jerusalem) 11.1976.1, S.1 - 57

0960 Lipovskij, I.P.: Socialisticeskie partii Turcii. In: Rabočij Klass i Sovremennyj Mir (Moskva) 1976.6, S.141-144
(Die sozialistischen Parteien der Türkei.)

0961 Sayarı, Sabri: Aspects of party organization in Turkey. In: Middle East Journal (Washington, D.C.) 30.1976.2, S.187 - 199

0962 Achundov, I.A.: Tureckaja rabočaja partija i idei socializma. In: Velikij Oktjabr' i nacional'no-osvoboditel'naja bor'ba narodov Vostoka. Baku 1977, S.81 - 100

0963 Franz, Erhard: Die an den Wahlen 1977 beteiligten Parteien und Parteivorsitzenden. Ein Beitrag zum Polit-Spektrum der Türkei. In: Mitteilungen der Deutsch-Türkischen Gesellschaft (Bonn) 99.1977, S.1 - 9

0964 Fernau, Friedrich-Wilhelm: Die politischen Parteien der zweiten türkischen Republik. Eine Übersicht über ihre Entwicklung. In: Orient (Opladen) 18.1977.3, S.87 - 114

0965 Grote, Martina: Die Republikanische Volkspartei. Sozialreformistische Positionen in der Türkei. In: Wissenschaftliche Zeitschrift der Universität Halle(Halle)26.1977.4,S.31 - 37

0966 Likutov, K.G.: O vozniknovenii levocentristskogo kursa NRP Turcii. In: Vestnik Moskovskogo Universiteta. Serija Vostokovedenija (Moskva) 1977.1, S.34 - 41
(Über den 'Mitte-Links'-Kurs der CHP.)

0967 Vamer, Semih: Les élections législatives en Turquie confirment la prédominance du Parti républicain du peuple. In: Revue Française d'Etudes Politiques Méditerranéennes (Paris) 27.1977, S.105 - 114

0968 Likutov, Konstantin Georgievič: Izmenenie političeskogo kursa Narodna-respublikanskoj partii Turcii (1965-1977 gg.). Avtoref.dis.kand.ist. Moskva 1978, 26 S.
(Die Änderung des politischen Kurses der Republikanischen Volkspartei der Türkei (1965 - 1977).)

0969 Özdalga, Elizabeth: I Atatürks spår. Det republikanska folkpartiet och utvecklingsmobilisering i Turkiet från etatism till populism. Lund 1978, 183 S.
(Mit englischer Zusammenfassung: In Atatürk's footsteps. The Republican People's Party and development strategy in Turkey from etatism to populism.)

0970 Prather, George M.: Movement, structure and linkage: the rise of the Turkish Democrat Party. (Ph.D.thesis) University of California at Los Angeles 1978, 471 S.
(UM 79-016192)(DAI 39.9.1979.5702-A)

0971 Sayarı, Sabri: The turkish party system in transition. In: Government and Opposition (London) 13.1978.1, S.39 - 57

0972 Sen, Faruk: Die türkischen Sozialdemokraten und ihr Konzept für den demokratischen Sozialismus. In: Forum ds. Zeitschrift für Theorie und Praxis des demokratischen Sozialismus (Karlsruhe) 3.1978.6, S.162 - 173

0973 Bilen, İ.: Unser Hauptrichtungsweiser. In: Probleme des Friedens und des Sozialismus (Prag) 22.1979.4, S.456 - 458 (Stellungnahme des Generalsekretärs der Türkischen Kommunistischen Partei zur Bedeutung dieser Partei für die heutige Türkei.)

0974 Danilov, V.I.: Novyj kurs narodno-respublikanskoj partii Turcii. In: Narody Azii i Afriki (Moskva) 1979.4, S.3o - 42
(Der neue Kurs der Republikanischen Volkspartei in der Türkei.)

0975 Leder, Arnold: Party competition in rural Turkey: agent of change or defender of traditional rule? In: Middle Eastern Studies (London) 15.1979.1, S.82 - 105

5.4. Wahlen / Elections / Elections

0976 Balkanlı, Remzi: Loi sur les élections législatives en Turquie. (Trad.franç.) Istanbul 1949, k.S.

0977 Crozat, Charles: Législation turque - droit publique (Loi sur les élections des députés - no.5545 du 20 février 1950, J.Off.no.7438 du 21 février 1950). In: Annales de la Faculté de Droit d'Istanbul (Istanbul) 1.1951.1, S.175 - 185

0978 (Turkish Republic): Election of national deputies act. Act. no.5545 of February 16, 1950. In: Miller Davis, Hellen(Hrsg.): Constitutions, Electoral Laws, Treaties of States in the Near and Middle East. Durham, N.C. 1953, S.467 - 485

0979 Öztürk, Hacı Mehmet: Le système électoral de la Turquie. (Thèse) Bordeaux 1958, 74 S., Tab., Ktn.

0980 Titiz, Mehmet Reşat: L'évolution du multipartisme et système électoral turc. (Thèse) Caen 1960, III, 248 S.

0981 Szyliowicz, J.S.: The turkish elections 1965. In: Middle East Journal (Washington, D.C.) 20.1966.4, S.473 - 494

0982 (Türkische Republik): Gesetz Nr.306 über die Abgeordnetenwahl. (Übers. von E.E. Hirsch.) In: Hirsch, E.E.: Die Verfassung der Türkischen Republik. Berlin 1966, S.234 - 246

0983 (Türkische Republik): Gesetz Nr.304 über die Wahl zum Senat der Republik. (Übers. von E.E. Hirsch.) In: Hirsch, E.E.: Die Verfassung der Türkischen Republik. Berlin 1966, S.246 - 248

0984 Teziç, E.: L'évolution du système électoral turc sous la Seconde République. In: Annales de la Faculté de Droit d'Istanbul (Istanbul) 18.1968.29/32, S.170 - 187

0985 Caucig, Franz: Vor den Parlamentswahlen in der Türkei. In: Außenpolitik (Hamburg) 1969.9, S.547 - 555

0986 Hyland, M.P.: Crisis at the polls: Turkey's 1969 elections. In: Middle East Journal (Washington, D.C.) 24.1970.1, S.1 - 16

0987 Hale, W.M.: Aspects of the turkish general election of 1969. In: Middle Eastern Studies (London) 8.1972.3, S.393 - 405

0988 Burnouf, D.: Les élections présidentielles en Turquie. Intéractions entre le Haut Commandement et le Parlement. In: Politique Etrangère (Paris) 38.1973.3, S.365 - 377 (Über die Entwicklung der Jahre 1971 - 1973.)

0989 Carretto, G.E.: Le elezioni politiche del 14 ottobre 1973 in Turchia. In: Oriente Moderno (Roma) 53.1973.10, S.783 - 792

0990 Franz, Erhard: Zur Wahl des sechsten Präsidenten der Türkischen Republik. Voraussetzungen, Hintergründe, Chronik. In: Orient (Opladen) 14.1973.2, S.86 - 93

0991 Franz, Erhard: Die Legislaturwahlen in der Türkei. In: Orient (Opladen) 14.1973.4, S.185 - 188

0992 Carretto, Giacomo E.: La crisi di governo in Turchia e la formazione del Governo Ecevit. In: Oriente Moderno (Roma) 54.1974.1/3, S.33 - 43

0993 Landau, J.M.: The 1973 elections in Turkey and Israel. In: World Today (London) 30.1974.4, S.170 - 180

0994 Papadimitriu, G.: Die Präsidentenwahl vom März-April 1973 in der Türkei. In: Verfassung und Recht in Übersee (Hamburg) 7.1974.1, S.45 - 53

0995 Özbudun, E.; Tachau, F.: Social change and electoral behaviour in Turkey: towards a'critical realignement'? In: International Journal of Middle East Studies (London, New York) 6.1975.4, S.460 - 480

0996 Carretto, Giacomo E.: Elezioni e governi in Turchia nel 1977. In: Oriente Moderno 57.1977.11/12, S.489 - 518

0997 Franz, Erhard: Die politische Krise der Türkei im Spiegel der Legislaturwahlen vom Juli 1977. In: Orient (Opladen) 18.1977.4, S.74 - 92

0998 Mezencev, P.: Turcija. Itogi vyborov. In: Meždunarodnaja Žizn'(Moskva) 1977.7, S.128

0999 Nye, R.P.: Civil-military confrontation in Turkey: the 1973 presidential election. In: International Journal of Middle East Studies (London, New York) 8.1977.2, S.209 - 228

1000 Vaner, Semih: Les élections législatives en Turquie confirmant la prédominance du Parti Republicain du Peuple. In: Revue Française d'Etudes Politiques Méditerranéennes (Paris) 27.1977.3, S.105 - 114

1001 Armağan, Servet: Die Parlamentswahlen in der Türkei. Eine geschichtliche Darstellung. In: Annales de la Faculté de Droit d'Istanbul (Istanbul) 25.1978.41, S.121 - 135

1002 Armağan, Servet: Grundzüge des türkischen Wahlrechts. In: Annales de la Faculté de Droit d'Istanbul (Istanbul) 26.1979.42, S.105 - 129

1003 Armağan, Servet: Die Parlamentswahlen in der Türkei. Eine geschichtliche Darstellung. In: Annales de la Faculté de

Droit d'Istanbul (Istanbul) 26.1979.42, S.131 - 152

6. STAATS- UND VERFASSUNGSRECHT / CONSTITUTIONAL LAW / DROIT CONSTITUTIONNEL

6.1. Allgemeines zum Öffentlichen Recht / Public law in general / Droit public en général

1004 (Turque, République): Codes et principales lois de Turquie. In: Godchot, J.E.(Hrsg.): Les constitutions du Moyen-Orient. Paris 1957, S.423 - 424

1005 Aktan, Tahir: La fonction publique en Turquie. (Thèse) Toulouse 1959, 146 S.

1006 Kubalı, Hüseyin Nail; Balta, T.B.: Le concept d'état de droit en Turquie. In: Annales de la Faculté de Droit d'Istanbul (Istanbul) 9.1959.12, S.285 - 296

1007 Kubalı, Hüseyin Nail; Balta, T.B.: The concept of the Rule of Law in Turkey. In: Annales de la Faculté de Droit d'Istanbul (Istanbul) 9.1959.12, S.297 - 309

1008 Szyliowicz, J.S.: Political participation and modernization in Turkey. In: Western Political Quarterly (?) 19.1966, S.266 - 284

1009 Ersan, Mehmet: Le pouvoir réglementaire en droit turc. (Thèse) Caen 1967, 1, 225 S.

1010 Weeramantry, L.G.(Hrsg.): Digest of judicial decisions by superior courts of different countries on aspects of the rule of law. In: Journal of the International Commission of Jurists (?) 9.1968.2, S.115 - 148 (U.a. Türkei.)

1011 Dodd, C.H.: Politics and government in Turkey. Berkeley 1969, 320 S.

1012 Dodd, C.H.: Politics and government in Turkey. Manchester 1969, 335 S.

1013 Giritli, İ.: Turkey since the 1965 election. In: Middle East Journal (Washington, D.C.) 23.1969, S.351 - 361

1014 Balta, Tahsin Bekir: Der gerichtliche Rechtsschutz des Einzelnen gegenüber der vollziehenden Gewalt. In: Max-Planck-Institut für ausländisches Öffentliches Recht und Völkerrecht (Hrsg.): Gerichtsschutz gegen die Exekutive. Köln, München, Bonn 1970, Bd.2, S.1047 - 1095

1015 Shaw, S.J.: The central legislative councils in the 19th century ottoman reform movement before 1876. In: International Journal of Middle East Studies (London, New York) 1.1970.1, S.51 - 84

1016 Topcuoğlu, A.Alper: Le statut social et politique de la fonction publique turque. (Thèse) Dijon 1972, 224 S. (F 1972 - 753)

1017 Kalaycioğlu, Ersin M.: Representatives' actions and legislative support: determinants of public support for the legislative systems in Turkey. (Ph.D.thesis) Iowa University 1977, 155 S. (UM 77.21142)(DAI 38.5.1977,3025-A)

6.2. Staats- und Verfassungsrecht allgemein / Constitutional law in general / Droir constitutionnel en général

1018 Chéréf, Moustafa: Le traité turc et le droit. o.O. o.J., k.S.

1019 Albrecht, Wilhelm: Grundriß des osmanischen Staatsrechts. (Diss.) Rostock (Berlin) 1905, 91 S.

1020 Kraelitz-Greifenhorst, F.v.: Parlamentarische und verfassungsrechtliche Ausdrücke im Osmanisch-Türkischen. In: Wiener Zeitschrift für die Kunde des Morgenlandes (Wien) 10.1924, S.94 - 102

1021 (Ottoman Empire): Translation of the ottoman constitutional laws, the Wilayet administrative law, the municipal law and various other laws. Baghdad 1921, 72 S.

1022 (Turque, République): Le pact national turc. In: Mears, Elliott G.: Modern Turkey. New York 1924, S.629 - 631

1023 Pieper, Werner: Die Entwicklung des türkischen Staatsrechts von den ersten Anfängen bis zur Gegenwart. Eine rechtsgeschtl., rechtsvergl. und staatsrechtl. Studie. (Diss.) Köln 1925, XII, 173 S.
(U.28.3862)

1024 Sait, Hikmet: De l'Empire Ottoman à la République Turque: De Constantinople à Angora. Paris 1926, k.S.

1025 Redjai, Omar: L'évolution constitutionnelle en Turquie et l'organisation politique actuelle. (Thèse) Strasbourg 1934, 155 S.

1026 Özbulak, Zahit Kasim: Das türkische Verfassungssystem. (Diss.) Jena (Berlin) 1936, 75 S.
(U.36.5351)

1027 Eralp, D.: Turkey and state succession. (Ph.D.thesis) London 1939, k.S.

1028 Başgil, Ali Fuat: La constitution et le régime politique. In: Levy-Ullmann, H.; Mirkine-Guetzévitch, B.(Hrsg.): La vie juridique des peuples: Turquie. Paris 1939, S.9 - 38

1029 Babanzade, Şükrü: La loi de sauvegarde nationale. In: İktisat Fakültesi Mecmuası (Istanbul) 1.1940.3, S.242 - 248

1030 Dikmen, M. Orhan: Des modifications apportées à la loi de sauvegarde nationale. In: İktisat Fakültesi Mecmuası (Istanbul) 2.1940/1941.2, S.196 - 204

1031 Ogut, Nafiz (?): L'évolution constitutionnelle de la Turquie et son régime politique actuel. (Thèse) Montpellier 1950, k.S.

1032 Başgil, Ali Fuat: Le droit de pétition devant la Grande Assemblée nationale. In: Annales de la Faculté de Droit d'Istanbul (Istanbul) 1.1952.2, S.277 - 298

1033 Oral, Zekai: Essai sur le passage de l'Empire Ottoman à la République Turque. (Thèse) Paris 1953, VI, 143 S.

1034 (Turkish Republic): The turkish national act. In: Miller Davis, Hellen (Hrsg.): Constitutions, Electoral Laws,

Treaties of States in the Near and Middle East. Durham, N.C. 1953, S.465 - 466

1035 (Turque, République): Loi portant modification de certains articles de la loi sur la protection nationale. (Trad. de T.Orman). In: Annales de la Faculté de Droit d'Istanbul (Istanbul) 5.1956.6, S.339 - 358

1036 Godchot, J.E.: Turquie. In: Godchot, J.E.: Les constitutions du Moyen-Orient. Paris 1957, S.407 - 427

1037 Abadan, Yavuz: Die Entstehung der Türkei und ihre verfassungsrechtliche Entwicklung bis 1960. In: Jahrbuch des Öffentlichen Rechts (Tübingen) N.F.9.1960, S.353 - 418

1038 Başgil, Ali Fuat: A summary of constitutional developments in Turkey and on the historical and political sources of the present constitution. In: Annales de la Faculté de Droit d'Istanbul (Istanbul) 10.1960.15, S.74 - 84

1039 Arsel, İlhan: Constitutional development of Turkey since the Republic. In: Ankara Üniversitesi Hukuk Fakültesi Dergisi (Ankara) 18.1961, S.37 - 54

1040 Abadan, Yavuz: Die Entwicklungsprobleme der Türkei. In: E.E. Hirsch'e Armağan. Ankara 1964, S.167 - 178

1041 Hirsch, E.E.: Die Verfassung der Türkischen Republik. Frankfurt a.M., Berlin 1966, 284 S.
(Ser.Hrsg.: Universität Hamburg, Forschungsstelle für Völkerrecht und ausländisches Öffentliches Recht: Die Staatsverfassungen der Welt in Einzeldarstellungen: 7)

1042 Yalçın, Aydın: Turkey: emeriging democracy. In: Foreign Affairs (London) 45.1967.4, S.706 - 714

1043 Okandan, R.G.: La révolution nationale et la proclamation de la République en Turquie. In: Annales de la Faculté de Droit d'Istanbul (Istanbul) 18.1969.33/35, S.81 - 90

1044 Shaw, Stanford J.: The origins of representative government in the Ottoamn Empire: the Provincial Representative Councils, 1839 - 1876. In: Winder, R.(Hrsg.): Near Eastern Round-Table,1967/1968. New York 1969, S.53 - 142

1045 Ismael, T.Y. u.a.: Governments and politics of the contemporary Middle East. Homewood, Ill. 1970, 495 S.
(Die Abschnitte I und II behandeln allg. Fragen, Teil III behandelt die einzelnen Länder - u.a. die Türkei - und deren Parteien und politische Institutionen (Kabinett, Parlament, Ministerien etc.).)

1046 Öktem, Niyazi: Le principe de 'la confusion des pouvoirs' de Jean Jacques Rousseau et son influence sur la constitution de 1921. In: Annales de la Faculté de Droit d'Istanbul (Istanbul) 26.1979.42, S.375 - 381

1047 Özay, İlhan: Sintesi storica dell'evoluzione constituzionale della Turchia. In: Annales de la Faculté de Droit d'Istanbul (Istanbul) 26.1979.42, S.577 - 593

6.3. Verfassungsentwicklung bis 1924 / Constitutional development until 1924 / Développement constitutionnel jusqu'à 1924

1048 Feldweg, Walter: Das osmanische Staatsgrundgesetz von 1876

und seine Quellen. (Diss.) Tübingen o.J., 200 S.
(U.25.8128)

1049 Ubicini, A.: La constitution ottomane du 7 zilhidjé 1293 (1876). Constantinople 1877, k.S.

1050 (Ottoman Empire): The ottoman constitution (1876). In: American Journal of International Law (Washington) 2.1908 Suppl., S.367 - 387

1051 Kraelitz-Greifenhorst, F.v.: Die Verfassungsgesetze des Osmanischen Reiches (aus dem Osmanisch-Türkischen übersetzt und zusammengestellt). Leipzig 1909, 59 S.
(Enthält: Ḫaṭṭ-ı Šerīf von Gülḫāne, ḫaṭṭ-ı hūmāyūn vom 18. Februar 1856, Verfassung von 1876 (qānūn-ı esāsī), Novelle zur Verfassung von 1876 (ḫaṭṭ-ı hūmāyūn vom 1.August 1908), ḫaṭṭ-ı hūmāyūn vom 6.August 1908.)

1052 Jäschke, G.: Die Entwicklung des osmanischen Verfassungsstaates von den Anfängen bis zur Gegenwart. (Diss.) Greifswald (Baruth, Mark) 1917, 55 S.

1053 Jäschke, Gotthard: Die Entwicklung des osmanischen Verfassungsstaates von den Anfängen bis zur Gegenwart. In: Die Welt des Islam (Leiden) 5.1918, S.5 - 59

1054 Jäschke, Gottahrd: Die rechtliche Bedeutung der in den Jahren 1909 - 1916 vollzogenen Abänderungen des türkischen Staatsgrundgesetzes. In: Die Welt des Islam (Leiden)5.1918, S.97 - 152

1055 Kraelitz-Greifenhorst, F.v.: Die Verfassungsgesetze des Osmanischen Reiches (aus dem Osmanisch-Türkischen übersetzt und mit einer Einleitung versehen). Wien 1919, VIII, 109 S.
(Enthält neben den in Nr.1051 enthaltenen Gesetzen die Verfassungsänderungen der Jahre 1909 bis 1919, das Gesetz über die Wahl der Abgeordneten, sowie die Vollzugsvorschrift zum Abgeordnetenwahlgesetz.)

1056 Hadsch-Mir, Mohammed Hamdi: Der Einfluß der westeuropäischen Demokratie auf die türkische Verfassungsrevision vom 21.August 1909 und seine seitherige Überwindung. (Diss.) Tübingen 1925, k.S.
(U.36.6593)

1057 Soydan, A.: La constitution turque de 1293 (1876) et les modifications apportées par celle de 1329 (1909). Paris 1955, k.S.

1058 Tunaya, T.Z.: De l'Empire Ottoman au régime du gouvernement de la Grande Assemblé Nationale de Turquie. In: Annales de la Faculté de Droit d'Istanbul (Istanbul) 8.1959.9/11, S.132 - 157

1059 Lewis, Bernard: Düstur. In: The Encyclopedia of Islam. London, Leiden 1960 ff., Bd.2, S.640 - 644

1060 Davison, Roderic H.: Reform in the Ottoman Empire, 1856 - 1876. Princeton, N.J. 1963, XVIII, 483 S.

1061 Devereux, R.: The first ottoman constitutional period. A study of the Midhat constitution and parliament. Baltimore 1963, 310 S.

1062 (Türkische Republik): Verfassungsgesetz von 1921 mit Ergänzungen. In: Hirsch, E.E.: Die Verfassung der Türkischen Republik. Berlin 1966, S.206 - 208

1063 Leone, Enrico de : L'impero ottomano nel primo periodo delle riforme (Tanzîmât) secondo fonti italiani. Milano 1967, 262 S.
(Università di Cagliari. Publicazioni della facoltà di giurisprudenzia. Serie II Volume 3)

1064 Miras, Talat: Le Tanzimat et son système législatif. In: Annales de la Faculté de Droit d'Istanbul (Istanbul) 17.1967.26/28, S.1 - 40

1065 Maoz, Moshe: Ottoman reform in Syria and Palestine. Oxford 1968, k.S.

1066 Davison, R.H.: The advent of the principle of representation in the government of the Ottoman Empire. In: Polk, W.; Chambers, R. (Hrsg.): Beginnings of Modernization in the Middle East: The Nineteemth Century. Chicago 1968, S.93 - 108

1067 Hourani, A.: Ottoman reforms and the politics of notables. In: Polk, W.; Chambers, R.(Hrsg.): Beginnings of Modernization in the Middle East: The Nineteenth Century. Chicago 1968, S.41 - 68

1068 Magripli, Kenan: Die außenpolitischen Aspekte der konstitutionellen Entwicklung im Osmanischen Reich. (Diss.) Wien 1972, IV, 143 S.
(Ö 1972 - 823)

1069 Davison, Roderic: Reform in the Ottoman Empire 1856 - 1876. New York 1973, XVIII, 483 S.

1070 Shaw, Ezel Kural: Midhat Pasha, Reformer or Revolutionary? His administrative career and contributions to the constitution of 1876. (Ph.D.thesis) Harvard University 1975, k.S.
(Enthält die Verfassung von 1876 in engl. Übersetzung.)

1071 Manzenreiter, J.: Die Entstehung der türkischen Verfassung von 1876. In: Materialia Turcica (Bochum) 2.1976, S.84 - 85

6.4. Verfassung vom 20.April 1924 / Constitution of april 20th 1924 / Constitution de 20 avril 1924

1072 Pritsch, Erich: Geschichtliche und systematische Übersicht nebst Anmerkungen zur Verfassung. In: Mitteilungen des Seminars für Orientalische Sprachen zu Berlin. (Berlin) 26/27.1924, Abt.II, S.164 - 251

1073 (Türkische Republik): Die Türkische Verfassung vom 20.April 1924. (Türkischer Text mit deutscher Übersetzung von Wilhelm Bollandt.) In: Mitteilungen des Seminars für Orientalische Sprachen zu Berlin (Berlin) 26/27.1924, Abt.II, S.137 - 163

1074 Giannini, Amadeo: La Costituzione Turca. Roma 1925, 26 S.
(Mit italienischer Übersetzung der Verfassung von Michelangelo Guidi.)

1075 Earle, E.M.: New constitution in Turkey. In: Political

Science Quarterly (New York) 40.1925, S.73 - 100

1076 Falser, Meinrad: Das türkische Verfassungsrecht. (Diss.) Graz 1929, 77 S.

1077 (Turque, République): Statut organique de la République de Turquie. Loi ... du 20 avril 1924. Istanbul 1929, k.S.

1078 Talat, A.: La constitution turque de 20 avril 1924. (Thèse) Grenoble 1935, 131 S.

1079 (Turkish Republic): The turkish constitution. The constitution in force. New York 1949, 19 S.

1080 (Turkish Republic): Constitution of the Turkish Republic of January 10, 1945. In: Miller Davis, Hellen(Hrsg.): Constitutions, Electoral Laws, Treaties of States in the Near and Middle East. Durham, N.C. 1953, S.451 - 464

1081 (Turkish Republic): Turkey. In: Peaslee, A.J.(Hrsg.): Constitutions of Nations. 2.Aufl. The Hague 1956, Bd.3 (Nicaragua to Yugoslavia), k.S.

1082 (Turque, République): Loi constitutionelle de la République Turque du 20 avril 1340 (1924), no 419. In: Godchot, J.E. (Hrsg.): Les constitutions du Moyen-Orient. Paris 1957, S.408 - 422

1083 (Turkish Republic): Turkish constitution 10 January, 1945. New York 1960. 226 S.

1084 Tunaya, T.Z.: Ideologic character of the 1924 constitution. In: Annales de la Faculté de Droit d'Istanbul (Istanbul) 10.1960.15, S.99 - 135

1o85 Kili, Suna: Turkish constitutional development and assembly debates on the constitution of 1924. Istanbul 1971, k.S. (Robert's College Researcg Center Publications)

6.5. Die Revolution vom 27.Mai 1960 / The revolution of may 27, 1960 / La révolution de 27 mai 1960

1086 Ataöv, Türkkaya: The 27th of may revolution and its aftermath. In: The Turkish Yearbook of International Relations (Ankara) 1.1960, S.13 - 22

1087 Turkish Information Office New York: Provisional law no.1 relative to the abrogation and amendment of certain provisions of the turkish constitution (with provisions of the turkish constitution that remain in force). Unofficial translation. New York 1960, 14 S.

1088 Giraud, R.: La vie politique en Turquie après le 27 mai 1960. In: Orient (Paris) 6.1961.21, k.S.

1089 Önder, A.: Vorläufiges Gesetz zur Abänderung und Aufhebung einzelner Bestimmungen der türkischen Verfassung von 1924. (Gesetz Nr.491.) In: Zeitschrift für die gesamte Strafrechtswissenschaft (Berlin) 73.1961, S.535 ff.

1090 Başgil, Ali Fuat: La révolution militaire de 1960 en Turquie (27 Mayıs İhtilâli ve Sebepleri). Genève 1963, k.S.

1091 Turhan, Mehmet Nevres: Le régime politique provisoire du 12 juin 1960 en Turquie. (Thèse) Paris 1964, 220, 3 S.

1092 Hirsch, E.E.: Rationale Legitimierung eines Staatsstreiches als soziologisches Problem. Erläutert am Beispiel des türkischen Umsturzes vom 27.Mai 1960. In: Kölner Zeitschrift für Soziologie und Sozialpsychologie (Köln) 17.1965, S.632 - 646

1093 Karpat, K.H.: Réflexions sur l'arrière plan social de la révolution turque de 1960. In: Orient (Paris) 37.1966, k.S.

1094 (Türkische Republik): Vorläufiges Gesetz vom 12.6.1960. In: Hirsch, E.E.: Verfassung der Türkischen Republik. Berlin 1966, S.219 - 224

1095 Harris, G.S.: The causes of the 1960 revolution in Turkey. In: Middle East Journal (Washington, D.C.) 24.1970, S.438 - 454

1096 Chakov, Dž.: Prevratăt ot 27 maj 1960 g. v Turcija i upravlenieto na Komiteta za nacionalno edinstvo. In: Todorov, N.; Šterev, P.; Grigorova, Z.(Hrsg.): Balkanite sled vtorata svetovna vojna. 1.Problemi na 60-te godini. Sofija 1978, S.69 - 113

6.6. Die Verfassung vom 9.Juli 1961 / The constitution of July 9, 1961 / La constitution de 9 juillet 1961

1097 (Türkische Republik): Verfassung der Türkischen Republik. (Übersetzt von E.E. Hirsch.) Ankara 1961, 46 S.

1098 (Turkish Republic): Constitution of the Turkish Republic. (Translated by S.Balkan; A.E.Uysal; K.Karpat.) Ankara 1961, 47 S.

1099 (Turkish Republic): The turkish constitution. (Translated and presented by the 'Week'.) Ankara 1961, 80 S.

1100 Eroğlu, Hamza: La constitution turque de 1961 et les relations internationales. In: Turkish Yearbook of International Relations (Ankara) 2.1961, S.62 - 90

1101 Kapani, Münci: Outlines of the new turkish constitution. In: Parliamentary Affairs (London) 15.(Winter) 1961/1962, S.94 - 110

1102 Balkan, Sadık; Uysal, Ahmet E.; Karpat, Kemal H.: Document: Constitution of the Turkish Republic. In: Middle East Journal (Washington, D.C.) 16.1962, S.215 - 238

1103 Giritli, İ.: Some aspects of the new turkish constitution. In: Middle East Journal (Washington, D.C.) 16.1962, S.1-17

1104 Logunov, V.D.: Novaja tureckaja konstitucija. In: Sovetskoe gosudarstvo i pravo (Moskva) 1963.4, S.133 - 137

1105 Gözübüyük, A.: La nouvelle Constitution de la République Turque. Ankara 1964, 19 S.

1106 Abadan, Yavuz: Die Türkische Verfassung vom 9.Juli 1961. In: Jahrbuch des Öffentlichen Rechts der Gegenwart (Tübingen) N.F. 13.1964, S.325 - 436

1107 Versan, Vakur: Evolution of the rule of law and the new constitution. In: Pakistan - a quarterly (Karachi) 17.1964, S.122 - 129

1108 Teziç, Erdoğan: La seconde Republique turque. (Thèse) Paris 1965, 255 S.

1109 Kubalı, Hüseyin Nail: Les traits dominants de la constitution de la Seconde République turque. (Texte d'une conférence doneé au Centre Français de Droit Comparé, Paris 30.4.1965.) In: Revue Internationale de Droit Comparé (Paris) 17.1965.4, S.855 - 872

1110 Kubalı, Hüseyin Nail: Les traits dominants de la constitution de la Seconde République turque. Texte d'une conférence donée au Centre Français de Droit Comparé. Paris 30.4.1965. In: Annales de la Faculté de Droit d'Istanbul (Istanbul) 15.1966.23/25, S.240 - 263

1111 (Türkische Republik): Verfassung der Türkischen Republik vom 9.Juli 1961 mit Erläuterungen. In: Hirsch, E.E.: Die Verfassung der Türkischen Republik. Berlin 1966, S.79 - 192

1112 (Türkische Republik): Gesetz Nr.157 über die Verfassungsgebende Versammlung. In: Hirsch, E.E.: Die Verfassung der Türkischen Republik. Berlin 1966, S.224 - 234

1113 (Turkish Republic): (Constitution.) In: Al Mayarati, A.A. (Hrsg.): Middle eastern constitutions and electoral laws. New York 1968, k.S.

1114 (Turkish Republic): (Constitution.) In: Secretariat of the Asian-African Legal Consultation Committee (New Delhi) (Hrsg.): Constitutions of Asian Countries (Texts in english.) Bombay 1968, k.S.

1115 (Turkish Republic): (Constitution.) In: Blaustein, A.P.; Flanz, G.H.(Hrsg.): Constitutions of the Countries of the World. Dobbs Ferry N.Y. 1971,(Loose-leaf in binders) Bd.3 (U.a. Türkei) k.S.

1116 Aybay, Rona: Some contemporary constitutional problems in Turkey. In: Britisch Society for Middle Eastern Studies Bulletin (London) 4.1977.1, S.21 - 27

1117 Ozay (Özay), Il Han (İlhan): Costituzione della Seconda Republica turca. In: Rivista Trimestriale di Diritto Pubblico (Milano)28.1978, S.1020 - 1078

6.7. Verfassungsreform von 1971 / The constitutional reform of 1971 / La réforme constitutionnelle de 1971

1118 Turkish State Information Organization: The Turkish Constitution(as amended). Ankara 1972, k.S.

1119 Hirsch, E.E.: Die Änderung der türkischen Verfassung. In: Mitteilungen der Deutsch-Türkischen Gesellschaft (Bonn) 89.1972, S.1 - 11

1120 Hirsch, E.E.: Verfassungsänderung in der Türkei. In: Verfassung und Recht in Übersee (Hamburg) 5.1972.2, S.195 - 216

1121 Tibi, B.: Die Verfassungsänderung in der Türkei und ihr gesellschaftlicher Kontext. In: Verfassung und Recht in Übersee (Hamburg) 5.1972.4, S.447 - 453

1122 Hirsch, E.E.: Verfassungsänderung in der Türkei 1971. (Ergänzungsband). Frankfurt a.M., Berlin 1973, V,,57 S. (Universität Hamburg, Forschungsstelle für Völkerrecht und ausländisches Öffentliches Recht (Ser.Hrsg.): Die Staatsverfassungen der Welt in Einzelausgaben: 7a)

1123 Hirsch, E.E.: Verfassungswidrige Verfassungsänderungen. Zu zwei Entscheidungen des Türkischen Verfassungsgerichts. In: Archiv des Öffentlichen Rechts (Tübingen) 98.1973.1, S.53 - 70

1124 Hirsch, E.E.: Nachtrag zu: Verfassungsänderung in der Türkei. In: Verfassung und Recht in Übersee (Hamburg) 6.1973, S.233 - 234

1125 Rabl, K.: Nochmals: Die türkische Verfassungsreform von 1971. In: Verfassung und Recht in Übersee (Hamburg) 6.1973, S.219 - 231

1126 Hirsch, E.E.: Die Änderung der Verfassung. In: Jahrbuch für Öffentliches Recht (?) 23.1974, S.335 - 401

1127 Aybay, Rona: Some contemporary constitutional problems in Turkey. In: British Society for Middle Eastern Studies Bulletin (London) 4.1977.1, S.21 - 27

6.8. Putsch vom 12.9.1980 und die Verfassungsentwicklung / The coup d'état of September 12, 1980 and the constitutional development / Le coup d'état de 12 septembre 1980 et le développement constitutionnel

1128 Hirsch, E.E.: Die einstweilige Ordnung der türkischen Verfassung. In: Orient (Opladen) 22.1981.3, S.431 - 449

1129 Oehring, Otmar: Die Verfassungsgebende Versammlung in der Türkei. Gesetzliche Grundlage, Konstituierung und erste Arbeitsschritte. In: Orient (Opladen) 22.1981.4, S.614 - 643

1130 (Türkische Republik): Gesetz über die Verfassungsgebende Versammlung. Gesetz Nr.2485 vom 29.6.1981, Resmî Gazete Nr.17386 vom 30.Juni 1981. (Übersetzt von Otmar Oehring.) In: Orient (Opladen) 22.1981.4, S.625 - 630

6.9. Grundfragen der verfassungsstaatlichen Ordnung / Fundamental Aspects of Constitutionalism / Aspects fondamentals du constitutionalisme

1131 Valentin, Kurt: Ausgewählte Kapitel aus dem türkischen Parlamentsrecht nach der Verfassung vom 23.Dezember 1876. Eine rechtsvergleichende Studie. (Diss.) Greifswald 1917, 47 S. (U.17.394)

1132 Abadan, Yavuz: Die Stellung der Präsidenten der Türkischen Republik unter besonderer Berücksichtigung der deutschen Reichspräsidenten. (Diss.) Heidelberg (Bruchsal) 1933,84 S. (U.33.3421)

1133 Waşşaf, Mu'ammar: Die Grundlinien des türkischen Staatswesens und seine stufenweise Entwicklung. (Diss.) Leipzig 1934, 98 S.
Im Handel: Abhandlungen des Instituts für Politik, ausl. Öff.Recht und Völkerrecht an der Universität Leipzig: 39 (U.34.7520)

1134 Başgil, Ali Fuat: Le droit de pétition devant la Grande Assemblée Nationale. Etude sur l'article 82 de la Constitution. In: Annales de la Faculté de Droit d'Istanbul (Istanbul) 1.1952, S.277 - 298

1135 Postacioğlu, İ.E.: Le pouvoir judiciaire dans la constitution turque actuelle. In: Annales de la Faculté de Droit d'Istanbul (Istanbul) 2.1953, S.116 - 135

1136 Gözübüyük, A. Şeref: La condition des membres de la Grande Assemblée Nationale de Turquie. (Thèse) Fribourg 1955, 91 S. (Diss.Helv. 1955 - 394)

1137 Başgil, Ali Fuat: Le problème de la protection des droits dans la démocratie et les lacunes de notre loi constitutionelle. In: Annales de la Faculté de Droit d'Istanbul (Istanbul) 6.1957.7, S.56 - 97

1138 Sarıca, Murat: Les rapports entre l'exécutif et le législatif dans la Turquie contemporaine. (Thèse) Paris 1959, 206 S.

1139 Giritli, İ.:The structure and characteristics of the turkish constitution. In: Annales de la Faculté de Droit d'Istanbul (Istanbul) 10.1960.15, S.257 - 265

1140 Veliağıl, Hasan Tahsin: Parlament und Regierung in der türkischen Verfassung von 1961. (Diss.) Frankfurt a.M. 1966, 119 S.
(U.66.4527)

1141 Arsel, İlhan: Constitutional law. In: Ansay, T.; Wallace,D. (Hrsg.): Introduction to turkish law. Ankara 1966, S.21 - 49

1142 Hermens, Ferdinand Aloys: Mehrparteiensystem, Revolution und verfassungspolitischer Neubeginn in der Türkei. In: Verfassung und Verfassungswirklichkeit. o.O. 1966, Bd.1, S.112 - 144

1143 Esen, Bülent Nuri: La Turquie. (Librairie générale de droit et de jurisprudence - Comment ils sont gouvernés.) Paris 1969, 276 S.

1144 Atasoy, Zafer: Verfassungsrechtliche Hauptprobleme nach türkischem und deutschem Recht. (Diss.) München 1972, XI,216 S.
(U.74.12168)

1145 Hirsch, E.E.: Laizismus (Laiklik) als verfassungsrechtlicher Begriff in der Türkischen Republik. In: Orient (Opladen) 15.1972.3, S.106 - 112

1146 Özbudun, Ergun: Constitutional law. In: Ansay, T.; Wallace, D.(Hrsg.): Introduction to turkish law. 2.Aufl. Ankara, Dobbs Ferry N.Y. 1978, S.23 - 52

1147 Akad, Mehmet: L'évolution du concept de 'libertés publiques' dans les constitutions turques et françaises, étude comparative. In: Annales de la Faculté de Droit d'Istanbul (Istanbul) 25 (26).1979.42, S.355 - 373

6.10 Grund- und Menschenrechte / Civil and human rights / Libertés publiques - Droits de l'homme

1148 Güllü, Ali Reza: Les droits de l'homme et la Turquie. (Thèse) Genève 1958, 206 S.
(Diss.Helv. 1958 - 509)

1149 Akcalı, Nazif: La liberté d'association et les parties politiques en Turquie dans la législation et dans les faits (du début à nos jours) et les évènements récents. (Thèse) Grenoble 1961, 291 S.

1150 Buergenthal, Thomas: The domestic status of the European Convention of Human Rights. A second look. In: Review of the International Commission of Jurists (?) 7.1966, S.55 - 96

1151 Erçman, Serin: Die Menschenrechtskonventionen (des Europarates; der Vereinten Nationen) und der Schutz der Privatsphäre. Neue Erfahrungen und Vorschläge. In: Annales de la Faculté de Droit d'Istanbul (Istanbul) 18.1969.33/35, S.41 - 54

1152 Esen, Bülent Nuri: Vers une 'Polarisation universelle des droits de l'homme' dans un monde nouveau. In: Ankara Üniversitesi Hukuk Fakültesi Dergisi 26.1969.3/4, S.31 - 44

1153 Esen, Bülent Nuri: Système turc de protection des droits de l'homme dans les rapports entre personnes privées. In: Cassin, René: Amicorum discipulorumque liber 3: Protection des droits de l'homme dans les rapports entre personnes privées. Paris 1971, S.189 - 193
(= Jura hominis ac civis 3)

1154 Cousins, Jane: Turkey: torture and political persecution. London 1973, 106 S.
(Behandelt die Prozesse gegen linksgerichtete Studenten und Profesooren und Studenten, 1971 - 1973.)

1155 International Commission of Jurists: The rule of law in Turkey and the European Convention of Human Rights. In: Review of the International Commission of Jurists 10.1973, S.37-56

1156 Hirsch, E.E.: Menschenrechte und Grundfreiheiten im Ausnahmezustand. Eine Fallstudie über die Türkei und die Agitation 'strikt unpolitischer' internationaler Organisationen. Berlin 1974, 146 S.
(Schriften zum Öffentlichen Recht: 231)
(Betrifft die verfassungsgerichtliche Entscheidung vom 15./16.2.1972, durch die das Verbot der Türkischen Arbeiterpartei bestätigt wurde.)

1157 Onar, Sıddık Sami: La sûreté de la personnalité et des droits personnels en Turquie. In: Recueils de la Société Jean Bodin (Paris) 28.1974 (= Les sûretés personelles I, 1974), S.345 - 349

1158 Erman, S.: Les droits de l'homme dans les forces armées turques. In: Annales de la Faculté de Droit d'Istanbul (Istanbul) 22(23).1975/1976.39, S.249 - 294

1159 Donay, Süheyl: La protection des droits de l'homme dans la procédure pénale turque. In: Annales de la Faculté de Droit d'Istanbul (Istanbul) 25.1978.41, S.215 - 234

6.11. Verfassungsgerichtsbarkeit / Constitutional courts / Juridiction constitutionnelle

1160 Arık, K.Fikret:Juridiction constitutionnelle turque 1960. Ankara 1962, 23 S.

1161 Azrak, A.Ü.: Verfassungsgerichtsbarkeit in der Türkei. In: Jahrbuch des Öffentlichen Rechts der Gegenwart (Tübingen) N.F. 11.1962, S.73 - 92

1162 Azrak, A.Ü.: Der türkische Verfassungsgerichtshof und seine Rechtsprechung. In: Annales de la Faculté de Droit d'Istanbul (Istanbul) 13(14).1964.20, S.90 - 111

1163 (Türkische Republik): Gesetz Nr.144 über die Organisation und das Verfahren des Verfassungsgerichts nebst Auszügen aus der Geschäftsordnung des Verfassungsgerichtes. In: Hirsch, E.E.: Die Verfassung der Türkischen Republik. Berlin 1966, S.248 - 265

1164 Balta, Tahsin Bekir: Das türkische Verfassungsgericht. In: Hundert Jahre Verfassungsgerichtsbarkeit, fünfzig Jahre Verfassungsgericht in Österreich. Wien, Frankfurt a.M., Zürich, Salzburg, München 1968, S.47 - 72

1165 (Turkish Republic): Constitutional Court (Decision). Case on constitutionality of Articles 141 and 142 of the Penal Code. (Translation by D.Yarsuvat) In: Annales de la Faculté de Droit d'Istanbul (Istanbul) 18.1968.29/32, S.579 - 606

1166 Georgijan, E.A.: Konstitucionnyj sud-politikopravovoy institut Tureckoj respubliki. In: Aktual'nye problemy sovremennogo vostokovedenija (Moskva) 1974, S.43 - 58
(Der Verfassungsgerichtshof, eine politisch-juridische Institution der Türkischen Republik, geschaffen durch die Verfassung von 1961.)

1167 Hirsch, E.E.: Verfassungsgericht und politische Gewalt in der Türkei. Analyse zweier Entscheidungen des türkischen Verfassungsgerichts. In: Archiv des Öffentlichen Rechts (?) 100.1975.1, S.52 - 78

1168 Hale, W.: Turkish democracy in travail: the case of the State Security Courts. In: World Today (London) 33.1977.5, S.186 - 194

1169 Sağlam, Fazil: Die Auswirkungen der Verfassungsgerichtsbarkeit auf die Entwicklung des Öffentlichen Rechts und der politischen Ordnung. In: Berberich, ? (Hrsg.): Neue Entwicklungen im Öffentlichen Recht. Stuttgart 1979, S.159 - 168

1170 Tikveş, Ö.: Die Verfassungsgerichtsbarkeit in der Türkei unter rechtsvergleichendem Gesichtspunkt. In: Berberich, ? (Hrsg.): Neue Entwicklungen im Öffentlichen Recht. Stuttgart 1979, S.169 - 178

7. ALLGEMEINES UND BESONDERES VERWALTUNGSRECHT / ADMINISTRATIVE LAW - ADMINSITRATIVE LAW (INDIVIDUAL BRANCHES) / DROIT ADMINISTRATIF - DROIT ADMINISTRATIF (BRANCHES INDIVIDUELLES

7.1. Allgemeines / In general / En général

1171 Andersch, Max: Die Rechtstellung der fremden, insbesondere der deutschen Postanstalten in der Türkei, in China und in Marokko. (Diss.) Würzburg (Berlin) 1912, 183 S.
U.12.4541
Im Handel: Die deutsche Post in der Türkei, in China und in Marokko.

1172 Seçkin, Ali Recai: La réalisation de la condition suspensive et ses effets juridiques; étude de droit suisse et de droit turc. (Thèse) Genève 1939, 183 S.
(Diss.Helv. 1938/1939 - 443)

1173 Duran, L.: Questions de droit administratif turc. In: Annales de la Faculté de Droit d'Istanbul (Istanbul) 4.1954.5, S.77 - 92

1174 Balta, Tahsin Bekir: Reports of turkish administrative law and institutions. In: Annales de la Faculté de Droit d'Istanbul (Istanbul) 5.1956.6, S.186 - 204

1175 Balta, Tahsin Bekir: Turkish administrative law and institutions. In: International Social Science Bulletin (Paris) 9.1957, S.37 - 48

1176 Balta, Tahsin Bekir: L'administration publique et le droit privé en Turquie. In: Annales de la Faculté de Droit d'Istanbul (Istanbul) 12.1962.18, S.77 - 145

1177 Balta, Tahsin B.: Administrative law. In: Ansay, T.;Wallace, D.(Hrsg.): Introduction to turkish law. Ankara 1966, S.50 - 84

1178 Oktay, Cemil: Les relations entre les forces politiques et l'administration au niveau des services centraux, étude suivie par l'exemple de la Turquie. (Thèse) Paris (II) 1974, 220 S.
(F 1974 - 904)

1179 Aybay, Rona: Administrative law. In: Ansay, T.; Wallace, D. (Hrsg.): Introduction to turkish law. 2.Aufl., Ankara, Dobbs Ferry N.Y. 1978, S.53 - 84

1180 Berkin, N.M.: Indizien über den modernen Staat, über das Recht zu verwalten und das Verwaltungsrecht in der Türkei. In: Annales de la Faculté de Droit d'Istanbul (Istanbul) 25.1978.41, S.237 - 266

1181 Heper, Metin; Berkman, Ümit: Administrative studies in Turkey: a general perspective. In: International Social Science Journal (New York, Paris) 31.1979, S.305 - 327

7.2. Verwaltungsorganisation - Verwaltungsreform / Administrative organization - Administrative reform / Organisation administrative - Reforme administrative

1182 Akdeniz, Gıyas: Rationalisierung der Staatsverwaltung. In: İktisat Fakültesi Mecmuası (Istanbul) 9.1947/1948.1/2, S.55 - 71

1183 United Nations Technical Assistance Administration: Institute of Public Administration in Turkey. New York 1954, 55 S.
(ST/TAA/M.6;1/41.36/UNESCO)

1184 Gonenc (Gönenc), Gülgün; Birkhead, A.S.: Data collection activities in turkish gevernment. Ankara 1956, 129 S.

1185 Dalmin, Doğan: Turkish Government Organization Manual. Ankara 1957, 187 S.

1186 Gorvine, Albert; Laurence, L.Barber: Organization and functions of the turkish ministries. Ankara 1957, 212 S. (University of Ankara, Faculty of Political Science, Publication: 73-75)

1187 (Anonym): Institute of public administration for Turkey and the Middle East. In: International Review of Administrative Science (Brussels) 22.1957, S.558 - 559

1188 (Caldwell, L.K.): Turkish administration and the politics of expediency. In: Towards the Comparative Study of Public Administration. Bloomington Ind. 1957, S.117 - 144

1189 Rosenthal, Irving: Administration of external technical assistance with special reference to the government of Turkey. (Ph.D.thesis) American University 1965, 403 S. (DH 65 - 09942)

1190 Public Administration Institute for Turkey and the Middle East: Organization and Functions of the Central Government of Turkey. Ankara 1965, 408 S.

1191 Public Administration Institute for Turkey and the Middle East: Turkish Government Organization Manual. Ankara 1966, XII, 572 S.

1192 Roos, L.L.; Roos, N.P.: Changing patterns of turkish public administration. In: Middle Eastern Studies (London) 4.1968, S.270 - 295

1193 Weiker, W.F.: The ottoman bureaucracy: modernization and reform. In: Administrative Science Quarterly (Ithaca N.Y.) 13.1968, S.451 - 470

1194 Gregoire, Roger: La structure de la fonction publique turque. In: Yavuz Abadan'a Armağan. Ankara 1969, S.341 - 362

1195 Kazancı, A.Metin: Le centre interministeriel de renseignements administratifs de Turquie. (Thèse) (Université de) Rennes 1971, 120 S.

1196 Pajot, L.: La réforme administrative en Turquie. In: Revue administrative (?) 26.1973.154, S.434 - 439

1197 Atay, Cevdet: Les compétences dans le processus d'élaboration des décisions administratives en droit public turc. (Thèse) Montpellier (I) 1974, VII, 327, XIII S. (F 1974 - 825)

1198 Yalçındağ,Selçuk: Notes on the historical evolution of the turkish administrative system. In: Turkish Public Administration Annual (Ankara) 1.1974, S.169 - 212

1199 Berkman, Ali Ümit: Administrative reform in developing countries: a study of administration reform attempts in Pakistan, and Turkey. (Ph.D.thesis) Syracuse University 1975, 277 S. (DAH 76 - 07633)(DAI 36/11-A,p.7626)

1200 Gözübüyük, A. Şeref: Public administration and law. In: Turkish Public Administration Annual (Ankara) 2.1975, S.9-21

1201 Külebi, Ahmet: Ein partizipatorisches Reorganisationsmodell zur Reform der öffentlichen Verwaltung in der Türkei. (Diss.) (Wirtschaftsuniversität) Wien 1978, IV, 199 S., Tab.

7.3. Verwaltungsverfahren / Administrative procedure / Procédure administrative

1202 Tuncay, Saffet: Le recourse contre la puissance publique. In: Lévy-Ullmann, H.; Mirkine Geuetzévitch, B.(Hrsg.): La vie juridique des peuples: Turquie. Paris 1939, S.103 - 111

1203 Azrak, Ülkü: Rechtsstaatliche Verfahrenselemente in der türkischen Verwaltung. In: Studien über Recht und Verwaltung. Festschrift für Carl Hermann Ule. Köln, Berlin, Bonn, München 1967, S.9 - 23

1204 Postacioğlu, İ.: L'évolution de la jurisprudence turque en matière d'action en constatation de droit. In: Annales de la Faculté de Droit d'Istanbul (Istanbul) 16.1967.26/28, S.521 - 527

1205 Azrak, A.Ü.: Betrachtung über Form und Verfahren in der türkischen Verwaltung. In: Travaux de la 5ème semaine juridique turco-suisse. Istanbul 1976, S.485 - 490

7.4. Amtshaftung - Enteignung - Öffentlich rechtliche Entschädigung / Liability of the state - Eminent domain or expropriation - Law of public compensation / Responsabilité de l'état - Expropriation - Dommages-intérêts

1206 Tarhan, Zührü: De la responsabilité de l'administration et des fonctionnaires en France et en Turquie (en dehors de la sphère contractuelle). (Thèse) Toulouse 1941, 208 S.

1207 Başgil, Ali Fuat: Le problème de la responsabilité de l'état et des autres personnes de droit public. Etude sur l'article 51 de la loi constitutionelle turque et sur l'article 23, lettre A,de la loi sur le Conseil d'Etat. In: Annales de la Faculté de Droit d'Istanbul (Istanbul) 4.1954.5, S.38 - 76

1208 Diblan, Carlson Servine: The liability of the government for service faults in Turkey (compared with France and Switzerland). In: International Review of Administrative Science (Brussels) 24.1958, S.152 - 164

1209 Kurdoğlu, Togo Doğan: Ein Vergleich des türkischen mit dem deutschen Grundstücksenteignungsrecht. Wieweit kann das deutsche Enteignungsrecht für türkische Verhältnisse nutzbar gemacht werden? (Diss.) Tübingen 1964, VI, 149 S. (U.64.10784)

1210 (Turque, République): Règlement relatif à la détermination des biens appartenant aux sujets syriens et à la saisie de ces biens (Journal Officiel no.12428 du 17.10.1966). (Trad. par V. Tuğsat.) In: Annales de la Faculté de Droit d'Istanbul (Istanbul) 16.1967.26/28, S.416 - 420

1211 Güran, S.: The problem of jurisdiction according to the decisions of the Court of Conflicts rendered in 1965-69 in cases related to recover damages caused by the vehicles of the Ministry of National Defence. In: Mukayeseli Hukuk Araştirmaları Dergisi (Istanbul) 3.1969.5, S.473 - 477

7.5. Verwaltungsgerichtsbarkeit / Administrative courts / Juridiction administrative

1212 Miras, Talât: Le conseil d'Etat et la juridiction administrative en Turquie. In: Revue de droit public et de science politique (?) 1938, S.693 - 701

1213 Özoğuz, Abdülkadir: Le Conseil d'Etat et le contentieuse administratif en Turquie. (Thèse) Toulouse 1941, 176 S.

1214 Duran, Lütfi: La récente réforme du Conseil d'Etat de Turquie. (Thèse) Toulouse 1949, 232 S.

1215 (Turque, République): Loi sur le Conseil d'Etat turc.(Trad.) In: Annales de la Faculté de Droit d'Istanbul (Istanbul) 1.1951.1, S.229 - 255

1216 Taplamacıoğlu, M.: Un estudio comparativo sobre el consejo de estado en Turquia. In: Annales de l'Université d'Ankara (Ankara) 5.1954/1955, S.231 - 282

1217 Presthuis, A.V.; Erem, Sevda: The turkish Conseil d'Etat. Ankara 1955, 42 S.

1218 Presthuis, A.V.; Erem, Sevda: Statistical analysis in comparative administration: The turkish Conseil d'Etat. Ithaca N.Y. 1958, 55 S.

1219 Karacaoğlu, Faiz R.: Une étude critique de la juridiction administrative et du Conseil d'Etat turc. (Thèse) Paris 1962, IX, 226, 6 S.

1220 Yavuz, Hulûsi: Western influence upon the ottoman institutions: the Council of State and the Council of Juridical Regulations. In: İslam Medeniyeti (Istanbul) 4.1980.4,S.41 - 50

7.6. Öffentlicher Dienst / Civil service / Service publique

1221 Matthews, A.T.J.: Emergent turkish administrators. Ankara 1955, 76 S.
(University of Ankara, Faculty of Political Science, Publications)

1222 Payaslıoğlu, Arif; Gorvine, Albert: The administrative career service in turkish government. In: International Review of Administrative Science (Brussels) 23.1957, S.467 - 474

1223 United Nations Technical Assistance Administration: Personnel appeal procedure. A comparative study in personnel administration. In: International Review of Administrative Science (Brussels) 23.1957, S.48 - 63
(U.a. Türkei)

1224 Bouteille, Paul: La formation des fonctionnaires publiques en Turquie. (Thèse) Paris 1962, 182 S.

1225 Chambers, R.L.: The civil bureaucracy in Turkey. In: Ward, R.E.; Rustow, D.A. (Hrsg.): Political Modernization in Japan and Turkey. Princeton 1964, S.301 - 327

1226 (Turque, République): Loi sur les fonctionnaires de l'Etat. (Trad.par Ch.Crozat et Özer Eskiyurt.) In: Annales de la Faculté de Droit d'Istanbul (Istanbul) 16.1966.23/25, S.492 - 575

1227 Balta, T.B.: Droit administratif et science administrative en Turquie. (Contribution au Septième Congrès Mondial de l'Association Internationale de Science Politique, Bruxelles, 18 - 23 sepr.1967.) Paris 1967, 9 S. (Publication de l'Association Internationale de Science Politique)

1228 Aktan, Tahir: The new state personnel department in Turkey. In: International Review of Administrative Science (Brussels) 33.1967.2, S.151 - 154

1229 Hopper, J.R.; Lewis, R.I.: The turkish administrator, a cultural survey. Ankara 1968, 303 S.

1230 Bent, F.F.: The turkish bureaucracy as an agent of change. In: Journal of Comparative Administration (?) 1.1969.1, S.47 - 64

1231 Roos, L.L.; Roos, N.P.: Bureaucracy in the Middle East: some cross cultural relationships. In: Journal of Comparative Administration (?) 1.1969, S.281 - 299 (Behandelt Ägypten, die Türkei und Pakistan)

1232 Ardanic, Bülent Mehmet: The relationship between selected background characteristics of some turkish senior administrators and their agencies openess to change and innovation. (Ph.D.thesis) New York University 1974, 164 S. (..75-09631)(DAI 35/10-A.p.6791)

1233 Cannan, A.: Intersector personnel mobility in Turkey. In: Turkish Public Administration Annual (Ankara) 3.1976, S.71 - 87

1234 Heper, M.: Political modernization as reflected in bureaucratic change: the turkish bureaucracy and 'historical bureaucratic empire' tradition. In: International Journal of Middle East Studies (London, New York) 7.1976.4, S.507 - 521

1235 Heper, Metin: The recalcitrance of the turkish public bureaucracy in 'bourgeois politics': a multi factor political stratification analysis. In: Middle East Journal (Washington D.C.) 30.1976.4, S.485 - 500

1236 Tutum, C.: Limitations on public personnel reform in Turkey. In: Turkish Public Administration Annual (Ankara) 3.1976, S.23 - 29

1237 Azrak, A.Ü.: Sozialstaatlichkeit und Berufsbeamtentum in der Türkei. In: Öffentlicher Dienst. Festschrift für C.H.Ule. München 1977, S.499 - 514

1238 Tutum, Cahit: Politicization of administration and partisanship. In: Turksih Public Administration Annual (Ankara) 4.1977, S.199 - 232

7.7. Polizei- und Ordnungsrecht / Police regulations - Public security and order / Police - Securité et ordre public

1239 Janssens, Edouard: La police dans les pays de l'OTAN. In: La Turquie moderne (Istanbul) 7.1966.236, S.18 - 29 (U.a. Türkei)

7.8. Kommunalrecht / Local government / Droit municipal

1240 Reuter, Ernst: Die Einnahmen der türkischen Stadtverwaltungen. In: İktisat Fakültesi Mecmuası (Istanbul) 5.1943.1, S.46 - 74

1241 Yavuz, Fehmi: Das Finanzwesen der türkischen Dorfverwaltungen. In: İktisat Fakültesi Mecmuası (Istanbul) 6.1945.3/4, S.197 - 248

1242 Ülkmen, İsmail Hakkı: Les finances locales turques. In: Revue de Science et de Législation Financières (?) 1954, S.801 - 830

1243 Hanson, A.H.; Aktan, T.; Mansur, F.; Yasa, İ.(Hrsg.): Studies in turkish local government. Ankara 1955, 206 S., Schaubilder
(Türkiye ve Orta Doğu Amme İdare Enstitüsü Yayın)

1244 Yasa, İbrahim: Problems of outlying rural administration in Turkey. Ankara 1955, 30 S., Karten
(Institute of Public Administration for Turkey and the Middle East, Mediterranean Social Sciences Research Council Academic Programme Document no.III-1)

1245 Aktan, Tahir: Provincial administration and local self government. In: Hanson, A.H.; Aktan, T.; Mansur, F.; Yasa, İ.(Hrsg.): Studies in turkish local government. Ankara 1955, S.15 - 37

1246 Hanson, A.H.: The Nahiye Müdürü: a note. In: Hanson, A.H.; Aktan, T.; Mansur, F.; Yasa, İ.(Hrsg.): Studies in turkish local government. Ankara 1955, S.79 - 84

1247 Hanson, A.H.: Village and village institutes: Hasanoğlan. In: Hanson, A.H.; Aktan, T.; Mansur, F.; Yasa, İ.(Hrsg.): Studies in turkish local government. Ankara 1955, S.85 - 103

1248 Hanson, A.H.: On local self government in Turkey. In: Hanson, A.H.; Aktan, T.; Mansur, F.; Yasa, İ.(Hrsg.): Studies in turkish local government. Ankara 1955, S.156 - 206

1249 Mansur, F.: Foundations of turkish local government. In: Hanson, A.H.; Aktan, T.; Mansur, F.; Yasa, İ.(Hrsg.): Studies in turkish local government. Ankara 1955, S.5 - 12

1250 Özyörük, Mukbil: The revenues of local authorities. In: Hanson, A.H.; Aktan, T.; Mansur, F.; Yasa, İ.(Hrsg.): Studies in turkish local government. Ankara 1955, S.39 - 52

1251 Yasa, İ.: The village as a administrative unit. In: Hanson, A.H.; Aktan, T.; Mansur, F.; Yasa, İ.(Hrsg.): Studies in turkish local government. Ankara 1955, S.53 - 77

1252 Gorvine, Albert: An outline of turkish provincial and local government. Ankara 1956, VIII, 27 S.
(Ankara University, Faculty of Political Science, Publication no.58-40; Graduate School for Public Administration and Social Services, New York University, Joint Publications Series no.4)

1253 Derbil, S.: De quelques particularités des communes turques. In: Annales de la Faculté de Droit d'Istanbul (Istanbul) 5.1956.6, S.205 - 214

1254 Yavuz, Fehmi: A survey of the financial administration of turkish municipalities. Ankara 1962, k.S.

1255 International Union of Local Authorities: Turkey. In: Local government in the XXth century. The Hague 1963, S.151 - 171

1256 Tortop, Nuri: La commune municipale et la commune rurale en Turquie. (Thêse) Paris 1964, 207 S.

1257 Stirling, A.Paul: The domestic cycle and the distribution of power in turkish village. In: Pitt-Rivers, J.(Hrsg.): Mediterranean Countrymen. The Hague 1964, S.201 - 213

1258 Central Treaty Organization: Symposium on the role of local government in national development - Ankara 1965. Reports and papers. Ankara 1965, 252 S.

1259 Başarir, Arslan;Karasar, Dündar : Local government in Turkey. Ankara 1965, 19 S.

1260 Yavuz, Fehmi: Problems of turkish local government. Ankara 1965, k.S.
(Publication of the Institute of Public Administration for Turkey and the Middle East)

1261 Başarir, Arslan; Karasar, Dündar: Local government in Turkey. In: Central Treaty Organization: Symposium on the role of local government in national development - Ankara 1965. Reports and papers. Ankara 1965, k.S.

1262 Çankaya, A.: The growth of cities and the role of local administration. In: Central Treaty Organization: Symposium on the role of local government in national development - Ankara 1965. Reports and papers. Ankara 1965, S.139 - 148

1263 Colman, W.G.: Local government in national development: possibilities and pitfalls. In: Central Treaty Organization: Symposium on the role of local government in national development - Ankara 1965. Reports and papers. Ankara 1965, S.19-28

1264 Geray, C.: Urbanization in Turkey. In: Central Treaty Organization: Symposium on the role of local government in national development- Ankara 1965. Reports and papers. Ankara 1965, S.123 - 138

1265 Tüten, S.: The role of local governments in development. In: Central Treaty Organization: Symposium on the role of local government in national development - Ankara 1965. Reports and papers. Ankara 1965, S.59 - 68

1266 (Anonym): Regional planning, local government and community development in Turkey. Ankara 1966, 227 S.

1267 Soysal, Mümtaz: Structure and functioning of the local government in Turkey. (Paper presented at Mediterranean Social Science Research Council Assembly, American University of Beirut, Beirut Sept. 12 - 16, 1966).Beirut 1966, k.S.

1268 Askwith, Thomas: Community development and local government. In: Regional planning, local government and community development in Turkey. Ankara 1966, S.219 - 227

1269 Askwith, Thomas: Community development and local government. In: Community Development Journal (Washington D.C.) 1.1966, S.6 - 11

1270 Geray, Cevat: İlçe as a unit for planning and execution of community development in Turkey. In: Regional planning, local government and community development in Turkey. Ankara 1966, S.167 - 217

1271 Okyar, Osman: Development of eastern Turkey. In: Regional planning, local government and community development in Turkey. Ankara 1966, S.15 - 27

1272 Tachau, F.: Local politicians in Turkey. In: Regional planning, local government and community development. Ankara 1966, S.91 - 132

1273 Versan, Vakur: Local government in Turkey. In: Journal of Administration Overseas (London) 5.1966.4, S.251 - 257

1274 Soysal, Mümtaz: Local government in Turkey. Ankara 1967, VIII, 65 S. (Türkiye ve Orta Doğu Amme İdare Enstitüsü Yayın)

1275 Kuntbay, M.: L'administration locale en Turquie. In: Bulletin de l'Institut international d'administration publique (Paris) 12.1969, S.93 - 107

1276 Roos, L.L.Jr.: Development versus distribution: an attitudinal study of turkish local administration. In: Economic Development and Cultural Change (Chicago, Ill.) 14.1969.4, S.552 - 566

1277 Weiker, W.F.: Decentralizing government in modernizing nations: growth center potential of turkish provincial cities. Beverly Hills 1972, 72 S.

1278 Sertel, A.K.: Images of power. In: American Anthropologist (Washington D.C.) 74.1972.3, S.639 - 657

1279 Polat, Aymer Aykut: Provincial administration in Turkey. (Ph.D.thesis) New York University 1973, 216 S. (..74 - 13366)(DAI 34/12 - A.p.7869)

1280 Tuğ, Aydin: Village administration in Turkey. Ankara 1975, 22 S. (Devlet Planlama Teşkilatı Yayın)

1281 Guran, S.: A model for administrative reform of the local government in the Greater Istanbul region. In: Turkish Public Administration Annual (Ankara) 3.1976, S.89 - 100

1282 Ertekin, Yücel: Fostering funds and small municipalities. In: Turkish Public Administration Annual (Ankara) 4.1977, S.187 - 197

1283 Tekeli, İlhan; Gülöksüz, Yiğit: Problems of turkish municipalities in the 1970's. In: Turkish Public Adminsitration Annual (Ankara) 4.1977, S.157 - 186

7.9. Bildungswesen / Education / Enseignement

1284 Bereday, G.Z.F.: Schulreform in Frankreich und der Türkei. In: Bildung und Erziehung (Stuttgart) 14.1961, S.226 - 243

1285 Weiker, W.F.: Academic freedom and problems of higher education. In: Middle East Journal (Washington D.C.) 16.1962, S.279 - 294

1286 Eastmond, J.N.: Educational attainment in Turkey. Ankara 1964, k.S.
(Published by the Ministry of Ecucation)

1287 Eastmond, J.R.: Educational opportunity in Turkey: a source book of facts on education with analysis. Ankara 1964, k.S.
(Published by the Research and Measurement Bureau)

1288 Eastmond, J.R.: School finance in Turkey. Ankara 1964, k.S.
(Published by the Ministry of Education)

1289 Özsunay, E.: Participation of students in university and faculty administration in Turkey. In: American Journal of Comparative Law (Baltimore) 17.1969, S.378 - 383

1290 (Turque, République): Loi rélative aux établissements d'enseignement privé. Loi no.625 du 8 juillet 1965. (Trad. par Ch.Crozat et V.Tuğsat). In: Annales de la Faculté de Droit d'Istanbul (Istanbul) 18(=19).1969.33/35, S.171 - 183

1291 Mittal, R.L.:(Turkey.) In: Mittal, R.L.: Public library law: an international survey. New Delhi 1971, k.S.
(Kurzer Abriß der Bibliotheks-Gesetzgebung.)

7.10. Presse-, Rundfunk-, Film- und Fernsehrecht / Press - Broadcasting - Film - Television / Press - Radio - Cinéma - Télévision

1291 (Turque, République): Loi sur la presse. Loi no.1881 du 30 juillet 1931. Istanbul 1931, k.S.
(La législation turque)

1292 (Turkish Republic): Radio law in Turkey. In: U.S. Bureau of Foreign and Domestic Commerce. Comparative Law Series (Washington D.C.) N.S. 1.1938, S.174 - 181

1293 Dönmezer, Sulhi: La nouvelle loi sur la presse. In: Annales de la Faculté de Droit d'Istanbul (Istanbul) 1.1952, S.317 - 332

1294 Erman, Sahir: La responsabilita penale per i reati di stampa secondo la nuova legge turca sulla stampa. In: Annales de la Faculté de Droit d'Istanbul (Istanbul) 2.1953, S.193 - 202

1295 Dönmezer, Sulhi: Le droit de réponse d'après la loi turque sur la presse et les principes du droit comparé. In: Annales de la Faculté de Droit d'Istanbul (Istanbul) 3.1954, S.329 - 348

1296 Topuz, Hıfzı: L'information internationale dans la presse turque. (Thèse) Strasbourg 1959, 238 S.

1297 Dönmezer, Sulhi: Evaluation of legislation regulating and limiting the freedom of press. In: Annales de la Faculté de Droit d'Istanbul (Istanbul) 16.1966.23/25, S.151 - 177

1298 Arat, Ali Alpaslan: Histoire de la liberté de la presse en Turquie. (Thèse) Neuchâtel 1969, IV, II, 167 S.

1299 Emery, W.B.:(Turkey.)In: National and international systems of broadcasting. Their history, operation and control. East Lensing 1969, k.S.
(Diskutiert und vergleicht die Systeme zahlreicher Länder, u.a. der Türkei.)

1300 Dönmezer, Sulhi: L'auto contrôle de la presse. Resumé des documents et des débats du séminaire organisé par le Bureau de la Conférence des études économiques et sociales de Turquie, avec le concours de l'Association des journalistes turcs et de l'Institut de presse de Turquie (Istanbul, 21 - 24 Mai 1968). In: Annales de la Faculté de Droit d'Istanbul (Istanbul) 18(=19).1969.33/35, S.237 - 250

1301 (Turque, République): Code de la presse. Loi no.5680 du 15 juillet 1950 (J.Off.no.7504 du ... juillet 1950), complétée ou modifiée par les lois no.6026 du 25 janvier 1953, no. 6051 du 23 février 1953 et no.1733 du 17 mars 1954.(Trad. par D.Yarsuvat et K.Bayraktar.) In: Annales de la Faculté de Droit d'Istanbul (Istanbul) 18(=19).1969.33/35, S.157 - 170

1302 Elbir, Halid Kemal: Le "Düzeltme ve cevap hakkı" en Turquie. In: Das Gegendarstellungsrecht in Europa. München 1974, S.99 - 102
(Zum Gegendarstellungsrecht in der Türkei.)

7.11. Raumordnung - Städteplanung / Regional planning - Town planning / Aménagement du territoire - Aménagement urbain

1303 Scholz, H.: Die Ortsplanung in der Türkei. In: Plan (Solothurn) 14.1955, S.80 - 83

1304 Organization for Economic Co-operation and Development: Regional planning in Turkey: the Marmara pilot project. Paris 1962, k.S. (restricted) (mimeo)

1305 Scholz, H.: Gemeinde- und Regionalplanung in der Türkei. In: Berichte zur Landesforschung und Landesplanung (Wien) 6.1962, S.379 - 386

1306 Askwith, Thomas: Evaluation of community development in Turkey. Ankara 1964, k.S. (mimeo)
(Published by the Ministry of Village Affairs)

1307 Devlet Planlama Teşkilatı - State Planning Organization: Turkish experience in regional planning. Ankara 1964, 63 S. (Devlet Planlama Teşkilatı Yayın no.209)

1308 Hussain, Abid: The community development programme in Turkey: its evolution and strategy of operation. Ankara 1964, 105 S. (Published by the State Planning Organization)

1309 Yavuz, Fehmi: Planning the development of villages and cities. Paper presented at 2 - 15 August, 1964 conference on 'Agricultural aspects of economic development'. Istanbul 1964, k.S.

1310 Kahane, A.: Raumplanung in der Türkei. In: Raumforschung und Raumordnung (Köln) 23.1965, S.73 - 82

1311 Lamers, E.A.A.M.: Regionale planning in Turkije. In: Economisch-statistische Berichten (Rotterdam) 50.1965, S.760 - 763

1312 Askwith, Thomas: Community development in Turkey. In: Community Developmnet Journal (Washington D.C.) 1.1966.1, S.6.- 11

1313 Dincer, Nabi: Research in community development. In: Regional Planning, Local Government and Community Development in Turkey. Ankara 1966, S.158 - 165

1314 Tekeli, İ.: Regional planning in Turkey and regional policy in

the first Five Years Development Plan. In: İlkin, S.; İnanç, E.(Hrsg.): Planning in Turkey: selected papers. Ankara 1967 S.254 - 278
(Middle Eastern Technical University, Faculty of Administrative Sciences, Publications: 9)

7.12. Öffentliches Grundstücks-, Bau- und Wohnungsrecht / Zoning, building and housing regulations / Droit foncier public - Construction immobilière - Lotissements

1315 (Ottoman Empire): The ottoman land code. (Trad. by F.Ongley.) London 1892, 396 S.

1316 Mülinen, E.v.: Beiträge zur Kenntnis des türkischen Grundbuchwesens. In: Jahrbuch der Inetrnationalen Vereinigung für vergleichende Rechtswissenschaft und Volkswirtschaftslehre zu Berlin, Band V, 2.Abt. Berlin 1902, S.1135 - 1161

1317 Padel, W.; Steele, L.: La législation foncière ottomane. Paris 1904, 350 S.

1318 Haycraft, T.W.: Ottoman land law in Cyprus. In: Law Quarterly Review (?) 24.1908, S.279 - 289

1319 Levinthal, L.E.: Land laws in Turkey. In: American Bar Association Journal (Chicago) 2.1916, S.182 - 189

1320 Fisher, Stanley: Ottoman land laws, containing the ottoman land code and later legislation affecting land. (With notes and an appendix of Cyprus law and rules relating to land.) London 1919, 150 S.

1321 (Ottoman Empire): The ottoman land laws, with a commentary on the ottoman land code (by R.C. Tute). Jerusalem 1927, 207 S.

1322 Ömer, Suad: Beiträge zur Geschichte des alten türkischen Grundstücksrechts. (Diss.) Fribourg 1935, VIII, 90 S. (Diss.Helv. 1935 - 364)

1323 Gorali, A.: Law of landlord and tenant in Palestine.Collection of ottoman laws, ordinances and rules, and digest of cases decided by the Supreme Court and District Courts. Jerusalem 1947, 636 S.

1324 Velideoğlu, H.V.: Le problème de l'acquisition et de l'enregistrement des fonds de terres non inscrits au registre foncier. In: Annales de la Faculté de Droit d'Istanbul (Istanbul) 3.1954.4, S.234 - 264

1325 Velideoğlu, H.V.: Überblick der Kodifikationsbewegung in der Türkei im 19.Jahrhundert unter besonderer Berücksichtigung des Bodengesetzes vom Jahre 1858. In: L'Europa e il Diritto Romano. Studii in memoria di Paolo Koschaker. Milano 1954, Bd.2, S.213 - 227

1326 Velideoğlu, H.V.: Un aperçu sur le régime des terres en Turquie et l'enregistrement des terres non inscrits au registre foncier. In: Atti del Primo Convegno internazionale di diritto agrario. Milano 1955, Bd.2, S.496 - 537

1327 Aybay, A.: A survey of the 'Gecekondu'-Act (1966) from the standpoint of effective land use. In: Annales de la Faculté de Droit d'Istanbul (Istanbul) 22(=23).1975.39, S.203 - 207

1328 Doğanay, Ü.: Categories of land and main principles governing them from the point of view of ownership. In: Annales de la Faculté de Droit d'Istanbul (Istanbul) 22(=23).1975.39, S.85 - 91

7.13. Straßen- und Wegerecht / Highways and roads / Voies publiques

----

7.14. Umwelt-, Natur- und Landschaftsschutz / Environmental protection - Nature protection - Preservation of landscape / Protection de l'environnement - Protection de la nature et du paysage

1329 Bayer, Zekâi M.: Die Bemühungen um den Naturschutz in der Türkei. In: Mitteilungen der Deutsch-Türkischen Gesellschaft (Bonn) 1965.60, S.9 - 11

1330 Hus, Savni: Naturschutz, Wildschutz und Jagdwesen in der Türkei. In: Bonner zoologische Beiträge (Bonn) 24.1973.3, S.227 - 232

1331 Malinvaud, Ph.; Dalligny, S.: Journées françaises de l'Association Henri Capitant (Paris - Bordeaux 28 mai - 2 juin 1976) (La protection du voisinage et de l'environnement). In: Revue internationale de droit comparé (Paris) 28.1976.3, S.591 - 595 (U.a. zum Umweltschutz in der Türkei.)

1332 Velden, J.V.A van der: Journées (françaises de) l'Association Henri Capitant. In: Nederlands juristenblad (Zwolle) 51.1976. 40, S.1389 - 1390
(U.a. zum Umweltschutz in der Türkei.)

1333 Bayraktar, Köksal: La contribution de la protection pénale à l'environnement. In: Annales de la Faculté de Droit d'Istanbul (Istanbul) 24(=25).1978.41, S.177 - 182

8. WIRTSCHAFTSRECHT / ECONOMIC LEGISLATION / DROIT ECONOMIQUE

8.1. Allgemeines / In general / En général

1334 Agency for International Development: Report of the recommandations for the improvement in the operations of the investment fund of the Turkish Republic. o.O. o.J., 101 S.

1335 United Nations: Restrictive business practices. Annex C. Texts of national legislation and other governmental measures relating to restrictive business practice. New York 1953, 234 S. (Enthält u.a. die Gesetzgebung der Türkei.)

1336 Kinagün, A.: Ouvertures de succurales et d'agences en Turquie par les sociétés étrangères et leurs modes d'exploitation. In: International Bar Association, Conference Report 8.July 1960. o.O. 1960, S.428 ff.

1337 Devlet Planlama Teşkilatı - State Planning Organization: Turkish planning experience: a summary. Ankara 1966, 50 S. (Devlet Planlama Teşkilatı Yayın: 50)

1338 İlkin, Selim; İnanç, E.(Hrsg.): Planning in Turkey (selected papers). Ankara 1967, X, 2, 332 S.
(Orta Doğu Teknik Üniversitesi, İdari Bilimler Fakültesi Yayın: 9)

1339 Yalçıntaş, Nevzad: Planned development in Turkey. Ankara 1968, 18 S.

1340 Armağan, İbrahim: Essai sur l'integration économique regionale entre les pays en voi de developpement. Le cas de la C.R.D. (Iran, Pakistan, Turquie). (Thèse) Université de Bordeaux 1971, 434 S.

1341 Sunar, İlkay: State and society in the politics of Turkey's development. Ankara 1974, 196 S.

1342 Berberoğlu, Berch: The role of the state in the post-independence economic development in Turkey, 1923 - 1960. (Ph.D.thesis) University of Oregon 1977, 291 S. (DDK 78-02505)(DAI 38/10A,p.6326)

1343 Akgüner, Tayfun: Freedom of private enterprise and investment incentives in Turkey. In: Annales de la Faculté de Droit d'Istanbul (Istanbul) 25(=26).1979.42, S.567 - 576

1344 Berkin, Necmeddin: Aufklärungen über die Grundbegriffe der Wirtschaftswissenschaft zum Ziele einer erwünschten Regelung des Wirtschaftsrechtes in der Türkei. In: Annales de la Faculté de Droit d'Istanbul (Istanbul) 25(=26).1979.42, S.501 - 521

8.2. Wirtschaftsverfassung / Legal framework of economic system / Structure économique

1345 Turhan, Mehmet Nevres: L'intervention indirecte de l'Etat dans le commerce en Turquie. (Thèse) Paris 1962, 285 S.

8.3. Wirtschaftsverwaltung und -organisation / Public organization of economy / Administration et organisation économique

1346 Berker, Erol: Turkish chambers of commerce. In: Arbitration Journal (New York) N.S. 2.1947, S.44 - 47

1347 Torun, O.N.: The establishment and structure of the State Planning Organization. In: İlkin, S.; İnanç, E.(Hrsg.): Planning in Turkey. Ankara 1967, S.44 - 70

1348 (Turkish Republic): Law concerning the enforcement and preservation of the integrity of the Long-Term-Plan. Law no.77. Date of enactment: October 16, 1962. In: İlkin, S.; İnanç, E. (Hrsg.): Planning in Turkey. Ankara 1967, S.317 - 321

1349 (Turkish Republic): Law concerning the establishment of the State Planning Organization. Law no.91. Date of Issuance: September 30, 1960. In: İlkin, S.; İnanç, E.(Hrsg.): Planning in Turkey. Ankara 1967, S.311 - 315

1350 (Turkey): Three years of planned development in Turkey: in brief. In: Monthly trade journal of the British Chamber of Commerce of Turkey (Istanbul) 1966.1/2, S.17 - 19

8.4. Außenwirtschaftsrecht / Foreign trade regulations / Commerce international - Economie extérieur

1351 Haller,K.: Störungen im liberalisierten Waren- und Dienstleistungsverkehr mit der Türkei. Schwierigkeiten im Türkeigeschäft als Ausgangspunkt allgemeiner Erwägungen über die Rechtsfolgen solcher Störungen für private Außenhandelspartner. In: Recht der Internationalen Wirtschaft - Außenwirtschaftsdienst des Betriebsberaters (Heidelberg) 1.1954/1955, S.8 - 11

1352 Özkök, Saim: Die besonderen Rechtsprobleme und Rechtsformen in türkischen Handelsverträgen mit dem Ausland. (Diss.) Göttingen) 1958, XII, 213 S.
(U.58.2691)

1353 Uçar, Mahmut: Die türkischen Seehäfen und die türkische Seeschiffahrt als Faktoren der türkischen Außenwirtschaft. (Diss.) Köln 1960, 191 S.
(U.61.5727)

1354 Schütze, O.: Die Rechtslage für die deutschen Türkeiexporteure. In: Recht der Internationalen Wirtschaft - Außenwirtschaftsdienst des Betriebsberaters (Heidelberg) 7.1961, S.302 - 304

1355 Semercioğlu, İbrahim: Reflect1ons on the promotion of Turkey's exports. (Türkiye ihracatının ilerlemesi üzerine düşünceler.) Ankara 1963, 26 S.

1356 (Anonym): Türkei: Problem der Exportförderung. In: Übersee-Rundschau, Latein-Amerika, Afrika, Asien, Australien (Hamburg) 17.1965.6, S.15 - 17

1357 Agency for International Development: The turkish import regime. Ankara 1968, 118 S.

1358 Maschaikhi, Mostafa: Wirtschaftliche Zusammenarbeit zwischen Iran, Türkei und Pakistan.(Diss.) Graz 1968, 99 S.
(Ö 1969 - 94)

1359 (Anonym): Encouragement and development of exportation. In: Foreign Tax Law - Weekly Bulletin (?) 20.1969.25/26, S.27 - 33

1360 Loustounau, Cherie: Foreign trade regulations in Turkey. Washington D.C. 1971, 7 S.
(Overseas Business Reports 71-053)

1361 Behrade, Ali: La coopération régionale pour le développement (C.R.D.), pôle d'attraction des investissements étrangers en Iran, Pakistan, Turquie. (Thèse) Nice 1973, XIV, 288 S.
(F 1973 - 504)

1362 Cayiroğlu, Ahmet Feridun: Die Exportförderungsmaßnahmen in der Türkei. (Dipl.Arb.) (Wirtschaftsuniversität) Wien 1977, V, 66 S.

1363 Selman, Deniz: Möglichkeiten der Ausfuhrpolitik österreichischer Unternehmungen nach der Türkei unter besonderer Berücksichtigung des restriktiven türkischen Importregimes. (Dipl.Arb.) (Univ.) Linz 1978, IV, 116, III S., Tab.

1364 Akalın, Önol: Functions of export promotion activities, organizational problems and the turkish experience. In: Seminar on the Development of Exports of Industrial Products (December 4-8, 1978, Ankara), organized jointly by the Ministry of Commerce of the Republic of Turkey and UNIDO. (Ankara 1979), S.196 - 212

1365 Alpar, Cem: Foreign trade politics of the multinational companies in Turkey. In: Seminar on the Development of Exports of Industrial Products (December 4-8, 1978, Ankara), organized jointly by the Ministry of Commerce of the Republic of Turkey and UNIDI. (Ankara 1979), S.93 - 108

1366 Sesyılmaz, Tarık: Credit facilities, conditions and utilization, guaranteering and insurance of export credits for the export, promotion of manufactured goods and the present situation in Turkey. In: Seminar on the Development of Exports of Industrial Products (December 4-8, 1978, Ankara), organized jointly by the Ministry of Commerce of the Republic of Turkey and UNIDO. (Ankara 1979), S.132 - 147

1367 Tezel, Yahya: Impressions on the inetraffects of industrialization and foreign trade policies during the period 1929 - 1978 in Turkey. In: Seminar on the Development of Exports of Industrial Products (December 4-8, 1978, Ankara), organized jointly by the Ministry of Commerce of the Republic of Turkey and UNIDO. (Ankara 1979), S.16 - 27

1368 (Anonym): Türkiye İhracat Rehberi. Turkish export directory. Türkischer Exportführer. Ankara 1979, IX, 316, 1 S.

8.5. Verbraucherschutz / Consumer protection / Protection du consommateur

1369 Akyol, Şener: Rapport sur la protection du consommateur et la formation et l'éxécution des contrats civils et commerciaux en droit turc. In: Travaux de l'Association Henri Capitant des amis de la culture juridique française (Paris) 24.1973 (1975), S.253 - 268

1370 Guy, Marcel: Rapport sur la protection du consommateur dans l'éxécution des contrats civils et commerciaux. In: Travaux de l'Association Henri Capitant des amis de la culture juridique française (Paris) 24.1973 (1975), S.17 - 31 (Verbraucherschutz beim Mobiliarkauf, Abzahlungskauf, Vorbehaltskauf und Kauf auf Kredit: u.a. Türkei.)

8.6. Geld - Kredit - Währung - Banken - Börsen / Money - Credit - Currency - Banking - Stock exchanges / Argent - Crédit - Système monétaire - Banques - Bourses

1371 (Turque, République): Loi sur les bourses des valeurs mobilières et du change. Loi du 27 mai 1929. - Règlement sur les bourses des valeurs mobilières et du change. Décret du 19 juin 1929. Istanbul 1929, k.S.
(La législation turque. Supplément)

1372 (Anonym): Sauvegarde de la valeur de la monnaie turque. (Stamboul) 1930, k.S.
(La législation turque. Supplément)

1373 Şükrü, Refii: La Banque Centrale de la République de Turquie. (Thèse) (Istanboul) 1933 ?, k.S.

1374 Demirel, E.: La Banque Agrcole de Turquie et la nécessité de sa réorganisation. (Thèse) o.O. 1936, k.S.

1375 İlteber, Ahmed Halid: Studie zum Bankwesen in der Türkei. (Diss.) Berlin (Jena) 1937, VI, 188 S., Tab.

1376 (Türkische Republik): Bankgesetz vom 1./9.Juni 1936. In: Zahn, Johannes C.D.(Hrsg.): Die Bankaufsichtsgesetze der Welt. Berlin, Leipzig 1937, k.S.

1377 Bayar, T.: La Türkiye İş Bankası = La Banque d'affaires de Turquie S.A. (Thèse) o.O.1939, k.S.

1378 Camcıoğlu, Mehmet Ali: Le contrôle des banques et le système bancaire en Turquie. Etude comparée. (Thèse) Paris 1939, k.S.

1379 Dümer, Tarık T.: Türkiye İş Bankası A.Ş. La Banque d'affaires de Turquie S.A. Lausanne 1939 (1938 ?) IV, 208 S.

1380 Kitapcı, Tahsin: L'histoire monétaire de la Turquie. (Thèse) Dijon 1939, 109 S.

1381 Heper, Niyazi: Die neuere Entwicklung des türkischen Bankwesens und die wichtigsten Banken der Türkei. (Diss.) Nürnberg 1955, V, 79 S.
(U.55.7946)

1382 Akın, Mehmet Zeki: La nationalisation des établissements bancaires en Turquie (comparison avec la France). (Thèse) Bordeaux 1956, 302 S.

1383 Ayarcı, Namik K.: Die Entwicklung des türkischen Geld- und Bankwesens seit dem Ende des Zweiten Weltkrieges. (Diss.) Tübingen 1956, 156 S.
(U.56.7875)

1384 Pekin, Tevfik: Organisation und Struktur des türkischen Bankwesens. (Diss.) München 1960, V, 167 S.
(U.61.7098)

1385 Dillik, Saik: Die Geldverfassung und die Währungspolitik der Türkei. (Diss.) Freiburg i.Br. 1961, III, 252 S.
(U.61.2971)

1386 Evin, Vefik: Das Problem der Liquidität unter besonderer Berücksichtigung des türkischen und deutschen Bankwesens.(Diss.) Tübingen 1961, 102 S.
(U.61.8626)

1387 Paklar, Selâhattin: Die Sümerbank und ihr Einfluß auf die Entwicklung der türkischen Industrie. (Diss.) Tübingen (Stuttgart) 1961, XIII, 148 S.
(U.61.8647)

1388 İnan, Reşat: Die Zentralbank der Türkischen Republik und ihre Rolle bei der wirtschaftlichen Entwicklung der Türkei. (Diss.) Tübingen 1962, X, 127 S.
(U.62.9068)

1389 Akpınar, Turgut: Die Bankenaufsicht in der Bundesrepublik Deutschland und in der Türkei. Eine rechtsvergleichende Betrachtung. (Diss.) München 1963, X, 153 S.
(U.63.7758)

1390 Sönmez (Navuk), Nezihe: Le système bancaire en Turquie. (Thèse) Caen 1963, V, 209 S., Tab.

1391 The Banks Association of Turkey: The law of banks with the statute of the Banks Association of Turkey. Ankara 1965, 63 S.

1392 Franck, P.G.: The growth of money stock and liquid assets in Iran, Pakistan and Turkey. In: Symposium on the development of capital markets - Teheran 1965. Reports and papers. Ankara 1965, S.97 - 114

1393 Sayman, Yücel: Observations sur l'arrêt du 19 mars 1965 de la Cour d'appel de Paris.(Banque Ottomane). In: Annales de la Faculté de Droit d'Istanbul (Istanbul) 18(=19).1969.33/35, S.261 - 266

1394 (Turkish Republic): The new Central Bank law, law 1211, 14 January 1970. In: Fry, Maxwell J.: Finance and development planning in Turkey. Leiden 1972, S.73 - 75

1395 (Anonym): Les effets de la dépréciation monétaire sur les rapports juridiques contractuels. (Journées d'Istanbul). In: Travaux de l'Association Henri Capitant des amis de la culture juridique française (Paris) 23.1971(1973), S.1 - 818 (Rapports mehrerer Verfasser. U.a. Türkei.)

1396 Bayraktar, Köksal: La dépréciation monétaire et les rapports contractuels en droit pénal turc. In: Travaux de l'Association Henri Capitant des amis de la culture juridique française (Paris) 23.1971(1973), S.29 - 334

1397 Erem, Faruk: Responsabilité pénale du banquier. In: Banka ve Ticaret Hukuku Dergisi (Ankara) 7.1973, S.259 - 267

1398 Tandoğan, Haluk: La responsabilité civile du banquier en droit turc. In: Banka ve Ticaret Hukuku Dergisi (Ankara) 7.1973, S.235 - 257

1399 Elbir, Halid Kemal: Le crédit foncier et hypothécaire dans le droit bancaire turc. In: Annales de la Faculté de Droit d'Istanbul (Istanbul) 24.1976/1977.40, S.85 - 110

8.7. Gewerbe - Handwerk - Industrie / Trades - Crafts - Industries / Commerce - Corps de métier - Industrie

1400 Behlil, Fehmi: Die moderne Industrieplanung in der Türkei. (Diss.) Berlin 1943, 117 S.
(U.43.69)

1401 Çakır, Necati: Grundlagen und Probleme der staatlichen Industrealisierung der Türkei. (Diss.) Berlin 1944, 230, IV S.

1402 Hanson, A.H.: Public enterprise and economic development. London 1959, 485 S.
(The work examines the important role of public enterprise in development programmes and discusses structure, organization and control of public enterprises in various countries e.g. in Turkey.)

1403 Atalay, M.Emin: Entwicklung und Organisation öffentlicher und genossenschaftlicher Förderungseinrichtungen des Handwerks und des Kleinhandels in der Türkei. (Diss.) Marburg/Lahn 1960, 124 S.
(U.65.9372)
Im Handel: Veröffentlichungen des Instituts für Genossenschaftswesen an der Philipps-Universität Marburg/Lahn, Nr.27

1404 Akman, Ahmet Naim: Die Entwicklung der türkischen Industrie unter Berücksichtigung der Kapitalbeschaffung. (Diss.) Kiel 1967, 119 S.
(U.70.11477)

1405 Utkan, Hasim Ahmet: Protection et développement industriel, le cas de la Turquie. (Thèse) Paris (I) 1973, 2 Bde., 463; III, 479 S.
(F 1973 - 867)

8.8. Bergrecht - Energierecht / Mining - Energy / Droit minier - Energie

1406 Frey, J.W.: Mining law of Turkey (a digest). Washington D.C. 1929, 2 S.
(U.S. Bureau of Mines, Information Circular no.6188)

1407 (Turkish Republic): The Mining Law of Turkey. Law no.6309 dated March 3, 1954. (Compiled by K.Redden and J.Huston). Ankara 1956, 227 S.
(University of Ankara, School of Law, Legal Research Institute and N.Y. University Grad. School of Publ. Adm. and Social Service, Joint publ.series no.1)

1408 (Turkish Republic): The Petroleum Law of Turkey. (Compiled by K.Redden and J.Huston). Istanbul 1956, XX, 322 S.
(University of Ankara, School of Law, Legal Research Institute and N.Y. University Grad. School of Publ. Adm. and Social Service, Joint publ. series no.4)

1409 Ely, Northcutt (Northcutt, Ely ??): Summary of mining and petroleum laws of the world. Bd.3 (Near East and South Asia), Washington D.C. 1972, 82 S.
(U.S. Bureau of Mines, Information Collection Circular no. 8544)

8.9. Wasserrecht / Public waters / Droit d'eaux

1410 Akalın, Hasan Tahsin: Probleme der Neuordnung des Boden-, Wasser- und Forstrechts in der Türkischen Republik. Unter besonderer Berücksichtigung der landwirtschaftlichen Entwicklung. (Diss.) Freiburg i.Br. 1966, 211 S.
(U.66.5001)

8.10. Landwirtschaft - Forst- und Jagdrecht / Agriculture - Forest and game laws / Droit agraire - Droit forestier - Droit de chasse

1411 Gurland, Aron: Grundzüge der muhammedanischen Agrarverfassung mit besonderer Berücksichtigung der türkischen Verhältnisse. (Diss.) Bern (Dorpat) 1907, k.S.

1412 Türkkan, Halit Ziya: Les travaux d'enregistrement et de cadastration en Turquie et leur importance au point de vue d'une réforme agraire. In: İktisat Fakültesi Mecmuası (Istanbul) 4.1943.4, S.299 - 300

1413 Barkan, Ömer Lütfi: La loi sur la distribution des terres aux agriculteurs et les problèmes essentiels d'une réforme agraire en Turquie. In: İktisat Fakültesi Mecmuası (Istanbul) 6.1944/1945.1/2, S.44 - 132

1414 Oğuz, Orhan: Les réformes agraires en Turquie. (Thèse) Paris 1950, 166 S.

1415 Robinson, Richard D.: Land reform in Turkey. New York (15 February) 1952, 9 S.
(I.C.W.A. ? Letter RDR-72)

1416 Aktan, Reşat: Technological progress in agriculture and land reform. In: Ankara Üniversitesi Yıllığı - Yearbook of the University of Ankara (Ankara) 1955/1958, k.S.

1417 Aktan, Reşat: Mechanization of agriculture in Turkey. In: Land Economics (Madison) 33.1957, S.273 - 286

1418 Meyer, A.J.: Turkish land reform. An experiment in modernization. In: Meyer, A.J.: Middle Eastern Capitalism. Nine Essays. Cambridge (Mass.) 1959, S.65 - 79

1419 Köprülü, B.: Exploitation agricole d'après les dispositions de la loi sur la distribution des terres aux agriculteurs. In: Annales de la Faculté de Droit d'Istanbul (Istanbul) 10.1960.15, S.170 - 179

1420 Erkul, İhsan: Der Schutz der Bauern und Landarbeiter in der Türkei insbesondere durch die Arbeit des Amtes für landwirtschaftliche Erzeugnisse. (Diss.) Köln 1961, VIII, 162 S. (U.61.5686)

1421 Kienitz, F.K.: Die Landwirtschaftsbank der Türkei und das türkische ländliche Genossenschaftswesen. In: Mitteilungen der Deutsch-Türkischen Gesellschaft (Bonn) 1961.38, S.11 - 13

1422 Canko, Kamuran: Die Agrarverfassung und die Bodenreform der Türkischen Republik. (Diss.) Freiburg i.Br. 1962, 116 S. (U.62.3171)

1423 Devlet Planlama Teşkilatı - State Planning Organization: Report on land reform in Turkey. Ankara 1962, 21 S.

1424 Jacoby, Erich H.: Report on land reform in Turkey. Rome 1962, k.S. (mimeo)(confidential)
(Published by F.A.O.)

1425 Bodmer, A.: Dorfsanierung und Agrarreform in der Türkei. In: Plan - Schweizerische Zeitschrift für Landes-, Regional- und Ortsplanung (Solothurn) 19.1962, S.53 - 56

1426 Bülbül, M.: Staatliche Förderung der Landwirtschaft in der Türkei. (Diss.) Kiel 1963, V, 118, V S.
(U.63.5940)

1427 Köprülü, Bülent: La réforme agraire et foncière dans le plan de relèvement quinquennal turc. In: Annales de la Faculté de Droit d'Istanbul (Istanbul) 14.1964.20, S.27 - 38

1428 Aral, Namik Zeki: Agricultural cooperatives in Turkey. In: Section 2 of Seminar Report on Economic Development and Cooperatives (Mediterranean Social Sciences Research Council and Institute of Economics and Sociology) - Istanbul, 8 - 14 February, 1965. Istanbul 1965, k.S.

1429 International Labour Organization: Report to the government of Turkey on the legislation of work in agriculture. Geneva 1965, 27 S.

1430 Menon, M.S.: Report on agricultural and industrial cooperatives in Turkey. Ankara 1965, 29 S.

1431 Aktan, Reşat: Problems of land reform in Turkey. In: Middle East Journal (Washington D.C.) 20.1966.3, S.317 - 334

1432 T.C. Ziraat Bankası -(Turkish Republic, Agricultural Bank): Agricultural credit and sales cooperatives in 1966. Ankara 1967, 60 S.
(Agricultural Bank, Dept. of co-operatives, Publ.no.36)

1433 Aksoy, Suat: Rechtliche Fragen der Agrarreform in der Türkei auf der Grundlage des türkischen Gesetzes über die Bodenreform. In: Berichte über Landwirtschaft (?) 1968.4, S.792 - 808

1434 Aktan, Reşat: Analysis and evaluation of land reform activities in Turkey. In: Siyasal Bilgiler Fakültesi Dergisi (Ankara) 26.1971.3, S.85 - 136

1435 Sağlam, Mehmed: Political and administrative problems of landreform in Turkey. (Ph.D.thesis) New York University 1972, 210 S.
(.. 73 - 11763)(DAI 34/03 - A,p.1347)

1436 Kirbas, Sadik: Le problème de la réforme agraire en Turquie. (Thèse) Montpellier (I) 1973, 7, 339 S.
(F 1973 - 702)

1437 Quataert, Donald: Ottoman reform and agriculture in Anatolia, 1876 - 1908. (Ph.D.thesis) University of California, Los Angeles 1973, k.S.

1438 Aksoy, Suat: Die Flurbereinigung in der Türkei. Saarbrücken 1976, 45 S.

1439 Yıldız, N.: Überblick über die türkische Flurbereinigungsgesetzgebung und deren Anwendung. In: Annales de la Faculté de Droit d'Istanbul (Istanbul) 22(=23).1975/1976.39, S.209 - 234

1440 Dürkop, Colin: Agrarkredit und ländliches Genossenschaftswesen in der Türkei. (Diss.) (Wirtschaftsuniversität) Wien 1977, 245 S., Diagr., Tab.

8.11. Investitionsförderung / Investment encouragement / Encouragement de l'investissement

1441 (Anonym): (Deutsches Vermögen in der Türkei). In: Nachrichten der Studiengesellschaft für privatrechtliche Auslandsinteressen (Bremen) 1950.4, k.S.

1442 (Anonym): (Deutsches Vermögen in der Türkei). In: Nachrichten der Studiengesellschaft für privatrechtliche Auslandsinteressen (Bremen) 1951.9, k.S.

1443 Minkari, Rasih; Özgürel, Ragib Rifki(Hrsg.): (Foreign investment) The turkish foreign trade regime of import and export articles. Decrees, regulations and the Law for the promotion of foreign capital investments. Ankara 1952, 296 S. (Text in Turkish, English and French.)

1444 Alter, G.M.: Development loans to private enterprises in underdeveloped countries. Ethiopia, Turkey, Mexico. In: Civilisations (Bruxelles) 2.1952.4, S.505 - 520

1445 Böhmer, ?: Niederlassungsrecht und Kapitalinvestitionen in der Türkei. In: Nachrichten der Studiengesellschaft für privatrechtliche Auslandsinteressen (Bremen) 1952.12/13, S.44

1446 Cenani, Rasim: Foreign capital investment in Turkey. Istanbul 1954, 122 S.

1447 (Turkish Republic): Foreign investment encouragement law. Law no.6224 of January 18, 1954. Washington D.C. 1954, 5 S. (Business Information Series, World Trade Series no.563)

1448 (Turkish Republic): Foreign investment encouragement law. (Text in Turkish, English, French and German.) o.O. 1954, 40 S.

1449 United States Department of Commerce: Investment in Turkey. Washington D.C. 1956, 186 S.

1450 Cenani, Rasim: Foreign capital investment in Turkey. 2.Aufl. Istanbul 1958, 87 S.

1451 Ansay, Tuğrul: Legal aspects of foreign investment (Turkey). In: Friedman, W.; Pugh, ?(Hrsg.): Legal aspects of foreign investment. Boston 1959, S.543 - 561

1452 (Anonym): Establishing a business in Turkey. Washington D.C. 1959, 15 S.
(World trade information service, pt.1. No.59-18)

1453 Türkiye Ticaret Odaları, Sanayi Odaları ve Ticaret Borsaları Birliği: Foreign investment encouragement law (with general and supplementary questionnaires). Ankara 1964, 26 S.

1454 Türkiye Ticaret Odaları, Sanayi Odaları ve Ticaret Borsaları Birliği: Investment guide to Turkey. Istanbul 1964, 186 S.

1455 Aktan, Reşat: Analysis and assesment of the economic effects of public law 480, title I, program. Ankara 1965, k.S.

1456 (Turque, République): La loi pour l'encouragement du capital étranger. Ankara 1965, 27 S.

1457 Starke, J.G.(Hrsg.): The protection and encouragement of private foreign investment. Sidney, Melbourne 1966, 199 S.
(Part I is an analysis of foreign investment laws. Part II a country by country summary of ... laws.)
(U.a. Türkei.)

1458 Golbert, Albert S.: Legal incentives and realties of private foreign investment in Turkey. In: American Journal of Comparative law (Baltimore) 15.1966/1967.1/2, S.351 - 360

1459 Poroy, Reha: Les aspects juridiques des travaux entrepris en vue de la réglementation et de l'encouragement du marché des capitaux en Turquie. In: Recueil des travaux de la 3ème semaine juridique turco-suisse. Ankara 1966, S.353 - 394

1460 Oksay, Kâzim: Guide to foreign capital investment in Turkey. Ankara 1967, 169 S.

1461 Altuğ, Yılmaz: Turkish legal system of foreign investments. In: Annales de la Faculté de Droit d'Istanbul (Istanbul) 16.1967.26/28, S.68 - 88

1462 (Anonym): Requirements for a foreign firm to operate in Turkey. In: Foreign Tax Law - Weekly Bulletin (?) 19.1969.9, S.1 - 10

1463 Hale, P.B.: Establishing a business in Turkey. Washington D.C. 1970, 18 S.
(Overseas Business Reports 70-62)

1464 Göymen, Korel; Tüzün, Gürel: Foreign private capital in Turkey. An analysis of capital imported under the Encouragement Law,6224. In: Gelişme Dergisi - Studies in Development (Ankara) 11.1976, S.55 - 80

8.12. Joint Ventures / Joint ventures / Joint ventures

1465 Özgür, Feridun; Vakur, Versan; Anderson, Ervin O.: Joint international business venture in Turkey. New York 1959, 71 S.
(Columbia University Joint International Business Ventures Country Studies 8)

1466 Alam, Mahmud: Pakistan-Iran-Turkey (RCD): Collaboration in air transport. Formation of a joint international airline and its legal aspects. (LL.M.thesis) Mc Gill University 1971, k.S.

9. VERKEHRSRECHT / TRAFFIC LAWS / DROIT DE CIRCULATION

9.1. Allgemeines / In general / En général

1467 Krüger, H.: Verkehrsunfälle in der Türkei. Internationalprivat-, haftungs-, versicherungs- und verfahrensrechtliche Probleme. In: Versicherungsrecht (?) 26.1975, S.680 - 686

9.2. Straßenverkehr / Road traffic / Circulation routière

1468 Gülersoy, Çelik: Die juristische Grundlage der Straßenverkehrsordnung in der Türkei. Istanbul 1955, 28 S.

1469 Agency for International Development: Turkish traffic regulations. Ankara 1963, 24 S.

1470 Sarılar, Ülkü: Der Schutz des Unfallgeschädigten nach dem türkischen Straßenverkehrsgesetz. (Diss.) Köln 1966, XIX, 192, VI S.
(U.66.9426)

1471 Bozer, Ali: Principe de la responsabilité civile en matière d'assurance obligatoire des véhicules automoteurs en droit turc. In: Etudes offertes à Antigono Donati. Roma 1970, Bd.1, S.633 - 640

1472 Kılıç, İbrahim: Legal and economic effects of the highway transportation and traffic problems in Turkey. In: Papers - traffic accidents (?) 1978, S.77 - 84

9.3. Seerecht / Maritime law / Droit maritime

1473 (Anonym): Toll and pilotage in turkish waters. In: Mitchell's Maritime Register (?) 7.o.J., S.1133, S.1862

1474 Berkol, Faruk N.: Le statut juridique actuel des portes maritimes orientales de la Méditérrané. (Thèse) Paris 1940, k.S.

1475 Büker, Simon Badrik: Les assurances maritimes en droit turc. Etude comparée des assurances maritimes dans le droit turc et dans le droit français. (Thèse) Paris 1953, 218 S.

1476 United Nations: Laws concerning the nationality of ships. New York 1955, 203 S.
(U.a. Türkei.)

1477 Gürkan, Özhan: Der Vergleich zwischen den York-Antwerpen-Rules und den Bestimmungen des deutsch-türkischen Gesetzes. (Diss.) Hamburg 1956, 2, 201 S.
(U.57.3703)

1478 Akın, Mehmet Zeki: La condition juridique des navires dans les eaux territoriales et intérieurs d'après le droit international et le droit interne turc. (Thèse) Paris 1957, 570 S.

1479 Olçay, Bülent: Die Pflichten und Befugnisse des Kapitäns eines Kauffahrteischiffes im deutschen und türkischen Recht. (Diss.) Berlin (FU) 1957, 131 S.
(U.56.671)

1480 Çelik, Nuri: Die Schadenstragung der Reeder beim Zusammenstoß von Schiffen durch gemeinsames Verschulden der Besatzungen im deutschen und türkischen Recht historisch entwickelt. (Diss.) Frankfurt a.M. 1960, 83 S.
(U.60.2413)

1481 Tekil (Tekik ?), Fahiman: L'avarie commune en droit turc et les regles d'York et d'Anvers. (Thèse) Lausanne 1961, 291 S.
(Diss.Helv. 1961 - 582)

1482 Okay, S.: Derniers arrêts de la Cour de Cassation turque dans la domaine du droit maritime. In: Droit Maritime Français (Paris) 14.(mai) 1962, S.306 ff.

1483 Okay, Sami: Rapport sur la nature juridique de la copropriété de navire en droit turc. In: Travaux de l'Association Henri Capitant des amis de la culture juridique française (Paris) 21.1969, S.170 - 173

1484 Okay, Sami: La livraison des marchandises transportées par mer en droit turc. In: Annales de la Faculté de Droit d'Istanbul (Istanbul) 20(=21).1971.37, S.3 - 28

1485 Okay, Sami: Chronique de la jurisprudence turque. In: Droit Maritime Français (Paris) 24.1972.285, S.569 - 586

9.4. Post- und Fernmeldewesen / Post - Telegraph - Telephone / Poste - Telegraphe - Telephone

....

9.5. Eisenbahnrecht / Railway law / Droit ferroviaire

....

9.6. Luftrecht / Air law / Droit aerien

1486 Zeytinoğlu, Nasır: Etude sur le droit aérien turc. (Thèse) Lausanne 1951, 1, 281 S.
(Diss.Helv. 1951 - 583)

1487 Aytaç, Fikret: La responsabilité de l'exploitant de l'aéronef vis-à-vis des tiers à la surface en droit turc. (Thèse) Bordeaux 1953, 186 S.

1488 Budek, Mieczyslaw: Turkish commercial aviation. In: Journal of Air Law and Commerce (?) 23.1956, S.379 - 478

1489 Marsan, M.K.: The air carrier liability under turkish law. Istanbul 1965, 152 S.

10. FINANZ- UND STEUERRECHT / FINANCIAL LAWS AND TAXATION / DROIT FINANCIER ET FISCAL

10.1. Allgemeines / In general / En général

1490 Eyüp, Mehmet: La lutte contre la fraude fiscale en France et en Turquie. (Thèse) Paris 1950, 160 S.

10.2. Finanzverfassung / Financial organization / Organisation financière

1491 Mouhiddin, Tahsin: Le système fiscal de la République Turque et la réforme financière de la loi du 17 février 1925. (Thèse) Paris 1938, 227 S.

1492 Erçin, Cezmi: L'organisation financière. In: Lévy-Ullmann, H.; Mirkine Guetzévitch, B.(Hrsg.): La vie juridique des peuples: Turquie. Paris 1939, S.90 - 111

1493 Onar, Sıddık S.: L'administration et les finances. In: Lévy-Ullmann, H.; Mirkine Guetzévitch, B.(Hrsg.): La vie juridique des peuples:Turquie. Paris 1939, S.39 - 89

10.3. Finanzverwaltung / Tax administration / Administration fiscale

....

10.4. Haushaltsrecht / Budget / Budget

1494 Ekrem, Mustapha: Le contrôle de l'Execution du budget en Turquie. (Thèse) Paris 1937, k.S.

1495 Erginay, Akif: Le budget turc. Loi sur la compatibilité publique. (Thèse) Genève 1948, 204, 25 S.

1496 Zarakolu, Hüseyin Avni: Die Staatsausgaben der Türkei, 1923-1939. (Diss.) Zürich 1949, 160 S.
(Diss.Helv. 1949 - 851)

1497 Feyzioğlu, B.N.: La comparaison des organs de contrôle budgétaire en Turquie et a l'étranger. In: İktisat Fakültesi Mecmuası (Istanbul) 12.1950/1951.1/2, S.150 - 172

1498 Kurnow, Ernest: The turkish budgetary process. Ankara 1951, VI, 66 S.
(Published by Ankara University, Faculty of Political Sciences.)

1499 Martin, James M.: Some aspects of national budget administration in Turkey. In: İktisat Fakültesi Mecmuası (Istanbul) 14.1952/1953.1/4, S.59 - 68

1500 Yuluğ, Mustafa: Budget reform in developing countries with special reference to Turkey. Ankara 1970, 48 S.

1501 Coşkun, Gülay: Budget reform in the republican government of Turkey. In: International Review of Administrative Science (Brussels) 37.1971, S.330 - 336

1502 Shaw, S.J.: Ottoman expenditures and budgets in the late nineteenth and early twentieth centuries. In: International Journal of Middle East Studies (London, New York) 9.1978, S.373 - 378

10.5. Staatsschulden / Public debts / Dette publique

1503 Alphand, H.: Le partage et le règlement de la Dette Ottomane. Paris 1929, k.S.

1504 Soosa, N.M.: Historical interpretation of the origin of capitulations in the Ottoman Empire. In: Temple Law Quarterly (?) 4.1930, S.358 - 371

1505 Sıtkı, İbrahim: La réparation de la dette publique ottomane par les traités. (Thèse) Paris 1935, 234 S.

1506 Nielsen, Fred K.: American-turkish claims settlement under the agreement of Dec.24, 1923. Washington D.C. 1937, k.S.

1507 Burhan, Nuri: Le problème de l'endettement extérieur de la Turquie 1854 - 1974. (Thèse) Paris (I) 1975, III, 267 S. (F 1975 - 630)

10.6. Steuerrecht / Tax law / Droit fiscal

1508 Tschiloff, Nikola: Die Steuerverhältnisse in der Türkei. (Diss.) Erlangen 1911, 124 S.

1509 Gruny, C.B.: New turkish earnings tax law. In: Comparative Law Series (?) 6.1927.2, S.15 - 17

1510 Ersin, İclal: L'imposition des revenus professionnels en Turquie. (Thèse) Genève 1941, 224 S.

1511 Zadil, Ekrem: Die Besteuerung des Grund und Bodens in der Türkei. Eine vergleichende Untersuchung der Besteuerung des Grund und Bodens im Islam, im Osmanischen Reich und in der Türkischen Republik. (Diss.) Göttingen 1941, 97 S. (U.41.2203)

1512 Başar, Suat: L'impôt sur les produits du sol. In: İktisat Fakültesi Mecmuası (Istanbul) 7.1945/1946.1/4, S.91 - 112

1513 Dikmen, M.Orhan: l'impôt sur le chiffre d'affaires à l'importation. In: İktisat Fakültesi Mecmuası (Istanbul)9.1948.3, S.160 - 169

1514 United Nations Fiscal Commission (Hrsg.): (Republic of Turkey) Questionnaire of the tax treatment of foreign nationals, assets and transactions - reply of the government of Turkey, 5.10.1949. New York (1949), k.S.

1515 Kazgan, Haydar: L'impôt sur les bénéfices agricoles et le problème de l'objet de l'impôt. In: İktisat Fakültesi Mecmuası (Istanbul) 14.1952/1953.1/4, S.119 - 123

1516 Bursal, Nasuhi: Die Einkommenssteuerreform in der Türkei. (Diss.) Zürich (Winterthur) 1953, XIV, 216 S.

1517 Sur, F.H.: La technique de l'imposition de bénéfice industriels, commerciaux et professionnels en Turquie. (Enquête sur l'imposition des revenus.) o.O. 1954, 519 S.

1518 (Anonym): (Turkey). Taxation of individuals and corporations in Turkey. In: Foreign Tax Law Weekly Bulletin (?)5.1954.17/22, S.1 - 33
(Part I: Restriction on foreign capital and its profits; Part II: Branches of foreign companies in Turkey; Part III: How foreigners are taxed in Turkey; Part IV: Corporation tax; Part V: Summary of tax legislation.)

1519 (Anonym):(Turkey). Taxation of individuals and corporations in Turkey. In: Foreign Tax Law Weekly Bulletin (?)5.1954.23/32, S. 35 - 70
(Part VI: Fiscal (tax) procedure law and regulations.)

1520 Felix, G.: Türkisches Steuerrecht. In: Recht der internationalen Wirtschaft - Außendienst des Betriebs-Beraters (Heidelberg) 1.1954/1955, S.96

1521 Timur, Tarık: Comparaison du régime de l'impôt sur le revenu des sociétés en France et en Turquie. (Thèse) Paris 1955, 215 S.

1522 Blakey, R.G.; Blakey, G.L.: The tax system in Turkey. In: Taxes - The Tax Magazine (?) 33.1955, S.225 - 230

1523 Kayra, Cahid (Hrsg.): A guide to the turkish system of taxation. Ankara 1956, 75 S.
(Published by the Union of Chambers of Commerce, Turkey.)

1524 (Anonym): (Turkey). Taxation in Turkey. In: Foreign Tax Law Bulletin (?) 7.1957.51, S.4 - 9

1525 (Anonym): (Turkey). Taxation in Turkey. In: Foreign Tax Law Bulletin (?) 7.1957.52, S.1 - 9

1526 Omay, Turgut: L'imposition des revenus en Turquie. (Thèse) Genève 1958, 295 S.
(Diss.Helv. 1958 - 498)

1527 Turhan, Salih: Die türkische Umsatz- und Verbrauchsbesteuerung. Darstellung und Kritik. (Diss.) Köln 1964, 166 S. (U.64.7178)

1528 Yaşa, Memduh: Taxation of agricultural land and income. Paper presented at 2 - 15 August, 1964, conference on 'Agricultural aspects of economic development'. Istanbul 1964, k.S.

1529 Ervardar, Fehamettin: The taxation of foreign enterprises in Turkey. In: Bulletin of International Fiscal Documents (?) 20.1966, S.485 - 487

1530 Hirsch, Eva; Hirsch, Abraham: Tax reform and the burden of direct taxation in Turkey. In: Public Finance (?) 3.1966, S.337 - 371

1531 (Anonym): (Turkey). Survey of individual and corporate income taxation in the Republic of Turkey. In: European Taxation (?) 6.1966, S.197 - 224

1532 (Anonym): (Turkey). Taxation of foreign corporations in Turkey. In: Foreign Tax Law - Weekly Bulletin (?) 17.1966.6/7, S.1 - 32

1533 (Anonym): (Turkey). New bills and tax reforms. In: Foreign Tax Law - Weekly Bulletin (?) 17.1968.8/9, S.25 - 29

1534 (Anonym): (Turkey). Summary of tax legislation 1970 - 1971. In: Foreign Tax Law - Weekly Bulletin (?) 22.1971.25/26, S.1 - 20

1535 Muter, Naci Birol: Le système fiscal et le developpement économique de la Turquie. (Thèse) (Université de) Montpellier 1972, 249 S.

1536 Hacihasanoğlu, Bilge: Agricultural taxation in Turkey. (Ph.D.thesis) New York University 1973, 158 S. (UM 73-19924)(DAI 34.1973.3,p.984)

1537 Reichelt, Bernd: Das Steuersystem der Türkei. 1.Teil: Die Einkommenssteuer. In: Internationale Wirtschaftsbriefe (Herne) 1975.13, 5:Türkei, Gruppe 2, S.29 - 44

1538 Shaw, Stanford J.: The nineteenth century ottoman tax reforms and revenue system. In: International Journal of Middle East Studies (London, New York) 6.1975, S.421 - 459

1539 Gürsel, H.F.: Corporate taxation in Turkey. In: European taxation (?) 19.1979, S.207 - 217

10.7. Zollrecht / Customs law / Droit douanière

1540 Deutsch-Türkische Vereinigung: Türkisches Zollhandbuch. Weimar 1916, 89 S. (Flugschriften der Zentralgeschäftsstelle für deutsch-türkische Wirtschaftsfragen, Heft 2)

1541 Keichel, A.: Begründung zum Entwurf des neuen türkischen Zolltarifgesetzes. In: Archiv für Wirtschaftsforschung im Orient (Weimar) 1.1916, S.308 - 313

10.8. Internationales Steuerrecht / International taxation / Droit international fiscal

1542 Philipp, Alfred: Österreichisch-türkisches Doppelbesteuerungsabkommen. In: Oesterreichische Steuerzeitung (Wien) 27.1974.8, S.92 - 93

11. ARBEITSRECHT / LABOR LAW / DROIT DU TRAVAIL

11.1. Allgemeines / In general / En général

1543 Nedjide Hanum: Rabochee zakonadatel'stvo sovremennoi Turtsii. (La législation ouvrière de la Turquie contemporaine.) In: Nov. Vost.(?) 19.1927, S.80 - 98

1544 Nedjide Hanum: La législation ouvrière de la Turquie contemporaine. (Trad. par. Joseph Castagné.) In: Revue des Etudes Islamiques (Paris) 2.1929, S.231 - 254

1545 Weigert, ? : The new turkish Labour Code. In: International Labour Review (Geneva) 35.1937, S.753 - 774

1546 Başgil, Ali Fuat: Le travail. In: Lévy-Ullmann, H.; Mirkine Guetzévitch, B.(Hrsg.): La vie juridique des peuples: Turquie. Paris 1939, S.224 - 241

1547 Tuna, O.: Türkisches Arbeitsrecht- und Kriegsnotstandsrecht. In: İktisat Fakültesi Mecmuası (İstanbul) 1.1939/1940.3, S.249 - 254

1548 (Anonym): Regulation of labour life in Turkey. Réglementation de la vie de travail en Turquie. Ankara 1947, 24 S.

1549 Le Génissel, A.: L'ouvrier d'industrie en Turquie. (Thèse) Lyon 1947, 300 S.

1550 Le Génissel, A.: L'Ouvrier d'industrie en Turquie. In: Université de Lyon. Annales de l'Ecole française de droit de Beyrouth (?) 1947.4, S.9 - 298

1551 Talas, Cahit: La législation du travail industriel en Turquie. (Thèse) Genève 1948, 272 S.
(Diss.Helv. 1948 - 456)

1552 Taşlıyük, Ali Ulvi:La législation ouvrière turque à la lumière de la psychologie. (Thèse) Paris 1949, 124 S.

1553 (Anonym): Labour problems in Turkey. Montreal 1950, 2 S.
(International Labour Office. Studies and reports, n.s. 25)

1554 Bureau International du Travail: Les problèmes du travail en Turquie. (Rapport de la mission du B.I.T. en Turquie, mars - mai 1949). Genève 1950, VI, 321 S.

1555 International Labour Organization: Labour problems in Turkey. (Report of a mission of the ILO in Turkey, march - may 1949). Geneva 1950, VI, 321 S.

1556 Arıkan, İsmail: Le problème de bureaux de placement à l'O.P.I.T. (Organisation permanente internationale du travail) et en Turquie. (Thèse) Paris 1952, 215 S.

1557 (Turque, République): Communiqué du Ministère du Commerce sur les congés payés des ouvriers. In: Economiste d'Orient (Istanbul) 33.(15.3.1952)(=723), S.69

1558 (Turque, République): Loi portant mdifications de certains articles de la loi sur le travail. Loi no.6298 du 4/3/1954, votée le 2/3/1954. Istanbul 1954, 5 S.

1559 (Turkish Republic): Act no.6379, respecting employment at sea. Dated march 1954. In: International Labour Office, Legislative Series (London) 35.1954.(Turkey 4), S.1 - 11

1560 Giray, Adil: Contribution à l'étude des problèmes de l'ouvrier industriel en Turquie. (Thèse) Paris 1956, 222 S.

1561 Andic, F.M.: Developments of labor legislation in Turkey. In: Middle Eastern Affairs (New York) 8.1957, S.366 - 372

1562 (Anonym): Türkische Arbeitnehmer in großer Bedrängnis. In: Die Quelle (?) 1957.3, S.122

1563 (Turkish Republic): Labor law in Turkey (text). Washington 1959, 24 S.
(World trade information service, part 1, no.59-19)

1564 United States Department of Labor: Labor in Turkey. Washington D.C. 1959, k.S.
(Labor Information Series)

1565 Saymen, F.H.: Evolution et aspect actuel du droit de travail en Turquie. In: Annales de la Faculté de Droit d'Istanbul (Istanbul) 10.1960.15, S.1 ff.

1566 Saymen, F.H.: Evolution et aspect actuel du droit de travail en Turquie. In: Rivista di Diritto Internazionale e Comparato del Lavoro (Bologna) 3.1960, S.411 ff.

1567 Aksoy, Sadri: A brief explanation of turkish labor legislation and social security system. Ankara 1961, 14 S.
(Public Administration Institute for Turkey and the Middle East. Translated works: 8)

1568 (Turque, République; Ministère du Travail): Les problèmes du travail en Turquie. Istanbul 1961, 38 S.

1569 Delaney, W.F.: Labor laws and practise in Turkey. Washington D.C. 1963, III, 70 S.
(Publ.by the U.S. Department of labor, Bureau of Labor Statistics)

1570 Oğuzman, Kemal: Les garanties juridiques du droit du travail en Turquie. In: Annales de la Faculté de Droit d'Istanbul (Istanbul) 14.1964.20, S.363 - 365

1571 Schroeter, K.: Ein Entwicklungsland zwischen Tradition und Fortschritt. In: Der ÖTV Vertrauensmann (?) 1964.7, S.44

1572 Sönmez, Fikret: La classe ouvrière turque. Situation économique et sociale. (Thèse) Caen 1965, V, 288 S.

1573 (Anonym): Die Türkei zwischen gestern und heute. In: Gewerkschaftliche Rundschau (?) 1965.2, S.92

1574 Ataöv, T.: The place of the worker in turkish society and politics. In: Turksih Yearbook of International Relations (Ankara) 8.1967.2, S.97 - 147

1575 International Labour Organization: Turkey: Labour Code. Geneva 1968, 36 S.
(Legislation Series no.1 of 1968)

1576 Elbir, Halid Kemal; Horion, Paul; Camerlynck, G.H.: L'Inexécution des contrats en matière de droit de travail. In: Travaux de l'Association Henri Capitant des amis de la culture juridique française (Paris) 1968, S.335 - 426
(U.a. Türkei.)

1577 International Labour Organization: Labour act in Turkey. In: International Labour Review (Geneva) 97.1968, S.304 - 307

1578 Millen, B.H.: Factions of the turkish labor movement. In: Monthly Labor Review (Washington, D.C.) 92.1969.6, S.31 - 35

1579 (Turkish Republic): Recent labor acts. In: Foreign Tax Law - Weekly Bulletin (?) 19.1969.37, S.7 - 10

1580 (Turkish Republic): Decree no.6/11648, to make regulations for the conditions of employment of expectant and nursing mothers, and for nursing rooms and crèches. Dated 4 April 1969. (Resmî Gazete, 22 May 1969, no.13204, p.2). In: International Labor Office, Legislative Series (London) 50.1969. Tur.1, S.1 - 7

1581 Tunçomağ, K.: Les modifications actuelles en droit du travail turc. In: Annales de la Faculté de Droit d'Istanbul (Istanbul) 21.1971.37, S.59 - 71

1582 Çağdaş, Tülin: Le salaire dans le droit de travail turc. (Thèse) (Université de) Paris (II) 1975, VIII, 273 S.
(F 1975 - 1183)

1583 Kerimov, A.H.: Profsojuznoe dviženie v Turcii: 70-e gody. In: Rabočij Klass i sovremennyj Mir (Moskva). 5.1976.5, S.120-129
(Die Arbeiterbewegung in der Türkei: Die siebziger Jahre.)

11.2. Arbeitsvertragsrecht / Contracts of employment / Contrat de travail

1584 Akcaylı, Nurhan: Die Auswirkungen der tariflichen Friedenspflicht auf das Einzelarbeitsverhältnis nach dem Recht der Türkei und nach deutschem Recht. (Diss.) München 1965, IV, 77 S.
(U.65.9627)

1585 Tüzünkan, E.Işıl: La prohibition de concurrence dans le contrat de travail. Etude de droit français et de droit turc. (Thèse) Montreux 1972, 168 S.

1586 Kaplan, İbrahim: Die Behandlung der Kaution nach neuem schweizerischen Arbeitsvertragsrecht. Mit einem Blick auf das türkische Recht. (Diss.) Bern 1975, 129 S.
(Diss.Helv. 1975 - 338)
Im Handel: Europäische Hochschulschriften, Reihe 2 (Rechtswissenschaften), Heft 129

1587 Ekonomi, Münir; Rehbinder, Manfred (Hrsg.): Rechtsprobleme befristeter Arbeitsverträge in rechtsvergleichender Sicht (Deutschland, Türkei, Schweiz). Bern 1978, 117 S.
(Ser.Hrsg.: Manfred Rehbinder: Schriften zum schweizerischen Arbeitsrecht, Heft 5)

1588 Ekonomi, Münir: Die Zulässigkeit des befristeten Arbeitsvertrages. In: Ekonomi, Münir; Rehbinder, Manfred (Hrsg): Rechtsprobleme befristeter Arbeitsverträge in rechtsvergleichender Sicht. Bern 1978, S.10 - 28

1589 Eyrenci, Öner: Zur Typologie zulässig befristeter Arbeitsverträge. In: Ekonomi, Münir; Rehbinder, Manfred (Hrsg.): Rechtsprobleme befristeter Arbeitsverträge in rechtsvergleichender Sicht. Bern 1978, S.62 - 78

1590 Meyer, Daniel: Unbeachtliche Befristungen von Einzelarbeitsverträgen im schweizerischen Recht. In: Ekonomi, Münir; Rehbinder, Manfred (Hrsg.): Rechtsprobleme befristeter Arbeitsverträge in rechtsvergleichender Sicht. Bern 1978, S.29 - 43

1591 Rehbinder, Manfred: Sachlich rechtfertigende Gründe für die Befristung von Arbeitsverträgen. In: Ekonomi, Münir; Rehbinder, Manfred (Hrsg.): Rechtsprobleme befristeter Arbeitsverträge in rechtsvergleichender Sicht. Bern 1978, S.44 - 61

1592 Stöckli, Jean-Fritz: Die Beendigung des befristeten Arbeitsverhältnisses. In: Münir, Ekonomi; Rehbinder, Manfred (Hrsg.): Rechtsprobleme befristeter Arbeitsverträge in rechtsvergleichender Sicht. Bern 1978, S.79 - 95

1593 Ulucan, Devrim: Die Beendigung befristeter Arbeitsverhältnisse. In: Ekonomi, Münir; Rehbinder, Manfred (Hrsg.): Rechtsprobleme befristeter Arbeitsverhältnisse in rechtsvergleichender Sicht. Bern 1978, S.96 - 115

11.3. Kollektives Arbeitsrecht - Tarifvertragsrecht / Organized Labor - Collective bargaining / Relations collectives du travail - Droit des conventions collectives

1594 Tuna, Orhan: The organization of the Turkish Confederation of Trade Unions. In: İktisat Fakültesi Mecmuası (Istanbul) 12.1951.3/4, S.109 - 119

1595 Tuna, Orhan: Le second congrès du travail. In: İktisat Fakültesi Mecmuası (Istanbul) 14.1952/1953.1/4, S.135 - 143

1596 Tuna, Orhan: Les congrès Syndicalistes. In: İktisat Fakültesi Mecmuası (Istanbul) 14.1952/1953.1/4, S.144 - 151

1597 Jenks, C.W.: The international protection of trade union freedom. London 1957, 592 S.
(U.a. Türkei.)

1598 Kutal, Metin: Le syndicalisme devant la législation turque et le mouvement syndical en Turquie. (Thèse) Grenoble 1959, 335 S.

1599 Bartoli, H.: Le mouvement syndical en Turquie. In: Cahiers de l'Institut de Science Economique Appliqué (Paris) 10.1960, S.41 - 77

1600 Kutal, Metin: Quelques aspects du mouvement syndical en Turquie. In: Sosyoloji Dergisi (Ankara) 15.1960, S.41 - 47

1601 Hanke, R.: Begegnung mit den Gewerkschaften in der Türkei. In: Der Gewerkschafter (?) 1963.7, S.266

1602 Tuna, Orhan: Trade unionism in Turkey. In: International Labour Review (Geneva) 90.1964.5, S.413 - 431

1603 Koral, Rabi: Le règlement pacifique des conflits collectifs de travail en droit turc et français. In: Annales de la Faculté de Droit d'Istanbul (Istanbul) 15.1965.21/22, S.1 - 14

1604 Esener, T.: La conclusion de la convention collective de travail en droit turc. In: Recueil des travaux de la 5ème semaine juridique turco-suisse. Ankara 1966, S.253 - 274

1605 Fischer, A.J.: Mouvement syndical en Turquie. In: Revue Syndical Suisse (Genève) 8.1966, S.237 - 239

1606 (Turque, République): Loi sur les syndicats de fonctionnaires de l'Etat. In: Annales de la Faculté de Droit d'Istanbul (Istanbul) 16.1966.23/25, S.370 - 380

1607 Ekin, Nusret: Strikes and lockouts in Turkey. In: İktisat Fakültesı Mecmuası (Istanbul) 26.1966/1967, S.131 - 154

1608 Gurgen, Yaşar: Organisation et action des syndicats en Turquie. (Thèse) Bordeaux 1967, 175, VIII S.

1609 Elbir, Halid Kemal; Oğuzman, M.Kemal: Le statut juridique des syndicats en Turquie. In: Annales de la Faculté de Droit d'Istanbul (Istanbul) 17.1967.26/28, S.99 - 120

1610 Dereli, T.: The development of turkish trade-unionism - a study of legislative and socio-political dimension. Istanbul 1968, XII, 258 S.

1611 (Turkish Republic): Act.no.1317, to amend and supplement certain sections of Act.no.274 of 15 July 1963 respecting trade-unions. Dated 29 July 1970. (Resmî Gazete, 12 August 1970, no.13577, p.1). In: International Labor Office, Legislation Series (London) 1970.Tur.1, S.1 - 15

1612 Sağlam, Fazil: Der normative Teil des Tarifvertrages im tür-

kischen Arbeitsrecht. (Diss.) Köln 1971, XVI, 168 S.
(U.71.6831)

1613 Jackson, Dudley: The political economy of collective bargaining - the case of Turkey. In: British Journal of Industrial Relations (?) 9.1971, S.69 - 81

1614 Oğuzman, M.K.: The collective bargaining agreement, strike, lock-out and arbitration system in Turkey. In: Annales de la Faculté de Droit d'Istanbul (Istanbul) 22.1972.38, S.147 - 169

1615 Bilgin, Yüksel: Die Gewerkschaften und deren Rechtssetzungsbefugnis in der Bundesrepublik Deutschland und in der Türkei. (Diss.) Heidelberg 1974, 193 S.
(U.74.8206)

1616 Esener, Turhan: Rapport sur les groupements sans personalité juridique en droit du travail turc. In: Travaux de l'Association Henri Capitant des amis de la culture juridique française (Paris) 21.(1969)(1974), 252 - 260

1617 Çağdaş, Tülin: Le droit de grève en Turquie. (Thèse)(Université de) Paris (II) 1975, VII, 225 S.
(F 1975 - 1184)

1618 Demircioğlu, Attila Murat: Die Rechtstellung der Gewerkschaften in der Schweiz. Mit einem kurzen Blick auf das türkische Recht. (Diss.) Bern 1975, VI, XXIV, 241 S.
(Dis..Helv. 1975 - 330)
Im Handel: Europäische Hochschulschriften, Reihe 2(Rechtswissenschaften), Band 123

1619 Güzel, Mehmet Sehmes: Le mouvement ouvrier et les grèves en Turquie, de l'empire ottoman à nos jours. (Thèse) (Université d') Aix en Provence - Marseille (II) 1975, 3 Bde., VI, 853 S.
(F 1975 - 504)

1620 Burgucu, M.Zeki: Die türkischen Gewerkschaften. Ein Vergleich mit den Gewerkschaften in Österreich.(Diplomarbeit) (Wirtschaftsuniversität) Wien 1976, 125 S.

1621 Bilgin, Yüksel: Die Gewrkschaften und deren Rechtssetzungsbefugnis in der Bundesrepublik Deutschland und in der Türkei. Ankara 1977, 12, 193 S.
(Ankara İktisadî ve Ticarî İlimler Akademisi, Yayın: 108)
(Vgl. 1615 !)

1622 Esemenli, Nurlu: Versuch eines Konzeptes der betrieblichen Mitbestimmung in türkischen Betrieben. (Diplomarbeit) (Wirtschaftsuniversität) Wien 1977, VI, 95 S.

1623 Sen, Faruk: Türkei. Gewerkschaften zwischen ideologischer Ausrichtung und entwicklungspolitischem Potential. Bonn 1978, 21 S.
(Friedrich-Ebert-Stiftung, Forschungsinstitut, Dokumentationsstelle. Arbeiten aus der Abt. Entwicklungspolitik: 59)

1024 Tunay, Muharrem: The political role of organuzed labor in Turkey. (Ph.D.thesis) University of Toronto 1978, 329 S.
(DAI 40.1979.2, p.1061-A)

1025 Dereli, Toker: The economic and social effect of trade unionism and collective bargaining in Turkey. In: İstanbul Üniversitesi İşletme Fakültesi Dergisi (Istanbul) 1978.1, S.93 - 120

1626 Emre, Ali Haydar: Das kollektive Arbeitsrecht in der Türkei. (Diss.) Bonn 1979, XVIII, 219 S.

1627 Akçaylı, Nurhan: Die Grundlage und Grundsätze des türkischen kollektiven Arbeitsrechts. In: İktisadî ve Sosyal Bilimler - Bursa Universitesi İktisadî ve Sosyal Bilimler Fakültesi Dergisi (Bursa) 1.1979.1, S.253 - 263

1628 Elbir, Halid Kemal: Le problème des licenciements collectifs. In: Annales de la Faculté de Droit d'Istanbul (Istanbul) 25(=26).1979.42, S.253 - 283

1629 Işıklı, Alparslan: La liberté syndicale en Turquie. In: Turkish Yearbook of Human Rights (Ankara) 1.1979, S.35 - 90

1630 Jalamov, I.: Novi tendencii v razvitieto na turskoto rabotničesko dviženie prez 60-te i 70-te godini. In: Izvestija na Instituta po Istorija na BKP)Sofija) 41.1979, S.265 - 300 (Neue Tendenzen in der Entwicklung der türkischen Arbeiterbewegung in den 60er und 70er Jahren.)

1631 Üçüncü, Şadi: Gewerkschaftsbewegung in der Türkei: Von den Anfängen im Osmanischen Reich bis zum Ende der 70er Jahre. Frankfurt a.M. 1980, II, 391 S.

1632 Gürbaca, A.A.: Abhängiger Kapitalismus und gewerkschaftlicher Transformationsprozeß. Die Gewerkschaften in der Türkei. In: Hellmann, F.M.; Österheld, W.; Olle, W.(Hrsg.): Europäische Gewerkschaften. Berlin 1980, S.205 - 243

11.4. Betriebsverfassung - Mitbestimmung / Works council - Co-participation of labour / Relations direction-personnel - Cogestion

1633 Elbir, H.K.: La participation des travailleurs aux (résultats de la gestion) de l'entreprise en droit turc. In: Annales de la Faculté de Droit d'Istanbul (Istanbul) 22.1972.38, S.121 - 139

1634 Elbir, Halid Kemal: La participation des travailleurs à la gestion de l'entreprise en droit turc. In: Annales de la Faculté de Droit d'Istanbul (Istanbul) 25.1978.41, S.69 - 85

1635 Tunçomağ, Kenan: Die Beilegung der Arbeitsstreitigkeiten in der Türkei. In: Annales de la Faculté de Droit d'Istanbul (Istanbul) 25(=26).1979.42, S.285 - 316

11.5. Arbeitsschutz / Protection of employees / Protection du travail

1636 Günel, Muammer: La protection de l'ouvrier. Evolution générale et application dans la Turquie contemporaine. (Thèse) Fribourg 1950, 98 S. (Diss.Helv. 1950 - 356)

1637 (Anonym): Turkey: Regulations on occupational health and safety (current information). In: International Labour Review (Geneva) 102.1970, S.410

1638 Oğuzman, Kemal: Le fondement juridique de la résponsabilité de l'employeur en raison des accidents du travail. In: Annales de la Faculté de Droit d'Istanbul (Istanbul) 20(=21). 1971.37, S.131 - 150

1639 Tunçomağ, Kenan: Schutz der Jugendlichen im türkischen Arbeitsrecht. In: Annales de la Faculté de Droit d'Istanbul (Istanbul) 25(=26).1979.42, S.73 - 86

11.6. Arbeitsmarkt - Arbeitsverwaltung - Arbeitslosenversicherung / Employment market - Public labor administration - Unemployment insurance / Marché du travail - Bureaux de placement - Assurance-chômage

1640 Saymen, F.H.: Les assurances ouvrières en Turquie. In: Annales de la Faculté de Droit d'Istanbul (Istanbul) 1.1952, S.395 - 435

1641 Saymen, F.H.: Les assurances ouvrières en Turquie. In: Annales de la Faculté de Droit d'Istanbul (Istanbul) 2.1953, S.62 - 105

1642 Tuna, Orhan: Le problème de l'assurance contre le chômage en Turquie. In: İktisat Fakültesi Mecmuası (Istanbul) 14.1952/1953.1/4, S.131 - 134

1643 Ertem, M.: Türkei: Die Tätigkeit der Arbeiterversicherungsanstalt im Jahre 1962. In: International Social Security Administration Bulletin (Geneva) 16.1963, S.273 - 275

1644 (Turque, République): Accord entre la Belgique et la Turquie relatif à l'occupation de travailleurs turcs en Belgique. In: Annales de la Faculté de Droit d'Istanbul (Istanbul) 16.1966.23/25, S.450 - 480

12. SOZIALRECHT / SOCIAL LAW / DROIT SOCIAL

12.1. Allgemeines / In general / En général

1645 Aksin, Niyazi: Die soziale Lage der Arbeiterin in den Betrieben der Sümerbank. (Diss.) Köln 1956, 192 S. U.57.5212)

1646 (Turkish Republic):(Turkey: Social security.)An Act to amend certain sections and repeal one section of the Sickness and Maternity Insurance Act (No.5502), and to insert one transitional section therein. No.6901. Dated 4 February,1957. In: International Labor Office, Legislative Series (London) 33.1957.Tur.2, S.1 - 8

1647 (Turksih Republic): (Turkey: Social security.) Invalidity, Old-Age and Survivors Insurance Act, No.6900. Dated 9 February, 1957. In: International Labor Office, Legislative Series (London) 38.1957.Tur.1, S.1 - 17

1648 Wülker, ? : Das soziale Problem in der Türkei. In: Der Arbeitgeber (?) 1959, S.281

1649 Brun, A.: Transformations contemporaines du droit social (turc). In: Annales de la Faculté de Droit d'Istanbul (Istanbul) 10.1960.15, S.55 ff.

1650 Goodman, Neville M.: Der Aufbau eines staatlichen Gesundheitsdienstes. Ein Experiment in der Türkei. In: Schweizerisches Ärzteblatt (?) 1964.16, S.371 - 374

1651 Schwarz, A.: Soziale Sicherheit in der Türkei. In: Bundesarbeitsblatt (Bonn) 14.1964.7, S.224 - 232

1662 Schwarz, Alfred: La seguridad social. In: Securitas (Madrid) Serie VI, Nr.130(=6.2.1965), S.1 - 16

1663 Schwarz, Alfred: La seguridad social. In: Securitas (Madrid) Serie VI, Nr.131(=20.2.1965), S.17 - 28

1664 Warnecke, W.: Das System der Sozialen Sicherheit in der Türkei. In: Sozialer Fortschritt (Bonn) 1966.11, k.S.

1665 (Anonym): Changes in the social security scheme. In: International Social Security Review (Geneva) 1970.3, S.474 - 476

1666 (Anonym): Modifications apportées au régime de securité sociale. In: Revue internationale de securité sociale (Genève) 1970.3, S.520 - 522

1667 Horlick, Max; Simanis, Joseph: Liberalization in Turkey. (Social security abroad.) In: Social Security Bulletin (Washington D.C.) 1970.7, S.30 - 33

1668 Wadhawan, S.K.: Die soziale Sicherheit in Asien und Ozeanien. In: Internationale Revue für Soziale Sicherheit (Genf) 25.1972.4, S.436 - 468
(U.a. Türkei.)

1669 (Anonym): Developments and improvements in social security in Turkey during 1972 and 1973. In: Social Security Series for Asia and Ocenaia (?) 1974.5, S.54 - 55

1670 Cillov, Halûk: Law and fertility in Turkey. In: Law and fertility in Europe. Dolhain 1975, Bd.2, S.599 - 617
(Übersicht über die Gesetzgebung zur Geburtenkontrolle seit 1926.)

1671 Ertem, Mustafa: Soziale Sicherheit in der Türkei. In: Internationale Revue für Soziale Sicherheit (Genf) 1976.4, S.363 - 387

1672 Ertem, Mustafa: Social security in Tureky. In: International Social Security Review (Geneva) 1976.4, S.331 - 354

1673 Ertem, Mustafa: La securité sociale en Turquie. In: Revue internationale de securité sociale 1976.4, S.367 - 390

1674 OYAK - Ordu Yardımlaşma Kurumu: 15th year. Ankara 1976, k.S.
(Social security institution for the members of the Turkish Armed Forces.)

1675 Sakdur, Handan: Social security, social services and social assistance for the elderly in Turkey. In: International Social Security Review (Geneva) 1976.4, S.355 - 359

1676 Sakdur, Handan: Securité sociale, services sociaux et assistence sociale pour personnes agées en Turquie. In: Revue internationale de securité sociale (Genève) 1976.4, S.391 - 395

1677 Sakdur, Handan: Soziale Sicherheit, Sozialdienste und Sozialunterstützung für Betagte in der Türkei. In: Internationale Revue für Soziale Sicherheit 1977.11, S.654 - 659

1678 Sosyal Sigortalar Kurumu: Social services, social assistance and social security for aged persons. In: Asian News Sheet (?) 1977.2, S.16 - 18

1679 Türkiye Cumhuriyeti Emekli Sandığı: Handbook on social security for public employees in Turkey. Ankara 1977, 110 S.

12.2. Sozialpolitik / Social policy / Politique sociale

1680 Kessler, Gerhard: Beiträge zu den sozialpolitischen Problemen der Türkei. In: İktisat Fakültesi Mecmuası (Istanbul) 2.1940/1941.3/4, S.353 - 378

1681 Bekata, ? : Sozialpolitik in der Türkei. In: Bundesarbeitsblatt (Bonn) 1954.22, S.696

1682 Schwörbel, H.: Wirtschafts- und Sozialpolitik der Türkei. In: Zeitschrift für Sozialreform (?) 1956.3, S.83

1683 Balkanlı, A.T.: Der Stand der Sozialpolitik in der Türkei. In: Soziale Welt (?) 1959.3, S.263

1684 International Labour Organization: Report to the Government of Turkey on the vocational rehabilitation and employment of disabled persons. Geneva 1961, III, 111 S.

1685 Goodman, N.M.: Turkey's experiment in socialized medicine. In: Lancet (London) 1964.(January, 4), k.S.

1686 Goodman, N.M.: Der Aufbau eines staatlichen Gesundheitsdienstes. Ein Experiment in der Türkei. In: Schweizerische Ärztezeitung (Bern) 45.1964, S.371 - 374

1687 Goodman, N.M.: Health services in Afghanistan, Iran and Turkey. In: Journal of the Royal Central Asiatic Society (London) 53.1966, S.134 - 142

1688 Koprulu (Köprülü ?), Ali: L'évolution socio-politique en Turquie. (Thèse) (Université de) Nancy (II) 1973, 220 S. (F 1973 - 432)

12.3. Sozialhilfe / Public welfare / Assistance publique

1689 Berker, Faruk: L'assistance et l'assurance sociale en Turquie. (Thèse) Genève 1948, 160 S.

1690 United Nations Department of Social Affairs: Methods of social welfare administration. New York 1950, 299 S. (U.a. Türkei.)

1691 Ertem, Mustafa: La previdenza soziale in Turchia. In: Rivista degli infortuni e delle mallatie professionali (Roma) 1972.4/5, S.759 - 774

12.4. Allgemeines zum Sozialversicherungsrecht / Social insurance in general / Sécurité sociale en générale

1692 Esen, Bülent Nuri: Le contrat d'assurance d'après la législation turque. Paris 1938, 188 S.

1693 Timuroğlu, Hüseyin: Das Versicherungswesen in der Türkei. (Diss.) Göttingen 1944, XIII, 297 S. (U.44.3080)

1694 Tuna, Orhan: The seventh general assembly of the Worker's Insurance Board. In: İktisat Fakültesi Mecmuası (Istanbul) 12.1951.3/4, S.101 - 108

1695 Pilafidis, Fedon K.: Die türkische Sozialversicherung und die Möglichkeiten zu ihrer Verbesserung. Ein Beitrag zur Frage der sozialen Sicherheit in der Türkei. (Diss.) Frankfurt a.M. 1952, 119 S.
(U.52.2444)

1696 Turgut, A.H.: Neuaufbau der Sozialversicherung auf dem zahnärztlichen Sektor in der Türkei. (Diss.) Mainz 1953, 100, V S.
(U.54.6193)

1697 Tekin, İbrahim: Grundzüge der rechtlichen Regelung der türkischen Sozialversicherung im Hinblick auf die deutsche Gestaltung. (Diss.) Köln 1955, II, 98 S.
(U.55.5522)

1698 Aksoy, S.: Entwicklung der Sozialversicherung in der Türkei. In: Bundesarbeitsblatt (Bonn) 1956.14, S.472

1699 Tan, Öztaş: Die Ersatzansprüche der Sozialversicherungsträger gegen Unternehmer nach § 37, Abs.1, 2 des türkischen Gesetzes Nr.4772 über Arbeitsunfälle-, Berufskrankheiten- und Mutterschaftsversicherung und nach § 903 ff. der deutschen Reichsversicherungsordnung. Analyse, Vergleich und Reformvorschlag. (Diss.) München 1959, XIX, 225 S.
(U.60.6414)

1700 Bureau International du Travail: Rapport au Gouvernement de la Turquie sur l'administration des assurances sociales. Genève 1960, II, 93 S.
(O.I.T./B.I.T./ Turquie/ R.13)

1701 Gökçedağ, Aydın: Aufbau und Entwicklung der Sozialversicherung in der Türkei in ihrer Bedeutung für die Förderung der Gesundheitsfürsorge. (Diss.) Hamburg 1962, 43 S.
(U.62.4496)

1702 Ertem, Mustafa: Türkei: Tätigkeit der Arbeiterversicherungsanstalt im Jahre 1962. In: Bulletin der Internationalen Vereinigung für Soziale Sicherheit (Genf) 16.1963, S.273 - 275

1703 Bozer, Ali: Coup d'oeil général sur les assurances sociales en Turquie. Ankara 1963, 98 S.

1704 Bureau International du Travail: Rapport au Gouvernement de la Turquie sur la mécanisation actuelle et la future gestion par un ensemble electronique au sein de l'Institut des Assurances Sociales. Genève 1965, 105 S.
(O.I.T./ B.I.T./ Turquie/ R.27)

1705 Sosyal Sigortalar Kurumu (Institution des Assurances So ciales): Statistiques du travail et de l'activité, 1964. Ankara 1965, 123 S.

1706 International Labor Office: New social insurance act in Turkey. In: International Labour Review (Geneva) 92.1965,S.428-430

1707 Sarıllar, Ü.:Der Schutz des Verkehrsopfers bei sogenannten kranken Versicherungen nach türkischem Recht. In: Versicherungsrecht (?) 16.1965, S.316 - 319

1708 Bureau International du Travail: Rapport au Gouvernement de la Turquie sur l'organisation administrative de l'institution des assurances sociales. Genève 1966, 57 S. (O.I.T./ B.I.T./ Turquie/ R.28)

1709 Ertem, Mustafa: Les assurances sociales en Turquie. In: Bulletin de l'Administration Internationale de Securité Sociale (Genève) 1966.3/4, S.121 - 131

1710 Ertem, Mustafa: Social insurances in Turkey. In: Bulletin of the International Social Security Administration (Geneva) 1966.3/4, S.111 - 121

1711 Ertem, Mustafa: Die Sozialversicherung in der Türkei. In: Bulletin der Internationalen Verwaltung für Soziale Sicherheit (Genf) 1966.3/4, S.115 - 125

1712 International Labour Office: Memorandum to the government of Turkey on vocational rehabilitation of disabled. Geneva 1969, 14 S.

1713 (Turkish Republic): An act to amned certain sections of the Social Insurance Act (no.506) and add certain new sections thereto. No.1186. Dated 23 October 1969 (Resmî Gazete, 3 November 1969, no.13341, p.1). In: International Labor Office, Legislation Series 1969.(Tur.3), S.1 - 8

1714 (Anonym): Türkei. Änderungen im System der Sozialen Sicherheit. In: Internationale Revue für Soziale Sicherheit (Genf) 23.1970.3, S.516 - 518

1715 Esener, Turhan: La responsabilité de l'employer en cas d'accident de travail. In: Banka ve Ticaret Hukuku Dergisi (Ankara) 6.1971.1, S.155 - 171

1716 Bureau International du Travail: Rapport au Gouvernement de la Turquie sur le financement des assurances sociales. Genève 1972, 64 S. (O.I.T./ B.I.T./ Turquie/ R.32)

1717 (Anonym): Amendments to social insurance scheme. Additional benefits for migrant workers. In: International Social Security Review (Geneva) 1979.1, S.90 - 93

1718 (Anonym): Modification au régime d'assurance sociale. Prestations supplementaires. In: Revue internationale de securité sociale (Genève) 1979.1, S.100 - 103

1719 (Türkiye Cumhuriyeti Emekli Sandığı): Donation and financial benefits of social security expanded. In: Asian News Sheet(?) 1979.1, S.22 - 23

1720 (Türkiye Sosyal Sigortalar Kurumu): Amendments to the social insurance law. In: Asian News Sheet (?) 1979.2, S.15 - 19

12.5. Krankenversicherung / Health insurance / Assurance-maladie

1721 (Anonym): Kranken- und Mutterschaftsversicherung in der Türkei. In: Auslandsnachrichten des DGB (?) 1955.7, S.11

1722 Ertem, Mustafa: L'assurance-maladie en Turquie. In: Bulletin de l'administration Internationale de Securité Sociale (Genève) 1959.12, S.314 - 321

1723 Servais, J.: Das System der Krankenversicherung in der Türkei. In: Blätter für Steuerrecht, Sozialversicherung und Arbeitsrecht (Berlin) 1960.17, S.265

12.6. Unfallversicherung / Accident insurance / Assurance contre les accidents

1724 Hamamioğlu, Orhan:La rêparation des accidents de travail dans les principaux pays et particulièrement en Turquie. (Etude de droit comparé et du droit turc). (Thèse) Grenoble (Lausanne) 1945, 256 S.

1725 Aybar, Ayhan: Der Unfallbegriff in der deutschen privaten und sozialen Unfallversicherung unter Berücksichtigung des türkischen Rechts. (Diss.) Hamburg 1958, XVI, 128 S. (U.59.3195)

1726 Onat, Selahâttin: Die Ausschlüsse in der deutschen sozialen und privaten Unfallversicherung unter Berücksichtigung des türkischen Rechts. (Diss.) Hamburg 1958, XVI, 130 S. (U.59.3224)

12.7. Rentenversicherung / Annuity and disability insurance / Assurance-rentes

1727 Ertem, Mustafa: Einführung eines Systems der Alten-, Invaliden- und Hinterbliebenenversicherung für selbständig Erwerbstätige außerhalb der Landwirtschaft. In: Internationale Revue für Soziale Sicherheit (Genf) 1971.4, S.617 - 621

1728 Ertem, Mustafa: Introduction of an old-age, disability and survivors insurance scheme for self-employed persons other than farmers. In: International Social Security Review (Geneva) 1971.4, S.570 - 574

1729 Ertem, Mustafa: Introduction d'un régime d'assurance-vieillesse-invalidité et survivants pour les travailleurs independents non agricoles. In: Revue internationale de securité sociale (Genève) 1971.4, S.621 - 626

1730 Ertem, Mustafa: Institucion de un regimen de seguro de vejez, invalidez y sobrevivientes para los trabajadores independientes no agricolas. In: Estudios de la Seguridad social (?) 1972.3, S.118 - 122

1731 Ertem, Mustafa: Introduction of an old-age, disability and survivors insurance scheme for self-employed persons other than farmers. In: Social Security Series for Asia and Oceania (?) 1973.4, S.40 - 44

1732 Roberts, Jeremy: State pension schemes and statutory pay in Turkey. In: Benefits International (London) 1976.9, S.10-13

1733 (Türkiye Cumhuriyeti Emekli Sandığı): Old age, invalidity and survivors pension for the self-employed. In: Asian News Sheet (New Delhi) 1977.1, S.19 - 21

1734 (Türkiye Cumhuriyeti Emekli Sandığı - (Pension Fund for Civil Servants of the Turkish Republic)): Medical benefit. In: Asian News Sheet (New Delhi) 1977.4, S.24 - 25

12.8. Privatversicherungsrecht / Private insurance / Assurances privées

1735 Bozer, Ali: Les effets de la variation monétaire dans le domaine du contrat d'assurance. In: Travaux de l'Association Henri Capitant des amis de la culture juridique française (Paris) 23.1971, S.795 - 813

12.9. Internationales Sozialrecht / International social legislation / Droit international social

1736 (Anonym): Abkommen zwischen der Schweiz und der Türkei über Soziale Sicherheit. In: Schweizerische Krankenkassen-Zeitung (Solothurn) 1971.24, S.354 - 355

1737 Office fédéral des assurances sociales (Berne): Convention Turco-Suisse de Securité sociale. In: Mutualité romande (Lausanne) 1972.1, S.9

1738 (France, République de; Ministère de la Santé publique et de la Securité sociale): Relations entre la France et la Turquie en matière de sécurité sociale. Conventions, protocols, textes d'application, instructions. Paris 1974, 197 S.

1739 Marten, Joachim: Die Bedeutung des deutsch-türkischen Sozialversicherungsabkommens für die Leistungen der Rentenversicherung der Arbeiter. In: Die Sozialversicherung (?) 1975.8, S.205 - 212

1740 Österreich, Republik: Zusatzabkommen zum Abkommen zwischen der Republik Österreich und der Türkischen Republik über Soziale Sicherheit. Vom 1.Dezember 1976. In: Amtliche Nachrichten des Bundesministeriums für soziale Verwaltung (Wien) (31.12.)1976.13, S.753 - 756

1741 Schötz, Jürgen: Die türkischen Arbeitnehmer und die deutsche Rentenversicherung. Bedeutung des deutsch-türkischen Sozialversicherungsabkommens. In: Die Angestelltenversicherung (?) 1978.11, S.513 - 517

13. VÖLKERRECHT UND INTERNATIONALE POLITIK / PUBLIC INTERNATIONAL LAW AND INTERNATIONAL RELATIONS / DROIT INTERNATIONAL PUBLIC ET RELATIONS INTERNATIONALES

13.1. Allgemeines / In general / En général

1742 Salem, E.R.: (Droit international turc). In: Répertoire de droit international. o.O. o.J. Bd.VII, S.208 - 277

1743 Staude, Georg: Die völkerrechtliche Sonderstellung der Jurisdiktionskonsuln in der Türkei. (Diss.) Erlangen (Halle a.S.) 1900, 67 S.

1744 Bilsel, Cemil: International law in Turkey. In: American Journal of International Law (Washington D.C.) 41.1947.4, S.646 - 556

1745 Sengir, Turgut: Les frontières de la Turquie. (Thèse) Paris 1953, 195 S.

1746 Molu, Sait: Die auswärtige Gewalt des türkischen Staates. (Diss.) Göttingen 1955, XII, 148 S. (U.55.3141)

1747 Altuğ, Yılmaz: Turkey and some problems of International Law. (Ph.D.thesis) University of Kentucky 1954 (Istanbul 1958), 239 S.

1748 İçen, Erdoğan: Die Regierung der Großen Nationalversammlung der Türkei und ihre völkerrechtliche Anerkennung. (Diss.) Göttingen 1961, IV, 76 S.
(U.61.3474)

1749 Çelik, Edip: La loi turque sur la mer territoriale. In: Turkish Yearbook of International Relations (Ankara) 5.1964, S.53 - 71

1750 Erman, Sahir; Bayraktar, Köksal: La notion de 'guerre' et de 'combattant' dans le droit turc. In: Annales de la Faculté de Droit d'Istanbul (Istanbul) 20.1970.36, S.207 - 235

13.2. Staaten und Räume im Völkerrecht / States and territories / Etats et territoires

1751 Bischoff, Norbert von: La Turquie dans le monde: L'Empire Ottoman et la République Turque. (Trad. par M.Benouville). Paris 1936, k.S.

1752 Kaynak, Ömer: Situation internationale de la Turquie pendant la deuxième guerre mondiale. (Thèse) Paris 1949, 282 S.

1753 Bullard, R.: Britain and the Middle East. London 1951, k.S. (Beschreibung der Geheimabkommen über die Aufteilung des Osmanischen Reiches im I.Weltkrieg.)

1754 Glasneck, Johannes: Die imperialistischen Großmächte und die Türkei am Vorabend und während des Zweiten Weltkrieges (1.2.). (Diss.) Halle a.S. 1964, VII, 312 S.
(U.64.5031)

1755 Mango, A.: Turkey and the Middle East. In: Journal of Contemporary History (London) 3.1968.3, S.225 - 236

13.3. Internationale Beziehungen / International relations / Relations internationales

1756 Abelouis, F.: L'évolution de la Turquie dans ses rapports avec les étrangers. (Diss.) Toulouse 1928, k.S.

1757 Eger, Hans: Die gegenwärtigen völkerrechtlichen Beziehungen der Türkei. (Diss.) Greifswald 1933, 96 S.
(U.33.3165)

1758 Walters, W.E.: British foreign policy in the Near East 1903-1909 with special reference to projects for the internal reforms of the Ottoman Empire. (M.A. thesis) University of Wales 1937, k.S.

1759 Bilsel, Cemil: La vie internationale de la Turquie. In: Lévy-Ullmann, H.; Mirkine-Guetzévitch, B.(Hrsg.): La vie juridique des peuples: Turquie. Paris 1939, S.342 - 385

1760 Papen, Franz von: La Turquie, pierre angulaire de l'Occident. In: Türkiye Touring ve Otomobil Kurumu belleteni (Istanbul) 123 = 1952.4, S.21 - 22

1761 Altınsu, Abdülkadir: Les relations turco-soviétiques. Etude des rapports politico-juridiques entre la Turquie et l'Union Soviétique de 1917 à nos jours. (Thèse) o.O. 1954, 271 S.

1762 Ocakçıoğlu, İsmet: La neutralité de la Turquie au cour de la deuxième guerre mondiale. (Thèse) Paris 1955, 275 S.

1763 Özoğul, Ömer Cumhurdoğan: La Turquie nouvelle et la vie internationale. Etude politico-juridique des relations internationales de la Turquie depuis la fondation de la République à nos jours. (Thèse) Paris 1955, 215 S.

1764 Sarpkaya, Süleyman Refik: Les relations diplomatiques franco-turques depuis 1914. (Thèse) Paris 1955, 425 S.

1765 Aksoy, Suat: La Turquie dans le Moyen Orient. Sa politique extérieure. (Thèse) o.O. 1957, X, 315 S.

1766 Oğuz, Cemal: L'Etat d'Israel et la Turquie. (Thèse) Paris 1957, VI, 204 S.

1767 Yelmer, Necdet S.: La politique extérieure de la Turquie de 1950 à 1953. (Thèse) Paris 1957, 18, 113 S.

1768 Uygur, Muammer: Les Pactes balkaniques et la Turquie.(Thèse) Paris 1959, 7, 277 S.

1769 Gilead, Baruch: Turkish-egyptian relations 1952 - 1957. In: Middle Eastern Affairs (New York) 10.1959.2, k.S.

1770 Eren, Nuri: The foreign policy of Turkey. In: Black, Joseph E.; Thompson, Kenneth W.(Hrsg): Foreign Politics in a changing world. New York 1963, k.S.

1771 Eren, Nuri: Die internationalen Positionen der Türkei. In: Außenpolitik (Hamburg) 1965.10, S.704 - 717

1772 Cabiaux, M.P.: La Turquie et ses relations avec l'Union Soviétique antécédents historique et incidence sur l'engagement dans l'affrontement Est-Ouest. In: Chronique de politique étrangère (Paris) 19.1966.6, S.619 - 730

1773 Üçok, C.: La Turquie et l'Europe. In: Turkish Yearbook of International Relations (Ankara) 7.1966, S.16 - 27

1774 Tansky, L.: U.S. and USSR aid to developing countries; a comparative study of India, Turkey and the UAR. New York 1967, XVII, 192 S.

1775 Ulman, A.H.; Dekmejian, R.H.: Changing pattern in turkish foreign policy, 1959 - 1967. In: Orbis (Philadelphia)3.1967, S.772 - 785

1776 Whetten, L.L.: Turkey's role in soviet long-range crisis control capability. In: International Review of History and Political Science (Murut) 4.1967.1, S.35 - 66

1777 Erkin, Feridun Cemal: Les relations turco-soviétiques et la question des Détroits. Ankara 1968, 540 S.

1778 Dekmejian, R.H.: Soviet-turkish relations and politics in the Armenian SSR. In: Soviet Studies (Glasgow) 19.1968.4, S.510 - 525

1779 Van Hasselt, F.G.: Turkije tussen Mecca en Moskou. In: International Spectator.(?) 22.1968.12, S.933 - 953

1780 Fernau, W.: Constantes de la politique extérieure turque. In:Politique étrangère (Paris) 33.1968.2/3, S.181 - 187

1781 Gil Benumeya, R.: Lo nacional y lo mundial en la actualidad de Turquia. In: Revista de Politica internacional (Madrid) 106.1969, S.135 - 142

1782 Gruen, George Emanuel: Turkey, Israel and the Palestine Question 1948 - 1960. A study in the diplomacy of ambivalence. (Ph.D.thesis) Columbia University 1970, 496 S. (DAI 34/05-A,p.2737)

1783 Giritli, İ.: Turkish-soviet relations. In: India Quarterly (New Delhi) 27.1970.1, S.3 - 19

1784 Mousin, M.: Les relations turco-soviétiques. In: Revue de Défense nationale (Paris) 26.1970.3, S.397 - 409

1785 Asopa, S.K.: The foreign policy of modern Turkey, 1923 - 1968. Aliargh 1971, k.S.
(Published by Center of West-Asian Studies, Aliargh Muslim University)

1786 United States, General Accounting Office: United States economic and military foreign assistance programs. Washington 1971, VII, 62 S.
(U.a. Türkei.)

1787 Valí, F.A.: Bridge accross the Bosphorus: the foreign policy of Turkey. Baltimore 1971, XIV, 410 S.
Rez.: Dibble, C.M. In: American Political Science Review (Menasha, Wisc.) 66.1972.1, S.291 - 293

1788 Armaoğlu, Fahir: Recent developments in turkish foreign policy. In: Dış Politika - Foreign Policy (Ankara) 1.1971.1, k.S.

1789 Gökmen, Oğuz: Turkish-german relations. In: Dış Politika - Foreign Policy (Ankara) 1.1971.1, k.S.

1790 Gönlübol, Mehmet: Turkish-american relations. General appraisal. In: Dış Politika - Foreign Policy (Ankara) 1.1971.1,k.S.

1791 Živkova, Ljudmilla: Anglo turskite otnošenija 1933 - 1939. Sofija 1971, 219 S.
(Anglo-turkish relations 1933 - 1939.)

1792 Harris, G.S.: Troubled alliance: Turkish-american problems in historical perspective, 1945 - 1971. Washington 1972, 263 S. (Hoover Institution on War, Revolution and Peace (Stanford University, Stanford, California) Studies 33)

1793 Jeanmougin, Gaston: Les rélations franco-turques de 1925 à 1935. (Thèse) (Universite de) Nice 1972, 419 S., Ill.

1794 Ivanov, S.M.: Protivorečija v imperialističeskoj politike ekonomičeskoj pomošči na sovremennem étape. In: Leningradskogo Universiteta. Serija Ekonomiki, Filosofie i Pravo (Leningrad) 27.1972.2, S.20 - 28

1795 Sirkov, D.: La déclaration bulgaro-turque de non agression du 17 février 1941. In: Etudes balkaniques (Sofija) 1972.2, S.73 - 83

1796 Söylemez, Yüksel (Hrsg.): Foreign policy of Turkey at the United Nations between the years 1966 - 1972. Public interventions, selected documents, official communications. Vol.I: Political and legal questions. Ankara 1973, XXXIV, 827 S.

1797 Söylemez, Yüksel (Hrsg.): Foreign policy of Turkey at the United Nations between the years 1966 - 1972. Public interventions, selected documents, official communications. Vol.II: Economic, social and financial questions. Ankara 1973, XI, 526 S. (= XI S. + S.831 - 1356)

1798 Weisband, Edward A.: Anticipating the cold war: turkish foreign policy, 1943 - 1945. (Ph.D.thesis) The John Hopkins University 1973, XIII, 377 S.
(DAI 34/02-A, p.844)

1799 Weisband, Edward A.: Turkish foreign policy 1943 - 1945; small state diplomacy and Great Power politics. Princeton 1973, XIII, 377 S.
Rez.: Bryson, Thomas In: American Historical Review (New York) 79.1974.2, S.557 - 558; Devereux, Robert In: Middle East Journal (Washington D.C.) 28.1974.2, S.190 - 191; Howard, Harry N. In: Annals of the American Academy of Political and Social Science (Philadelphia) 414.1974, S.178 - 179; Landau, Jacob M. In: Hamizraḥ Haḥadash (Jerusalem) 24.1974.3, S.215; DeNovo, John A. In: Balkan Studies (Thessalonike) 15.1974.2, S.366; Stadtmüller, Georg In: Das historisch-politische Buch (Göttingen) 22.1974.4, S.123 - 124; Harris, George S. In: International Journal of Middle East Studies (London, New York) 6.1975.2, S.249 - 250; Hillgruber, Andreas In: Historische Zeitschrift (München) 223.1976.1, S.240 - 241

1800 Alexandrov, Evgeni: Turkey's foreign policy and the problem of our time. In: Etudes Balkaniques (Sofija) 1973.1, S.5-17

1801 Ataöv, Türkkaya: The policy of the Great Powers towards Turkey on the eve of the Second World War. In: Les Grandes puissances et les Balkans à la veille et au début de la deuxième guerre mondiale, 1937 - 1941. Sofia, 21.-26.IV.1971. Actes = Studia Balcanica (Sofija) 7.1973, S.321 - 328

1802 Bayülken, Halûk: Turkey's foreign policy. In: Dış Politika - Foreign Policy (Ankara) 3.1973.1, k.S.

1803 Chakov, Džengis: Nekotorye aspekty germano-tureckich diplomatičeskich otnošenij v 1939 godu. In: Les Grandes puissances et les Balkans à la veille et au début de la deuxième guerre mondiale, 1937 - 1941. Sofia, 21.-26.IV.1971. Actes = Studia Balcanica (Sofija) 7.1973, S.359 - 364

1804 Chakov, Džengis: Nová turecká politika na Předním Východě. In: Nový Orient (Praha) 28.1973.8, S.225 - 228
(Die neue Nahost-Politik der Türkei in den sechziger Jahren.)

1805 Davison, R.H.: The turkish republic: fifty years of peace. In: World Affairs (London) 136.1973.2, S.164 - 180

1806 Kazancıgıl, A.: Die Türkei und die Entwicklung im östlichen Mittelmeer. In: Europa Archiv (Bonn) 28.1973.12, S.413-422

1807 Korchmazjan, Ripsime: K voprosu o pozicii Turcii vo vtoroj mirovoj vojne (ijun' -dekabr' 1941 g.). In: Vestnik Obščestvennych Nauk Akademii Nauk Armjanskoj SSR (Erevan) 1973.8, S.36 - 48
(Zur Frage der Stellung der Türkei im 2.Weltkrieg (Juni-Dezember 1941).)

1808 Krastev, R.: Les rapports turco-arabes. In: Etudes Balkaniques (Sofija) 1973.1, S.134 - 136
(Zur Politik der Türkei im arabischen Osten.)

1809 Sonyel, Salâhi: The anglo-turkish conflict fifty years ago. In: Belleten (Ankara) 37.1973.145, S.113 - 122

1810 Steinbach, Udo: Türkei - Diversifizierung der Außenpolitik. In: Außenpolitik (Hamburg) 24.1973.3, S.436 - 446

1811 Steinbach, Udo: Neuere Entwicklungen in den politischen Beziehungen zwis-hen der Sowjetunion und der Türkei, Griechenland und Zypern. In: Osteuropa (Stuttgart) 23.1973.7, S.531 - 539
(Betrifft die Jahre 1971 - 1972.)

1812 Weiker, W.F.: "I have enough problems with my friends" - dilemma of American relations with Turkey. In: Continuing issues in international politics. Pacific Palisades (Cal.) 1973, S.243 - 262

1813 Zentner, Joseph L.: The 1972 Turkish opium ban. Needle in the haystack diplomacy? In: World Affairs (London) 136.1973.1, S.36 - 47

1814 Živkova, Ljudmilla: On the problem of the anglo-turkish relations in 1937. In: Les Grandes puissances et les Balkans à la veille et au début de la deuxième guerre mondiale, 1937 - 1941. Sofia, 21. - 26.IV.1971. Actes = Studia Balcanica (Sofija) 7.1973, S.285 - 288

1815 Erden, Deniz Atiye: Turkish foreign policy through the United Nations. (Ph.D.thesis) University of Massachusetts 1974, 157 S.
(..75-06020)(DAI 36/02-A,p.1077)

1816 İnce, Nurhan: Problems and politics in turkish foreign policy, 1960 - 1966. With emphasis on Turkish-United States relations, the Cyprus Question and the leftist movement. (Ph.D.thesis) University of Kentucky 1974, k.S.
(DAH 75-26458)(DAI 36/0)-A,p.4730)

1817 Ivanov, Sergej Michajlovič: Imperialističeskaja politika gosudarstvennej ekonomičeskoj 'pomošči' na sovremennom ėtape. Suščnost', protivorečija, perspektivy. Na materialach SŠA i Turcii. Avtoref.dis.kand., Leningrad 1974, 16 S.
(Die imperialistische Politik der staatlichen Wirtschafts-'hilfe' in ihrer gegenwärtigen Etappe; ihr Wesen, ihre Widersprüche, Perspektiven. Auf Grund der amerikanischen und türkischen Dokumente.)

1818 Rasizade, Ali Šamiloglu: Ustanovlenie voenno-političeskogo sojuza SŠA i Turcii. 1947 - 1952. Avtoref.dis.kand., Moskva 1974, 24 S.
(Die Errichtung des militärisch-politischen Bündnisses zwischen den USA und der Türkei, 1947 - 1952.)

1819 Alvarez, David J.: The Missouri visit to Turkey. An alternative perspective on Cold War diplomacy. In: Balkan Studies (Thessalonike) 15.1974.2, S.225 - 236
(Zum Besuch des US-Schlachtschiffes 'Missouri' in Istanbul 1946.)

1820 Cycon, Dieter: Nicht für immer neutral. Der griechisch-türkische Konflikt und die Allianz. In: Die Welt (Bonn) 185.(12.8.1974), S.4

1821 Cycon, Dieter: Schockierender Übermut. Die Allianz muß Türken und Griechen an den Verhandlungstisch bringen. In: Die Welt (Bonn) 188.(15.8.1974), S.4

1822 Dojnova, Cv.: Bǎlgarski diplomati za sǎvetsko-turskite otnosenija, 1921 - 1931 g. In: Meždunarodni Otnošenija (Sofija) 1974.1, S.154 - 160
(Bulgarische Diplomaten über die sowjetisch-türkischen Beziehungen, 1921 - 1931.)

1823 Gönlübol, M.: A short appraisal of foreign policy of the Turkish Republic. In: Turkish Yearbook of International Relations (Ankara) 14.1974, S.1 - 18

1824 Harris, George S.: The Soviet Union and Turkey. In: Lederer, I.J.; Vucinich, W.S.(Hrsg.): The Soviet Union and the Middle East. The post-World War II era. Stanford 1974, XII, 302 S., 1 Kt., 1 Tafel
(Hoover Institution publ., 133)

1825 Heß, Herbert: Feinde seit Jahrhunderten. Griechisch-türkische Konflikte. In: Süddeutsche Zeitung (München) 166.(22.7.1974), S.3

1826 Ionescu, M.E.: Încheierea alinţei militare balcanice tripartite (1936). In: Revista de Istorie (Bucureşti) 27.1974.12, S.1687 - 1705
(Der Abschluß des Balkanpaktes zwischen Rumänien, Jugoslawien und der Türkei, 1936.)(Mit franz.Resumée.)

1827 Janßen, Karl-Heinz: Blut, Tränen, Haß und Rache. 500 Jahre Erbfeindschaft zwischen Griechen und Türken. In: Die Zeit (Hamburg) 35.(23.8.1974), S.6

1828 Meichsner, Friedrich: "Luftkampf" über Lesbos. Die NATO-Partner Türkei und Griechenland streiten um Zypern, Minderheiten und Öl in der Ägäis. In: Die Welt (Bonn) 78.(2.4.1974), S.3

1829 Pichner, Nils: Porträts der Woche: Ungleiche Partner: Turan Güneş und Georgios Mavros, Außenminister der Türkei und Griechenlands. In: Stuttgarter Zeitung (Stuttgart) 189.(17.8.1974), S.4

1830 Pocchverija, B.M.: Politika Turcii v arabskich stranach. In: Mezdunarodnye otnosenija na Bliznem i Srednem Vostoke posle vtoroj mirovoj vojny. Moskva 1974, S.43 - 73
(Die Politik der Türkei in den arabischen Ländern in den 40er und 50er Jahren.)

1831 Ruehl, Lothar: Das politische Kräftespiel im östlichen Mittelmeer. In: Österreichische Zeitschrift für Außenpolitik (Wien) 14.1974.2, S.67 - 79

1832 Ruehl, Lothar: Balance zwischen Ost und West. Die Türken sträuben sich gegen Zugeständnisse an die Griechen. In: Die Zeit (Hamburg) 37.(6.9.1974), S.9 - 10

1833 Sisco, J.J.: United States security relations with Turkey. In: Department of State Bulletin (Washington D.C.) 70.1974.1816, S.389 - 392

1834 Ziegler, Gert: Ankara fürchtet die 'Enosis'. Die griechisch-türkische Spannung hat mehrere Gründe. In: Die Presse (Wien) 7883.(13.7.1974), S.3

1835 Akgönenc, Oya: A study of political dynamics of turkish foreign policy with particular reference to new trends in turco-arab relations, 1960 - 1975. (Ph.D.thesis) The American University 1975, 225 S.
(DBJ 76-29712)(DAI 37/0) A,p.1004)

1836 Ivanova, Inessa: Il'inična Pozicija Turcii v otnosenii arabo-izrail'skogo konflikta. Avtoref.dis.kand. Moskva 1975, 24 S.
(Die Stellung der Türkei im arabisch-israelischen Konflikt.)

1837 Karpat, Kemal H.(Hrsg.): Turkey's foreign policy in transition, 1950 - 1974. Leiden 1975, V, 233 S.
(Social, Economic and Political Studies of the Middle East, 17)

1838 Mango, Andrew: Turkey, a delicately poised ally. Beverly Hills, London 1975, 73 S.
(The Washington Papers, 3/28)

1839 Zivkova, Ljudmila: Anglo-tureckie otnosenija 1933 - 1939 gg. Moskva 1975, 199 S.
(Vortwort von I.M.Majskij. Aus dem Bulgarischen übersetzt von V.K.Volkov.)
(Siehe auch: 1791, 1884)

1840 Alexander, Robert: Embargo gegen Türken schockiert Teheran und Riad. In: Die Welt (Bonn) 183.(9.8.1975), S.4

1841 Altuğ, Yılmaz: The state of international détente and turkish foreign policy. In: Turkish Yearbook of International Relations (Ankara) 15.1975, S.25 - 36

1842 Alvarez, David J.: The embassy of Laurence A Steinhardt. Aspects of allied-turkish relations, 1942 - 1945. In: East European Quarterly (Boulder, Colorado) 9.1975.1, S.39 - 52

1843 (Anonym): Türkisch-französische Wiederannäherung. Sauvagnargues' Besuch in Ankara.(c-l) In: Neue Züricher Zeitung (Zürich) 266.(15.11.1975), S.6

1844 Bohle, Hermann: NATO-Bruch von Lesbos. Die Allianz bedroht von außen, ohne Konzept nach innen. In: Weltwoche (Zürich) 12.(26.3.1975), S.12

1845 Constantopoulos, D.S.: Der Nationalist Kemal Atatürk und die türkisch-griechische Freundschaft im Europa von 1930. In: Atatürk devrimleri I.milletlerarası simpozyumu / First international symposium on Atatürk's reform. İstanbul, 10.-14.IX. 1973. Tebliğler/papers. Istanbul 1975, S.541 - 547
(Mit türkischem Resumée, S.548 - 552)

1846 DiCasola, M.A.: Il problema della politica di neutralità della Turchia tra la fine del'42 et l'incontro di Adana. In: Il Politico. Rivista Italiana di Scienze Politiche (Pavia) 40.1975.2, S.238 - 263

1847 Ganusec, A.I.: Venešnepolitičeskij kurs pravitel'stva Turcii nakanune vtoroj mirovoj vojny. In: Vestnik Kievskogo Universiteta, Serija: Meždunarodnye otnošenija i meždunarodnoe pravo (Kiev) 1975.1, S.96 - 107

1848 Globig, Franz: NATO-Dammbruch ? In: Stuttgarter Zeitung (Stuttgart) 42.(20.2.1975), S.1

1849 Gönlübol, Mehmet: NATO and Turkey. In: Karpat, Kemal H.(Hrsg.): Turkey's foreign policy in transition, 1950 - 1974. Leiden 1975, S.13 - 50

1850 Harris, George S.: Turkey and the United States. In: Karpat, Kemal H.(Hrsg.): Turkey's foreign policy in transition, 1950 - 1974. Leiden 1975, S.51 - 72

1851 Heimsen, Henry: Neues Debakel an der NATO-Südflanke. Ankara auch nur stiller Teilhaber der Allianz? In: Bayernkurier (München) 7.(15.2.1975), S.7

1852 Höpker, Wolfgang: Selbstdemontage der NATO. Ägäis: US-Kongreß blockiert Waffenhilfe. In: Deutsche Zeitung - Christ und Welt (Bonn) 8.(14.2.1975), S.6

1853 Karpat, Kemal H.: Turkish-Soviet relations. In: Karpat, Kemal H.(Hrsg.): Turkey's foreign policy in transition, 1950 - 1974. Leiden 1975, S.73 - 107

1854 Karpat, Kemal H.: Turkey and Arab-Israeli relations. In: Karpat, Kemal H.(Hrsg.): Turkey's foreign policy in transition, 1950 - 1974. Leiden 1975, S.108 - 134

1855 Khalid, Detlev: The kemalist attitude towards muslim unity. In: Islam and the Modern Age (New Delhi) 6.1975.2, S.23 - 40

1856 Knight, J.: American statecraft and the 1946 Blach Sea straits controvery. In: Political Science Quarterly (New York) 90.1975.3, S.451 - 475

1857 Kondis, V.: Σύντομη ἐπισκόπηση τῶν ἑλληνοτουρκικῶν συέσεων ἀπὸ τὸ τέλος τοῦ πρώτου παγκόσμιου πολέμου ὥς τὴν εἰσδοχὴ τῶω δύο χωρῶν στὸ NATO - 1952. In: Βαλκανικὴ βιβλιογραφία. "Ιδρυμα Μελετῶν Χερσονήσου τοῦ Αἵμου. Bearbeitet von K.A. Dimidis. Bd.4: 1975. Thesalloniki 1977, S.11 - 34
(Mit engl.Res.: A short review of Greek-Turkish relations from the end of World War I until the entrance of the two countries in NATO,1952.)

1858 Konjachina, T.V.: "Pomošč'" Turcii po doktrine Trumena (Po poslednim publikacijam dokumentov gosudarstvennogo departamenta SSA. In: Narody Azii i Afriki (Moskva) 1975.3, S.135 - 143
(Die amerikanische 'Hilfe' für die Türkei auf Grund der Truman-Doktrin (nach den neuesten Dokumentveröffentlichungen des State Department).)

1859 Krüger, Hans-Jürgen: Athen bemüht sich um Beilegung des Konfliktes mit Ankara. Regierung Karamanlis will den Haager Gerichtshof anrufen. In: Frankfurter Allgemeine Zeitung (Frankfurt) 24.(29.1.1975), S.3

1860 Meichsner, Friedrich: Schwarzer Peter für die NATO? Gespräch mit dem früheren türkischen Ministerpräsidenten Ecevit. In: Die Welt (Bonn) 46.(24.2.1975), S.6

1861 Nordheim, Manfred von: Türkengreuel, farbig ausgemalt. Militärhilfe: Der Sieg der griechischen Lobby. In: Deutsche Zeitung - Christ und Welt (Bonn) 33.(8.8.1975), S.6

1862 Orudžev,M.G.: Sovetskij Azerbajdžan v zachvatničeskich planach fašistskoj Germanii i Turcii v gody vtoroj mirovoj vojny. In: Učenye Zapiski Azerbajdžanskogo Universiteta, Serija Istorii i Filosofii (Baku) 1975.5, S.20 - 26

1863 Pietsch, Isolde: Ein Embargo für die Türkei. Fehlentscheidungen des Kongresses bedrohen das globale Gleichgewicht. In: Rheinischer Merkur (Köln) 7.(14.2.1975), S.1

1864 Possaner, Georg: Türken verzeihen nicht. Die NATO und Ankaras Reaktion auf das US-Waffenembargo. In: Die Presse (Wien) 8199.(31.7.1975), S.3

1865 Possaner, Georg: Warten auf den Segen des Erzbischofs. Vom Ausgang der vierten Zypernrunde in New York hängt Aufhebung des US-Waffenembargos gegen Ankara ab. In: Die Presse (Wien) 8227.(3.9.1975), S.3

1866 Postel-Vinay,O.: Ankara et l'affaire chypriote. In: Revue Française d'Etudes Politiques Méditerranéennes (Paris) 12.1975, S.14 - 22

1867 Rallis, Georgios (Minister bei der Ministerpräsidentschaft in Griechenland): Zur aktuellen griechischen Außenpolitik, insbesondere im Zusammenhang mit den griechisch-türkischen Beziehungen und der Zypernfrage. (Interviewerin: Elisabeth Tzermias u.d.T.: 'Eine barbarische Provokation.' In: Weltwoche (Zürich) 7.(19.2.1975), S.15

1868 Rasizade, A.Š.: Anglo-amerikanskij blok i Turcija v period vtoroj mirovoj vojny. In: Učenye Zapiski Azerbajdžanskogo Universiteta , Serija Istorii i Filosofii (Baku) 1975.5, S.42 - 48
(Der angloamerikanische Block und die Türkei während des Zweiten Weltkrieges.)

1869 Rieder, Werner: Türkische Flaggenspiele und Drohungen gegen Athen. Ankara möchte amerikanisches Waffenembargo durch Druck gegen Griechenland ins Wanken bringen. In: Der Tagesspiegel (Berlin) 9116.(11.9.1975), S.3

1870 Rieder, Werner: Zypern-Kompromiß läßt auf sich warten. Kongreß-Entscheidung über amerikanisches Waffenembargo gegen Ankara steht noch immer aus. In: Der Tagesspiegel (Berlin) 9122.(18.9.1975), S.3

1871 Ruehl, Lothar: Reißt die NATO-Flanke auf ? Spannungen USA-Türkei: Die Einstellung der Rüstungshilfe schwächt das Bündnis. In: Die Zeit (Hamburg) 8.(14.2.1975), S.7

1872 Sofijev, M.M.: Sovet-Türkijä tigarät älagälärinin jaranmasĭ ve inkisafĭnda Zagafgazija Sovet Respublikalarĭnĭn istirakĭ (1922-1927). In: Elmi Äsärlär, Tarix vä Fälsäfä (Baku)

1975.2, S.76 - 83
(Die Beteiligung der transkaukasischen Sowjetrepubliken an der Anknüpfung und dem Ausbau der Handelsbeziehungen zwischen dem Sowjetstaat und der Türkei 1922 - 1927.)
(Mit russ. Res.)

1873 Sofijev, M.M.: Učastie zakavkazskoj federacii v sovetsko-tureckich kul'turnych svjazjach. In: Narody Azii i Afriki (Moskva) 1975.5, S.149 - 166
(Der Anteil der transkaukasischen Föderation an den sowjetisch-türkischen Kulturbeziehungen.)

1874 Sofiev, M.M.: Iz istorii zakavkazsko-tureckich kul'turnych svjazej v period Federacii. In: Učenye Zapiski Azerbajdžanskogo Universiteta, Serija Istorii i Filosofii (Baku) 1975.8, S.17 - 25
(Die transkaukasisch-türkischen Kulturbeziehungen in den 1920er und 1930er Jahren.)

1875 Spain, J.W.: The United States, Turkey and the poppy. In: Middle East Journal (Washington D.C.) 29.1975.3, S.295 - 309

1876 Tuncer, Baran: External financing of turkish economy and its foreign policy implications. In: Karpat, Kemal H.(Hrsg.): Turkey's foreign policy in transition, 1950 - 1974. Leiden 1975, S.206 - 224

1877 Wordehoff, Bernhard: Das Sorgenpaket an der Südflanke. Was die NATO schwächt. In: Vorwärts (Bonn-Bad Godesberg) 12.(27.3.1975), S.1

1878 Yodfat, Arye: The U.S.S.R. and Turkey. In: International Problems. The Journal of the Israeli Institute for the Study of International Affairs (Tel Aviv) 14.1975.1/2, S.32 - 47

1879 Akgönenç, Oya: A study of political dynamics of turkish foreign policy with particular reference to new trends in turco-arab relations, 1960 - 1975. (Ph.D.thesis) American University, Washington D.C. 1976, 221 S.
(UM 76-29,712)(DAI 37/07 A,p.1004)
(Unter 1835 mit dem Namen Akgönenc, anderer Jahres- und Seitenzahl vermerkt.)

1880 Burke, Mary Patrice: United States aid to Turkey: foreign aid and foreign policy. (Ph.D.thesis) University of Conneticut 1976, 257 S.
(UM 7731063)(DAI 38A.1978.8, p.5030)

1881 Karadžov, Sava Radev: Meždunarodni otnošenija, politika i ikonomika na republika Turcija 1945 - 1970. Sofija 1976, 532 S.
(Internationale Beziehungen, Politik und Wirtschaft der Republik Türkei 1945 - 1970.)

1882 Pocchverija, B.M.: Vnesnjaja politika Turcii posle vtoroj mirovoj vojny. Moskva 1976, 304 S.
(Die Außenpolitik der Türkei nach dem zweiten Weltkrieg.)

1883 Tamkoç, Metin: The warrior diplomats. Guardians of the national security and modernization of Turkey. Salt Lake City 1976, 394 S.
Rez.: Howard, Harry N. In: Balkan Studies (Thessalonike)

17.1976.2, S.440 - 442; Hale, W. In: International Affairs (London) 53.1977.1, S.131 - 132; Harris, George S. In: Middle East Journal (Washington D.C.) 31.1977.4, S.493 - 494

1884 Zhivkova, Ljudmila: Anglo-turkish relations 1933 - 1939. London 1976, 132 S.
(Vgl. auch 1791 (bulg.), 1839 (russ.).)

1885 (Anonym): Sowjetisches Liebeswerben um Ankara. Versuche zur Nutzung der anti-amerikanischen 'Konjunktur'. (C-l.) In: Neue Zürcher Zeitung (Zürich) 4.(8.1.1976), S.4

1886 Babincev, V.A.: Anglo-franko-tureckij pakt ot 19 oktjabrja 1939 g. In: Politika velikich deržav na Balkanach i Bližnem Vostoke (1933 - 1941). Sverdlovsk 1976, S.42 - 61
(Der englisch-französisch-türkische Pakt von 1939.)

1887 Batu, H.: La Turquie dans la détente. In: Politique Etrangère (Paris) 41.1976.5, S.459 - 483

1888 Bonse, Marie-Luise: Der Beitritt der Türkei zur Charta der Islamischen Konferenz. Die siebte islamische Außenministerkonferenz in Istanbul. In: Europa Archiv (Bonn) 31.1976.18, S.D 499 - D.506

1889 Brown, N.: Turkey and the West. In: Royal United Services Institute for Defense Studies (London) 12.1976.2, S.63 - 67
(Außenbeziehungen nach 1945.)

1890 Carretto, Giacomo E.: La conferenza islamica e la Turchia. In: Oriente Moderno (Roma) 56.1976.5/6, S.105 - 116
(Zur 7.Islamischen Konferenz, Istanbul, 12.V. - 15.V.1976.)

1891 Catsiapis, J.: Grèce: la diplomatie de M.Caramanlis face à Washington et Ankara. In: Revue Française d'Etudes Méditerranéennes (Paris) 17.1976, S.17 - 22

1892 Hottinger, A.: Atatürks Erbe. Türkei: Suche nach der Identität. In: Schweizerische Monatshefte (Zürich) 56.1976.5, S.343 - 406

1893 Howard, H.N.: The bicentennial in american-turkish relations. In: Middle East Journal (Washington D C.) 30.1976.3, S.291 - 310

1894 Ivanova, I.I.: Turcija i agressija Izrailija v 1967 g. In: Bližnij i Srednij Vostok (ėkonomika, istorija). Moskva 1976, S.143 - 149
(Die Türkei und die israelische Aggression von 1967.)

1895 Ivanova, I.I.: Oktjabr'skaja vojna na Bližnem Vostoke i pozicija Turcii. In: Političeskie i social'nye otnošenija v stranach Vostoka. Moskva 1976, S.29 - 39
(Der Oktoberkrieg im Nahen Osten und die Position der Türkei.)

1896 Konjachina, T.V.: Anglijskaja i amerikanskaja istoriografija 1971 - 1974 gg. o politike Anglii i SŠA v Turcii v 1945 - 1947 gg. In: Narody Azii i Afriki (Moskva) 1976.3, S.168 - 176
(Anglo-american historiography of turco-american relations (post-2nd World War).)

1897 Kürkçüoğlu, Ömer: Turkey's attitude towards the Middle East conflict. In: Dış Politika - Foreign Policy (Ankara)5.1976.4, S.23 - 33

1898 Smettan, Marion: Probleme und Politik der NATO im östlichen Mittelmeer. In: Deutsche Außenpolitik (Berlin, DDR) 22.1976.2, S.49 - 62

1899 Sofiev, M.: Techničeskaja pomošč' Sovetskogo Sojuza Turcii (k 40- letiju strojitel'stva kajserijskogo kombinata). In: Učenye Zapiski Azerbajdžanskogo Universiteta, Serija Istorii i Filosofii (Baku) 1976.4, S.23 - 32
(Die technische Hilfe der Sowjetunion an die Türkei.(Zum 40.Jahrestag des Baus der Textilfabrik in Kayseri.))

1900 Steinbach, Udo: Der veränderte Stellenwert des Nahen und Mittleren Ostens in der türkischen Außenpolitik. Nationale und religiöse Rückbesinnung als Motiv einer Neuausrichtung. In: Europa Archiv (Bonn) 31.1976.18, S.589 - 598

1901 Tamkoç, Metin: The impact of the Truman doctrine on the national security of Turkey. In: Dış Politika - Foreign Policy (Ankara) 6.1976.3/4, S.18 - 41

1902 Velikov, Stefan: Les relations culturelles, scientifiques et sportives bulgaro-turques (1924 - 1934). In: Etudes Balkaniques (Sofija) 12.1976.3, S.29 - 42

1903 Viti, Donatella: Nuovi rapporti USA-Grecia-Turchia. In: Relazioni Internazionali (Milano) 40.1976.17, S.399

1904 Yakın, Aziz: Turkish workers in Europe: positive and negative influences of turkish workers in Turkey's relations with Western Europe. In: Dış Politika - Foreign Policy (Ankara) 6.1976.3/4, S.106 - 115

1905 Černikov, Igor' Fedorovic: V interesach mira i dobrososedstva (o sovetsko'tureckich otnošenijach v 1935 - 1970 gg.). Kiev 1977, 198 S.
(Im Interesse des Friedens und der guten Nachbarschaft. (Zu den sowjetisch-türkischen Beziehungen 1935 - 1970.))

1906 Eren, Nuri: Turkey, NATO and Europe: a deteriorating relationship. Paris 1977, 54 S.
(The Atlantic Papers, 34)

1907 Fleury, Antoine: La politique allemande au Moyen-Orient: 1919 - 1939. Etude comparative de la pénétration de l'Allemagne en Turquie, en Iran et en Afghanistan. Paris 1977, XIII 432 S.
(Presses de l'institut universitaire des hautes études internationales. Collection de relations internationales, 5.)
Rez.: In: Afghanistan Journal (Graz) 6.1979.1, S.30; Davison, R.H. In: Middle East Journal (Washington D.C.) 33.1979.2, S.223; Tholie, J. In: Revue d'Histoire Moderne et Contemporaine (Paris) 27.1980.1, S.167 - 169

1908 Korchmazjan, R.S.: Turecko-germanskie otnošenija v gody vtoroj mirovoj vojny. Erevan 1977, 187 S.
Rez.: Eremeev, D.E.;Mejer,M.S. In: Vestnik Moskovskogo Universiteta, Serija Vostokovedenija (Moskva) 1980.1, S.69-70
(Türkisch-deutsche Beziehungen in den Jahren des Zweiten Weltkrieges.)

1909 Önder, Zehra: Die türkische Außenpolitik im Zweiten Weltkrieg.

München 1977, 313 S.
(Südosteuropäische Arbeiten, 73)
Rez.: Grulich, R. In: Materialia Turcica (Bochum) 3.1977, S.143; Bihl, W. In: Wiener Zeitschrift für die Kundes des Morgenlandes (Wien) 70.1978, S.134 - 135; Hillgruber, A. In: Jahrbücher für die Geschichte Osteuropas (München) 26.1978.3, S.445 - 447; Kreiser, K. In: Südost-Forschungen (München) 37.1978, S.448 - 450; Rühl, K.-J. In: Militärgeschichtliche Mitteilungen (Karlsruhe) 23.1978.2, S.266 - 267; Stadtmüller, G. In: Das historisch-politische Buch (Göttingen) 26.1978.4, S.126 - 127; Landau, J. In: Bibliotheca Orientalis (Leiden) 36.1979.3/4, S.261; Wagner, E. In: Zeitschrift der Deutschen Morgenländischen Gesellschaft (Wiesbaden) 129.1979.1, S.185

1910 Spanidis, A.G.: Πολιτικά καί στρατιωτικά θέματα. Athenai 1977, 182 S.
(Politische und militärische Themen. (Warum die Vereinigten Staaten die Türkei kontinuierlich und bedingungslos unterstützen.))

1911 (United States, Dept.of State,Historical Office, Bureau of Public Affairs): Foreign relations of the United States 1949. Vol.VI: The Near East, South Asia and Africa. Washington D.C. 1977, 1852 S.
(U.a. Türkei.)
Rez.: Howard, Harry N. In: Middle East Journal (Washington D.C.) 32.1978.2, S.220 - 221

1912 Babincev, V.A.: Saadabadskij pakt i period 'strannoj vojny' (Oktjabr' 1939 - Mart 1940). In: Politika velikich derzav na Balkanach i Bližnem Vostoke (1933 - 1943). Sverdlovsk 1977, S.115 - 129
(Der Pakt von Saadabad und die Periode des 'ungewöhnlichen Krieges' Oktober 1939 - März 1940.)

1913 Batu, Hamit: New developments in turkish foreign policy. In: Atlantic Community Quarterly (?) 15.1977.3, S.339 - 350

1914 Bechtold, Heinrich: Der Dualismus in der türkischen Politik. In: Außenpolitik (Hamburg) 28.1977.4, S.405 - 423

1915 Danilov, V.I.: Političeskie partii sovremennoj Turcii i sovetsko-tureckie otnošenija. In: Tbilisi, 25. - 27.V.1977: Velikij Oktjabr'i Turcija. Tbilisi 1977, S.43 - 49
(Die politischen Parteien der heutigen Türkei und die sowjetisch-türkischen Beziehungen.)

1916 Ganusec, A.I.: Vnešnepolitičeskij kurs pravitel'stva Turcii v načal'nyj period vtoroj mirovoj vojny. In: Vestnik Kievskogo Universiteta, Serija: Meždunarodnye otnošenija i meždunarodnoe pravo (Kiev) 1977.4, S.30 - 39
(Der außenpolitische Kurs der türkischen Regierung in der Anfangsphase des Zweiten Weltkrieges.)

1917 Gasbatjan, M.A.: Sovetsko-tureckij dogover 1925 g. - del'nejšce ukreplenie političeskogo sotrudničestva meždu Sovetskim Sojuzom i Turcija v 20-ch godach. In: Tbilisi, 25 - 27.V. 1977: Velikij Oktjabr'i Turcija. Tbilisi 1977, S.20 - 23

1918 Grak, V.N.: Voennye dejstvija v stranach Levanta i pozicija

Germanii (Ijun' - Ijul' 1941). In: Politika velikich derzav na Balkanach i Bližnem Vostoke (1933 - 1943). Sverdlovsk 1977, S.141 - 155

1919 Guillerez, B.: La Turquie fidèle àl'O.T.A.N. et déçue par Washington. In: Défense Nationale (Paris) 33.1977, S.83 - 92

1920 Hackett, Clifford: Ethnic politics in Congress: the Turkish Embargo Case. In: Said, Abdul Aziz(Hrsg.): Ethnicity and U.S. foreign policy. New York 1977, S.16 - 45

1921 Hoeppner, Rolf-Roger: Wohin steuert RCD - Iran, Pakistan, Türkei. In: Außenpolitik (Hamburg) 28.1977.2, S.227 - 235

1922 Knight, Jonathan: America's international guarantees for the Straits: Prelude to the Truman doctrine. In: Middle Eastern Studies (London) 13.1977.2, S.241 - 250
(Betrifft die Jahre 1945 - 1947.)

1923 Korchmazjan, R.S.: Nekotorye aspekty Balkanskoj politiki Turcii 1939 - 1941 gg. In: Tbilisi, 25. - 27.V.1977: Velikij Oktjabr'i Turcija. Tbilisi 1977, S. 35 - 39

1924 Olson, Robert W.; İnce, Nurhan: Turkish foreign policy from 1923 - 1960: Kemalism and its legacy. A review and a critique. In: Oriente Moderno (Roma) 57.1977.5/6, S.227 - 241

1925 Šabanov, F.Š.: Pravovye osnovy stanovlenija i razvitija sovetsko-tureckich otnošenij. In: Tbilisi, 25. - 27.V.1977: Velikij Oktjabr'i Turcija. Tbilisi 1977, S.15 - 17

1926 Sander, Oral: Turkey: the staunchest ally of the U.S.? Forces of continuity and change in the strategic relationship. In: Turkish Yearbook of International Relations (Ankara) 15.1977, S.10 - 24

1927 Steinbach, Udo: Auf dem Wege nach Europa? Die Beziehungen der Türkei und der EG durchlaufen eine kritische Phase. In: Orient (Opladen) 18.1977.1, S.79 - 101

1928 Tashan, Seyfi: Turkey and the Atlantic alliance. In: NATO Review (Brussels) 25.1977.5, S.18 - 21

1929 Baram, Phillip J.: The Department of State in the Middle East, 1919 - 1945. Philadelphia 1978, XXIV, 343 S.
(U.a. Türkei.)

1930 Campus, E.: The Little Entente and the Balkan alliance. București 1978, 207 S.
Rez.: Dascalu, Nicolae In: Revue des Etudes Sud-Est Européennes (București) 18.1980.3, S.529 - 531

1931 Mančev, Krăsto; Bistricki, Valerian: Bălgarija i nejnite săsedi, 1931 - 1939. Političeski i diplomatičeski otnošenija. Sofija 1978, 308 S.
(Bulgarien und seien Nachbarn, 1931 - 1939. Politische und diplomatische Beziehungen.)

1932 Sazanidis, Christos Z.: Οἱ ἑλληνοτουρκικὲς σχέσεις στὴν πενταετία 1973 - 1978. Thessalonike 1979, 468 S.
(Die griechisch-türkischen politischen Beziehungen in den Jahren 1973 - 1978.)

1933 Čevtaev, A.G.: Pozicija SŠA i Anglii v otnošenii Turcii (nojabr' 1942 g. - dekabr' 1943 g.). In: Amerikanskij ežegodnik 1978. Moskva 1978, S.69 - 93
(Die Position der USA und Englands in den Außenbeziehungen der Türkei (November 1942 - Dezember 1943).)

1934 Condellis, Arianne: Ecevit und Karamanlis streben nach neuen Gipfeln. Aber die Geschichte ist ein großes Hindernis. In: Die Presse (Wien) 9015.(11.4.1978), S.3

1935 Craig, Richard B.; Turner, Michael A.: Failure of the turkish opium ban: toward an explanation. In: Orient (Opladen) 19.1978.1, S.53 - 69

1936 Fataliev, M.B.: Pervye gody dejatel'nosti balkanskoj antanty i Turcija, 1934 - 1936. In: Elmi Äsärlär, Tarix vä Fälsäfä / Učenye zapiski istorija i filosofija (Baku) 1978.8, S.58-66
(Die ersten Jahre der Tätigkeit der Balkanentente und die Türkei, 1934 - 1936.)

1937 Ganusec, A.I.: Tureckij vopros na tegeranskoj konferencii. In: Šamsutdinov, A.M. et al.(Hrsg.): Problemy istorii Turcii. Moskva 1978, S.154 - 160
(Die türkische Frage auf der Konfernz von Teheran 1943.)

1938 Huebbenet, Georg von: Der türkisch-sowjetische Gewaltverzicht zielt auf die Griechen. Ecevits Moskaureise stärkt Position gegenüber den USA im Streit um die Ägäis. In: Stuttgarter Zeitung (Stuttgart) 148.(1.7.1978), S.4

1939 Ihlau, Olaf: EG-Mitgliedschaft für Athen - Waffen für Ankara. Vermittlungsvorschläge aus Washington und Bonn sollen die griechisch-türkischen Spannungen beseitigen. In: Süddeutsche Zeitung (München) 135.(15.6.1978), S.4

1940 Kohlschütter, Andreas: Die Würfel fallen in Washington. Nach dem türkisch-griechischen Gipfel: Carter lenkt ein. In: Die Zeit (Hamburg) 15.(7.4.1978), S.6

1941 Korchmazjan, R.S.: Vnešnjaja politika Turcii v gody vtoroj mirovoj vojny. In: Šamsutdinov, A.M et al.(Hrsg.): Problemy istorii Turcii. Moskva 1978, S.137 - 153

1942 Krüger, Hans Jürgen: Hoffnung auf den 'Geist von Montreux'. Karamanlis und Ecevit suchen nach einer griechisch-türkischen Verhandlungsbasis. In: Frankfurter Allgemeine Zeitung (Frankfurt) 118.(8.6.1978), S.10

1943 Łyczko-Grodzicka, Beata: Problem bezpieczeństwa w polityce zagranicznej Turcji w latach 1919 - 1939. In: Studia Historyczne (Kraków) 21.1978.3, S.197 - 219

1944 Manousakis, Gregor: Brisantes Dokument unterzeichnet. Ecevits Annäherung an den Nachbarn Sowjetunion. In: Rheinischer Merkur (Köln) 27.(7.7.1978), S.8

1945 Pfeiffer, Wolfgang: In der Not tut's auch ein falscher Freund. Zwischen Moskau und Ankara entstehen neue wirtschaftliche Bindungen. In: Deutsche Zeitung - Christ und Welt (Bonn) 5.(27.1.1978), S.6

1946 Pocchverija, B.M.: Osnovnye ėtapy sovetsko-tureckich otnošenij. In: Samsutdinov, A.M. et al.(Hrsg.): Problemy istorii Turcii. Moskva 1978, S. 161 - 171

1947 Ressing, Gerd: Bonns Wort für Ecevit. Eine traditionelle Allianz hat sich bewährt. In: Rheinischer Merkur (Köln) 20.(19.5.1978), S.5

1948 Ruehl, Lothar: Europas Sicherheitsprobleme im Mittelmeerraum. In: Europa Archiv (Bonn) 33.1978.2, S.33 - 42 (Enthält den Abschnitt: Die Türkei und Griechenland: unsichere Eckpfeiler.)

1949 Sirkov, Dimităr: La Bulgarie et les tentatives de formation d'un 'Bloc balkanique des neutres' (septembre - décembre 1939). In: Etudes Balkaniques (Sofija) 14.1978.1, S.21 - 29

1950 Steinbach, Udo: Perspektiven der türkischen Außen- und Sicherheitspolitik. In: Europa Archiv (Bonn) 23.1978.14, S.431 - 440

1951 Tabi, Rıfat: Prospects of cooperation in technology and scientific training. In: Türk-Arap İlişkileri: Geçmişte, Bugün ve Gelecekte. I.Uluslararası Konferansı Bildirileri. Ankara 1978, S.122 - 129

1952 Verosta, S.: Die Aufnahme der Beziehungen zwischen der Türkischen Republik und der Republik Österreich nach dem Vertrag von Lausanne. In: Lozan'ın 50.yılına armağan. Istanbul 1978, S.232 - 250

1953 Vinaver, Vuk: Balkanskiot pakt i politika na KPJ (1934 - 1940). In: Glasnik na Institutot za Nacionalna Istorija (Skopje) 22.1978.1/2, S.71 - 89
(Der Balkanpakt und die Politik der kommunistischen Partei Jugoslawiens (1934 - 1940).)

1954 Volkov, V.K.: Vnešnjaja politika Turcii i Grecii nakanune i v period mjunchenskogo sgovora. In: Voprosy Istorii (Moskva) 1978.4, S.42 - 61
(Die Außenpolitik der Türkei und Griechenlands am Vorabend und während der Zeit des Münchener Abkommens.)

1955 Wohlstetter, Albert: The strategic importance of Turkey and the arms embargo. In: Journal of International Relations (Boston, Va.) 3.1978.2, S.101 - 109

1956 Leighton, Marian Kirsch: Greco-turkish friction: changing balance in the Eastern Mediterranean. London 1979, 22 S. (Conflict Studies, 109)

1957 Manısalı, Erol: Foreign economic relations of Turkey. Istanbul 1979, 106 S.

1958 Tejchman, M.: Balkánská politika Velké Británie na počátku druhé světové války (1939 - 1941). Praha 1979, 67 S.
(Die Balkanpolitik Großbritanniens am Anfang des 2.Weltkrieges (1939 - 1941).)
Rez.: Mates, Pavel In: Historický Časopis (Praha) 28.1980.4, S.599

1959 Volkov, V.K.: Mjunchenskij sgovor i balkanskie strany. Moskva 1978, 327 S.
(Das Münchener Abkommen und die Balkanländer.)
Rez.: Mančev, Krašto In: Vekove (Sofija) 1980.5, S.88 - 90

1960 Volkov, V.K.: Mjunchenskij sgovor i balkanskie strany. (Avtoref.diss.doktora ist.nauk) Moskva 1979, 42 S. (Kurzfassung von 1959)

1961 Znamierowska-Rakk, Elżbieta: Rozwój stosunków Bulgarii z Grecja i Turcija po II wojnie światowej, 1944 - 1975. Wroclaw 1979, 236 S. (Die Entwicklung der Beziehungen Bulgariens mit Griechenland und der Türkei ab dem Zweiten Weltkrieg, 1944 - 1975.) (Mit engl. und russ. Res.)

1962 Akmandor, N.: Turkish and european security: the role of the Eurogroup. In: NATO Review (Brussels) 27.1979.4, S.7 - 11

1963 Boll, M.M.: Turkey's new national security concept: what it means for NATO. In: Orbis (Philadelphia) 23.1979, S.609 - 631

1964 Boll, M.M.: Turkey between East and West: the regional alternative. In: World Today (London) 35.1979.9, S.360 - 368

1965 Condellis, Ariane: Türkische 'Finger' zwischen griechischen Inseln? In: Die Presse (Wien) 9237(9.1.1979), S.3

1966 Dumont, Paul: La Turquie face aux états arabes du Moyen-Orient. In: Relations Internationales (Genève, Paris)20.1979, S.449 - 470

1967 Krüger, Hans-Jürgen: Griechen und Türken wollen weiter verhandeln. Die Beratungen zwischen Griechen und Türken wieder ohne Fortschritte. In: Frankfurter Allgemeine Zeitung (Frankfurt) 36.(12.2.1979), S.3

1968 Madrid, Juan: Rusia humillo a Turquia. In: Historia (Madrid) 16.1979.43, S.84 - 91 (Analyse der Beziehungen zwischen der Sowjetunion und der Türkei.)

1969 Taşhan, Seyfi: Turkey's relations with the U.S.A. and possible future developments. In: Dış Politika - Foreign Policy (Ankara) 8.1979, S.11 - 32

1970 Zoppo, Ciro Elliot: La Turchia e la NATO: una grossa crisi. In: Affari Esteri (Roma) 44.1979, S.446 - 465

1971 Chadziargyris, K. et al.: Οἱ ἑλληνοτουρκικὲς διαφορές. Κίνδυνοι καὶ δυνατότητες. Athenai 1980, 210 S. (Die griechisch-türkischen Zwistigkeiten. Gefahren und Möglichkeiten.)

1972 Anastasiadou, Ifigenia: Ὁ Βενιζέλος καὶ τὸ ἑλληνο-τουρκικὸ σύμφωνο φιλίας τοῦ 1930. In: Dimitrakopoulos, O.; Veremis, Th.(Hrsg.): Μελετήματα γύρω ἀπὸ τὸν Βενιζέλο καὶ τὴν ἐποχή του. Athen 1980, S.306 - 426 (Venizelos and the greco-turkish treaty of friendship of 1930.)

1973 Kuniholm, Bruce R.: The origins of the cold war in the Middle East. Great Power conflict and diplomacy in Iran, Turkey and Greece. Princeton 1980, XXIII, 485 S.

1974 Ataöv, Türkkaya: The Palestine question and Turkey. In: Türk-Arap İlişkileri: Geçmişte, Bugün ve Gelecekte. I.Uluslararası Konferansı Bildirileri. Ankara 1980, S.203 - 220

1975 Bernstein, Barton J.: The Cuban missile crisis: trading the Jupiter in Turkey ? In: Political Science Quarterly (New York) 95.1980.1, S.97 - 125

1976 Özselçuk, Nusret: The turkish brigade in the Korean war (25th June 1950 - 27th July 1953). In: Revue Internationale d'Histoire Militaire (Ankara) 46.1980, S.253 - 272 (Mit franz. Res.; Unwissenschaftlich !)

1977 Soysal, İsmail: Les alliances de la Turquie d'après-guerre, In: Revue d'Histoire Militaire (Ankara) 47.1980, S.273 - 290
(Mit engl. Res.; Unwissenschaftlich !)

1978 Turan, İlter: Whither turkish foreign policy ? In: Conflict (New York) 1.1980, S.17 - 29

13.4. Internationale Verträge / International treaties / Traités internationals

1979 Kraelitz-Greifenhorst, F.v.: Die Ungültigkeitserklärung des Pariser und des Berliner Vertrages durch die osmanische Regierung. o.O. o.J. 4 S.

1980 Noradounghian, Gabriel Effendi: Recueil d'actes internationaux de l'Empire Ottoman. (4 Bde.) Paris 1897 ff., Bd.I: 497 S., Bd.2: 513 S., Bd.3: 577 S., Bd.4: 658 S.

1981 Liszt, F.von: Die deutsch-türkischen Rechtsverträge vom 11.Januar 1917. In: Juristische Wochenschrift (Berlin) 46.1917, S.682 - 684

1982 Jäschke, Gotthardt: Das System der Staatsverträge der Türkischen Republik. In: Zeitschrift für Politik (Berlin) 23.1933, S.281 - 287

1983 Deuringer, Leonhard: Der deutsch-türkische Auslieferungsvertrag vom 3.September 1930. (Diss.) Tübingen 1934, 64 S. (U.34.8309)

1984 Jäschke, G.: Der Vertrag von Saadabad - ein Markstein in der Geschichte Vorderasiens. In: Zeitschrift für Politik (Berlin) 27.1937, S.495 - 499

1985 (League of Nations): Delimitation of the frontier between Turkey and Greece. In: Essential facts about the League of Nations. 10. überarb. Aufl. Geneva 1939, S.171 ff.

1986 Taylor, E.C.: Government contract requirements in Turkey. In: Comparative Law Series (?) 2.1939, S.585 - 588

1987 Wood, H.McK.: The treaty of Paris and Turkey's status in international law. In: American Journal of International Law (Washington) 37.1943, S.262 - 274

1988 Bellik, Mahmut R.: Le traité d'amitié, de conciliation et de règlement judiciaire entre la Turquie et l'Italie. In: Annales de la Faculté de Droit d'Istanbul (Istanbul) 1.1951.1, S.72 - 101

1989 Da'ver, Abidin: La Turquie et les pactes. In: La Turquie moderne (Istanbul) 64.(1.3.1952), S.6

1990 (United Nations, Legislative Series): Laws and practises

concerning the conclusion of treaties. New York 1953, 189 S.
(U.a. Türkei.)

1991 Soyer, Adil: La nouvelle Turquie et le Pacte de Bagdad. (Thèse) Paris 1955, 204, 64 S.

1992 Timur, Tarık: La traité turco-irakien (Pacte de défense mutuelle entre la Turquie et l'Irak du 25 février 1955.) (Thèse) Paris 1955, 216 S.

1993 Yazgan, Bekir: La conclusion des traités internationaux en Turquie. (Thèse) Paris 1959, 178 S.

1994 San, Adnan: Die Stellung der Türkei im Rahmen der internationalen Verträge seit dem ersten Weltkrieg. (Diss.) Göttingen 1963, XXIV, 164 S.
(U.63.3728)

1995 Seraydarian, Souren Georges: Der Sandschak von Alexandrette. Eine völkerrechtliche Untersuchung des Konfliktes. (Diss.) Wien 1967, 122 S.

1996 Erkiner, K.: Nomenclature des traités internationaux conclus par la Turquie (27 mai 1960 - 27 mai 1967). In: Annales de la Faculté de Droit d'Istanbul (Istanbul) 16.1967.26/28, S.421 - 519

1997 Sayman, Y.: Nomenclature des traités internationaux conclus par la Turquie. Du 27 mai 1968 au 21 mai 1969. In: Annales de la Faculté de Droit d'Istanbul (Istanbul) 18(=19).1969. 33/35, S.193 - 222

1998 Çelik, E.: La formation des traités en droit international et en droit turc. In: Annales de la Faculté de Droit d'Istanbul (Istanbul) 19(=20).1970.36, S.1 - 50

1999 Montgomery, A.E.: The making of the treaty of Sèvres of 10 august 1920. In: The historical Journal (Cambridge, Engl.) 17.1972.4, S.775 - 787

2000 Vavouskos, C.: Les règlementations juridiques opérées par le traité de San Stefano au sud de la péninsule d'Hénnes et ses répercussions ethnologiques. In: Balkan Studies (Thessalonike) 17.1976, S.269 - 282

2001 Berkin- Necmeddin; Altuğ, Yılmaz: Ein wichtiges, wertvolles Dokument ist der Konsularvertrag und der Vertrag über Rechtsschutz sowie die gegenseitige Rechtshilfe in bürgerlichen Angelegenheiten zwischen dem osmanischen und dem deutschen Reiche in dessen Anwendung auf dem deutschen Schutzgebiete im während des Ersten Weltkrieges. In: Annales de la Faculté de Droit d'Istanbul (Istanbul) 25(=26).1979.42, S.409 - 439

13.5. Kapitulationen / Capitulations / Capitulations

2002 Caleb, Raphael: Die Konsulargerichtsbarkeit in Bulgarien auf Grund der Kapitulationen mit der Türkei. (Diss.) Erlangen (Straßburg) 1903, 109 S.

2003 Déligeorges, Epaminondas L.: Die Kapitulationen der Türkei. (Diss.) Heidelberg 1907, XII, 131 S.

2004 Ziemke, Kurt: Die Dragomanatsassistenz vor den türkischen Gerichten. Mit besonderer Berücksichtigung der von den Konsulaten des Deutschen Reiches ausgeübten Praxis. Ein Beitrag zum Kapitulationenrechte. (Diss.) Berlin 1912, 37 S.
(U.12.5057)
Im Handel: Aus: Mitteilungen des Seminars für Orientalische Sprachen, Jahrgang 16, Abt.2 (1913)

2005 Bein, Wilhelm F.C.: Die Kapitulationen. Ihr Begriff, ihr wesentlicher Inhalt und ihre Aufhebung, beurteilt nach Völkerrecht und türkischem Staatsrecht. (Diss.) Greifswald (Wittenberg) 1916, 61 S.
(U.16.307)

2006 Lehmann, Walter: Die Aufhebung der Kapitulationen in der Türkei und ihre rechtliche Bedeutung. (Diss.) Greifswald (Berlin) 1916, 45 S.
(U.16.361)

2007 Nord, E.: Rechtsverfolgung in der Türkei zur Zeit der Kapitulationen. In: Zeitschrift für vergleichende Rechtswissenschaft (Heidelberg) 34.1916, S.381 - 425

2008 Kunke, Max: Die Kapitulationen der Türkei, deren Aufhebung und die neuen deutsch-türkischen Rechtsverträge. (Diss.) Erlangen 1918, XI, 182 S.

2009 Bentwich, H.: The abrogation of the turkish capitulations. In: Journal of comparative legislation (?) 5.1923, S.182 - 188

2010 Abi-Chahla, H.: L'extinction des capitulations en Turquie et dans les régions arabes. (Thèse) Paris 1924, 332 S.

2011 Essad, Mahmoud: Du régime des capitulations ottomanes. Leur caractère juridique d'après l'histoire et les textes.(Thèse) Fribourg (Istanbul) 1928, 136 S.
(Diss.Helv. 1928 - 365)

2012 Özen, Ruhattin: L'abrogation des capitulations en Turquie. (Thèse) Montpellier 1964, 129 S.

2013 Susa, Nasim: The system of the capitulations (in the Ottoman Empire). In: Comparative Law of Israel and the Middle East (Washington) 1971, S.17 - 37

2014 Wengler, W.: Von den Kapitulationen zur Kooperation der Gerichte. In: Lozan'ın 50.yılına armağan.Istanbul 1978, S.268 - 274

13.6. Aufteilung des Osmanischen Reiches / Partition of the Ottoman Empire / Démembrement de l'Empire Ottoman

2015 Howard, Harry N.: The partition of Turkey. Norman, Oklahoma 1931, k.S.
(Beschreibung der Geheimabkommen über die Aufteilung des Osm. Reiches im I.Weltkrieg.)

2016 Albrecht-Carré, R.: Italy at the Paris Peace Conference. The Paris Peace, history and documents. New York 1938, k.S.
(Beschreibung der Geheimabkommen über die Aufteilung des Osm. Reiches im I.Weltkrieg.)

2017 Pingaud, A.: Histoire diplomatique de la France pendant la grande guerre. 2 Vols., Paris 1938/1940, k.S. (U.a. Beschreibung der Geheimabkommen über die Aufteilung des Osm. Reiches.)

2018 Gottlieb, W.W.: Studies in secret diplomacy during the first World War. London 1951, k.S. (U.a. Beschreibung der Geheimabkommen über die Aufteilung des Osm. Reiches.)

2019 Evans, L.: United States policy and the partition of Turkey 1914 - 1924. Baltimore 1965, k.S. (U.a. Beschreibung der Geheimabkommen über die Aufteilung des Osm. Reiches.)

13.7. Vertrag von Sèvres - Meerengenfrage / Treaty of Sèvres - The Straits question / Traité de Sèvres - La question des Détroits

2020 Macfie, A.L.: The making of the treaty of Sèvres of 10 August 1920: the Straits clauses. In: Güney-Doğu Avrupa Araştırmaları Dergisi (Istanbul) 4/5.1975/1976, S.205 - 244

2021 Zürrer, W.: Die 'Griechische Frage' auf der Friedenskonferenz von 1919/20. In: Südost-Forschungen (München) 35.1976, S.183 - 246

13.8. Vertrag von Lausanne - Meerengenfrage - Bevölkerungsaustausch / Treaty of Lausanne - The Straits question - Exchange of populations / Traité de Lausanne - La question des Détroits - Echange des populations

2022 (League of Nations): Reciprocal exchange of racial minorities between Greece and Turkey. Report by Dr.Nansen, High Commissioner of the League of Nations. Geneva 1922, k.S.

2023 (League of Nations): Relief measures for refugees in Greece and Asia Minor. Report by Dr.Nansen, High Commissioner of the League of Nations. Geneva 1922, 12 S.

2024 (League of Nations): Convention concerning the exchange of greek and turkish populations, signed at Lausanne, January 30th, 1923. In: Trety Series (Geneva) 32, S.75 - 87 (Zweisprachig!)

2025 Guggenheim, Paul: Das Gutachten des Weltgerichtshofes betr. den griechsich-türkischen Bevölkerungsaustausch. In: Die Friedenswarte (?) 1925, S.133 - 134

2026 (League of Nations - Société des Nations): Excahnge of greek and turkish populations. - Echange des populations grecques et turques. Leyden 1925, 28, 28 S. (The Permanent Court of International Justice, Series B, No.10, February 21st, 1925)

2027 (League of Nations - Société des Nations): Article 3, paragraph 2, of the Treaty of Lausanne (frontier between Turkey and Iraq). - Article 3, paragraphe 2, du Traité de Lausanne (frontière entre la Turquie et l'Irak). Leyden 1925, 35, 35 S. (The Permanent Court of International Justice, Series B, No.12, November 21st, 1925)

2028 Pallis, A.: The exchange of populations in the Balkans. In: Nineteenth Century (?) (March) 1925, k.S.

2029 Trčka, Vratislav: Haagské rozhodnutí o rozsahu výměny řeckého obyvatelstva v Cařihradě. In: Zahraničkí Politika (Praha) 1925, S.308

2030 (League of Nations - Société des Nations): Interpretation of the Greco-Turkish Agreement of December 1st, 1926 (Final Protocol, article IV). Advisory opinion of August 28th, 1928. - Interprétation de l'Accord gréco-turc du 1er décembre 1926 (Protocole final, article IV). Avis consultatif du 28 août1928. Leyden 1928, 29, 29 S.
(The Permanent Court of International Justice, Series B, No.16, August 28th, 1928)

2031 Sêfêriadès, Stelio: L'échange des populations. In: Recueil de l'Académie de Droit international (?) 4.1928.24, S.311 - 437

2032 (League of Nations - Société des Nations): Fourteenth (ordinary) session (1928). Documents relating to Advisory Opinion No.16 (August 28th, 1928). Interpretation of the Greco-Turkish Agreement of December 1st, 1926 (Final Protocol, Article IV). - Quatorzième session (ordinaire) (1928). Documents relatifs à l'Avis consultatif no 16 (28 août 1928). Interprétation de l'Accord gréco-turc du 1er décembre 1926 (Protocole final, article IV). o.O. 1929, k.S.

2033 Streit, Georg: Der Lausanner Vertrag und der griechisch-türkische Bevölkerungsaustausch. Vortrag, gehalten auf Einladung des Instituts für Internationales Recht an der Universität Kiel am 13. Februar 1928. Berlin 1929, 71 S.
(Ser.Hrsg.: Universität Kiel, Institut für Internationales Recht, Reihe 1, 10)

2034 Devedji, Alexandre Emm.: L'échange obligatoire des minorités grecques et turques en vertu de la Convention de Lausanne du 30 janvier 1923. Paris 1930, 238 S.

2035 Eddy, Charles B.: Greece and the greek refugees. London 1931, 274 S.

2036 Hecker, Gottfried: Der völkerrechtliche Wohnsitzbegriff. Untersuchungen in Anknüpfung an den griechisch-türkischen Streit über den Bevölkerungsaustausch. (Diss.) Göttingen (Berlin-Grunewald) 1931, XVIII, 87 S.
(U.31.2921)
Im Handel: Internationalrechtliche Abhandlungen: 8

2037 Ladas, Stephen P.: The exchange of minorities. Bulgaria, Greece and Turkey. New York 1932, XVI, 849 S.

2038 Michaelsen, Erich: Die "Austauschbarkeit" im Sinne des griechisch-türkischen Vertrages vom 30.1.1923 und das Problem des Austausches von Minderheiten, unter besonderer Berücksichtigung dieses Vertrages. (Diss.) Hamburg 1940, 54 S.
(U.40.3303)

2039 Constantopoulos, Demetrios S.: Der griechisch-türkische Bevölkerungsaustausch und seine soziologischen Auswirkungen.

(Diss.) Hamburg 1941, 161 S.

2040 Akşin, S.: Relations with Great Britain and France during the War of Independence and at Lausanne. In: Lozan'ın 50. yılına armağan. Istanbul 1978, S.68-72

2041 Altuğ, Yılmaz: İsmet İnönü at Lausanne. In: Lozan'ın 50. yılına armağan. Istanbul 1978, S.32 - 37

2042 Cağa, T.: Maritime cabotage monopoly in Turkey. In: Lozan'ın 50. yılına armağan. Istanbul 1978, S.102 - 103

2043 Ergil, Doğu: The unceasing dispute over the turkish Straits. In: Lozan'ın 50. yılına armağan. Istanbul 1978, S.134 - 163

2044 Giritli, İsmet: Le héros de Lausanne: İsmet İnönü. In: Lozan'ın 50 yılına armağan. Istanbul 1978, S.47 - 51

2045 Hamitoğulları, B.: Les influences du Traité de Lausanne sur l'élaboration de notre système économique. In: Lozan'ın 50. yılına armağan. Istanbul i978, S.189 - 198

2046 Tanör, B.: La naissance de la thèse constitutionelle turque à la veille du Traité de Lausanne. In: Lozan(ın 50. yılına armağan. Istanbul 1978, S.230 - 231

2047 Macfie, A.L.: The Straits question: the conference of Lausanne (November 1922 - July 1923). In: Middle Eastern Studies (London) 15.1979, S.211 - 238

13.9. Mossulfrage / The Mosul question / La question de Mossoul

2048 Consultation sur l'article 3, paragraphe 2, du traité de Lausanne concernant la frontière entre la Turquie et l'Irak. Paris 1925, 33 S.

2049 Laidoner, F.: Report to the Council of the League of nations on the situation in the locality of the provisional line of the frontier between Turkey and Irak, fixed at Brussels on October 29, 1924; Mosul, Nov.23, 1925. London 1925, 7 S. (H.M.Stationery office: Cmd.2557)

2050 (League of Nations, Council): Decision relating to the Turco-Irak frontier adopted by the Council of the League of nations, Geneva, Dec.16, 1925. London 1925, 5 S. (H.M.Stationery office: Cmd.2562)

2051 (League of Nations): Turco-Irak frontier, memorandum on the enquiry conducted by MM. Ortega-Menez, Markus and Charrère into the deportation of Christians in the neighbourhoof of the Brussels line, Mosul, Nov.23, 1925. London 1925, 8 S. (H.M.Stationery office: Cmd.2563) (= Fortsetzung von 2049)

2052 Luke, H.C.: Mosul and its minorities. London 1925, 161 S.

2053 (Société des Nations): La question de Mossoul à la 35me Session du Conseil de la Société des Nations. 2 Vols. Lausanne 1925, k.S.

2054 (Turque, République): La question de Mossoul, de la signature du traité d'armistice de Moudros (30 oct.1918) au 1er mars 1925. Constantinople 1925, 317 S. (Documents du ministère des affaires étrangères.)

2055 Unden, B.O.: Report on the question of the Turco-Irak frontier, Geneva, Dec.16, 1925. (In continuation of Cmd. 2562.) London 1925, 9 S.
(H.M.Stationery office: Cmd.2565) (= Fortsetzung von 2050)

2056 (Anonym): The Mosul question. In: United States. Editorial research papers (Washington) (Oct.26).1925, S.674 - 683

2057 Gidel, Gilbert: L'Affaire de Mossoul. L'Avis consultatif de la Cour permanente de Justice internationale. In: l'Europe Nouvelle (?) 8.1925.406 (= 28 nov.), S.1608 - 1610

2058 Verzijl, J.H.W.: La classification des différends internationaux et la nature du litige anglo-turc relatif au vilayet de Mossoul. In: Revue de Droit internationale et de Législation comparée (Bruxelles) 1925.6, S.732 - 759

2059 (Great Britain, Foreign office): Letter from His Majesty's government to the Secretary-general of the League of nations and proceedings of the Council of the League regarding the determination of the Turco-Irak frontier and the application to Irak of the provisions of article 22 of the Covenannt of the League, London, March 2, 1926 and Geneva, March 11, 1926. (In continuation of Cmd.2562.) London 1926, 11 S.
(H.M.Stationery office: Cmd.2624) (= Fortsetzung von 2050)

2060 (Great Britain): Treaty between the United Kingdom, Irak and Turkey regarding the settlement of the frontier between Turkey and Irak, together with notes exchanged, Angora, June 5, 1926. London 1926, 14 S.
(H.M.Stationery office: Cmd.2679)

2061 Mercier, M.: Les pétroles de Mossoul et la participation française. Paris 1926, 7 S.

2062 (Société des Nations - League of Nations): Neuvième session (extraordinaire) (octobre - novembre 1925). Documents relatifs à l'Avis consultatif no 12 (21 novembre 1925). Traité de Lausanne, article 3, paragraphe 2 (Frontière entre la Turquie et l'Irak). - Ninth (extraordinary) session (october-November, 1925). Documents relating to Advisory Opinion No.12 (November 21st, 1925). Treaty of Lausanne, article 3, paragraph 2 (Frontier between Turkey and Iraq). o.O. 1926, k.S.

2063 V.F.M.: The Mosul question. Paris 1926, 44 S.
(Publ. by the reference service on international affairs of the American Library in Paris)

2064 Wright, P.Q.: The Mosul dispute... o.O. 1926, 11 S.

2065 Le Fur, Louis: L'affaire de Mossoul. In: Revue générale de droit international public (Paris) 33.1926.1/2, S.60 - 103

2066 Le Fur, Louis: L'affaire de Mossoul. In: Revue générale de droit international public (Paris) 33.1926.3/4, S.209 - 245

2067 Guggenheim, Paul: Das Gutachten des Weltgerichtshofes in der Mossulfrage und der Entscheid des Völkerbundrates. In: Die Friedenswarte (?) 26.1926.1, S.5 - 8

2068 Keith, Berriedale: The League of Nations and Mosul. In: Journal of comparative legislation and international law (?) third series 8.1926 (February).1, S.38 - 49

2069 Ray, Marcel: L'accord anglo-turc sur la question de Mossoul. In: L'Europe Nouvelle (?) 9.1926(12 juin).434, S.804 - 805

2070 Swanwick, H.M.: The Mosul Dispute. In: Foreign Affairs (London) 7.1926.7, S.190 - 192

2071 Wright, Quincy: The Mosul Dispute. In: American Journal of International Law (Washington) 20.1926.3, S.453 - 464

2072 Yate, Charles: The Mosul question. In: Asiatic Review (?) 22.1926, S.48

2073 Crustiansky, L.: La question de Mossoul devant le Conseil de la Société des Nations. Paris 1927, 143 S.

2074 Le Fur, L.: L'affaire de Mossoul. Paris 1927, 85 S. (Revue générale de droit international public.)

2075 Briggs, Herbert Whittaker: L'Avis consultatif no 12 de la Cour permanente de justice internationale dans l'affaire de Mossoul. In: Revue de Droit international et de Législation comparée (Bruxelles) 1927, S.626 - 655

2076 Hooper, Charles A.: L'Iraq et la Société des Nations. Application à l'Iraq des dispositions de l'article 22 du Pacte de la Société des Nations(comprenant un recueil de textes officiels). Paris 1928, 112 S.
(Kapitel V: La question de Mossoul, S.63 - 91)

2077 Bomli, P.E.J.: L'Affaire de Mossoul. (Thèse) Utrecht (Amsterdam, Paris) 1929, VIII, 252 S.

2078 Tourgoud Bey, Demir: Die Mossulfrage. (Diss.) Wien 1929, k.S.

2079 Elbe, Joachim von: Der englisch-türkische Mossulkonflikt. In: Zeitschrift für ausländisches öffentliches Recht und Völkerrecht (Stuttgart) 1.1929.(Teil 1), S.391 - 418

2080 Hoeli, Henry U.: England im Nahen Osten. Das Königreich Irak und die Mossulfrage. (Diss.) Erlangen 1931, IX, 169 S. (U.32.2074)
Im Handel: Erlanger Abhandlungen zur mittleren und neueren Geschichte: 10

2081 Stone, Julius: The rule of unanimity: the practice of the Council and Assembly of the League of Nations. In: The British Year Book of International Law (London) 1933, S.18 - 42 (Darin enthalten: Frontier between Turkey and Iraq. S.21 - 22.)

2082 Riches, Cromwell A.: The unanimity rule and the League of Nations. London 1934, k.S.

13.10. Vertrag von Montreux - Meerengenfrage / Treaty of Montreux - The Straits question / Traité de Montreux - La question des Détroits

2083 Goriainov, M.: Le Bosphore et les Dardanelles. Paris 1910, k.S.

2084 Daşcovici, Nicolae: La Question du Bosphore et des Dardanelles. Genève 1915, VII, 307 S.

2085 Buxton, Noel; Phillipson, Coleman: The Question of the Bosporus and the Dardanelles. London 1917, k.S.

2086 Visscher, Fernand D.: Le régime nouveau des Détroits. In: Revue de droit international et de législation comparée (Bruxelles) 4.1923.6, S.537 - 572

2087 Visscher, Fernand D.: Le régime nouveau des Détroits. In: Revue de droit international et de législation comparée (Bruxelles) 5.1924.1/2, S.13 - 17

2088 Shatzky, B.E.: La question de Constantinople et des Détroits. In: Revue d'Histoire de la Guerre Mondiale(?) 4.(October) 1926.4, S.289 - 293

2089 Mohr, Paul: Konstantinopel und die Meerengenfrage. Berlin 1927, 40 S.
(= Meereskunde (?) Band 16, Heft 178)

2090 Shatzky, B.E.: La question de Constantinople et des Détroits. In: Revue d'Histoire de la Guerre Mondiale (?) 5.(January) 1927.1, S.19 - 43

2091 Langer, William L.: Russia, the Straits question and the origins of the Balkan League, 1908 - 1912. In: Political Science Quarterly (New York) 43.1928.3, S.329 - 337

2092 Kerner, R.J.: Russia, the Straits and Constantinople, 1914 - 1915. In: Journal of Modern History (?) 1.1929, S.400 - 415

2093 Graves, Philip Perceval: The Queszion of the Straits. London 1931, k.S.

2094 Mandestam, A.: La politique russe d'accès à la Mediterrannée. In: Recueil des Cours (?) 47.1934.1, S.603 798

2095 Djonker, M.C.: Le Bosphore et les Dardanelles. Les conventions des Détroits de Lausanne (1923) et de Montreux (1936). (Diss.) Lausanne 1938, 167 , 1 S.

2096 Fenwick, Charles G.: The new status of the Dardanelles. In: American Journal of International Law (Washington) 30,1936, S.701 - 706

2097 Golliard, Claude A.: La Convention de Montreux. Nouvelle Solution du problème des Détroits. In: Revue de Droit International (Paris) 1936.3, k.S.

2098 Howard, Harry N.: The Straits after the Montreux Conference. In: Foreign Affairs (London) 1936, S.199 - 202

2099 (Montreux - Conférence de Montreux concernant le régime des Détroits): Actes de la Conférence de Montreux, 22 juin - 20 juillet 1936. Compte rendu des séances plénières et procès-verbal des débats du Comité technique. Liège 1936, 310 S.

2100 (Montreux - Convention de Montreux): Convention concernant le régime des Détroits, signée à Montreux, le vingt juillet 1936. ;Paris, Lausanne 1936, 18, VIII S.

2101 (Montreux): Convention regarding the regime of the straits signed at Montreux, July 20, 1936. In: Turkey No.1 (1936), London 1936, k.S.
(H.M.Stationery office, Cmd.5249)

2102 Routh, D.H.: The Montreux Convention regarding the regime of the Black Sea Straits. In: Survey of International Affairs

(?) 1936, S.584 - 651

2103 Visscher, Fernand D.: La nouvelle Convention des Détroits. In: Revue de droit international et de législation comparée (Bruxelles) 1936, S.669 - 718

2104 Daşcovici, Nicolae: Marea noastră, san Regimul strâmtorilor. Anexă: Textul conventiei dela Montreux şi hasta Strâmtorilor. Iaşi 1937, X, 306 S. (Publicaţiite Institutului de Drept International Public al Universităţii Mihăilene din Iaşi: 9/10)

2105 Fitzmaurice, Gerald G.: The Straits Convention of Montreux, 1936. In: British Yearbook of International Law (London) 18.1937, S.186 - 191

2106 Nava, S.: Il problema del mediterraneo orientale. In: Oriente Moderno (Roma) 1837, S.61 - 78

2107 Abrévaya, Juliette: La conférence de Montreux et le régime des Détroits. Paris 1938, 211 S.

2108 Howard, Harry N.: The Straits after the Montreux Convention. In: Foreign Affairs (London) 1938, S.199 - 202

2109 Bremoy, Guillaume de: La conférence de Montreux et le nouveau régime des Détroits. Paris 1939, 230 S.

2110 Warsamy, G.D.: La Convention des Détroits, Montreux 1936. Paris 1939, k.S.

2111 Deak, Francis; Shotwell, James T.: Turkey and the Straits - a short history. New York 1940, k.S.

2112 Patmore, Derek: Turkey on the Straits and narrow path of neutrality. In: Journal of the Royal Central Asian Society (London) 1944, S.281 - 288

2113 Grosbois, Jacques: La Turquie et les Détroits. Paris 1945, 32 S. (Questions d'aujourd'hui: 18)

2114 Howard, Harry N.: The Montreux Convention of the Straits. In: Department of State Bulletin (Washington) 15.(September 8) 1946, S.435 - 446

2115 Howard, Harry N.: Problem of the turkish Straits. Principal Treaties and Conventions, 1774 - 1936. In: Department of State Bulletin (Washington) 15.(November 3)1946, S.790 - 807

2116 Howard, Harry N.: The problem of the turkish Straits. Washington D.C. 1947, 68 S. (U.S. Dept.of State, Publ.2752, Near Eastern Series 5)

2117 Bilsel, Cemil: The turkish Straits in the light of recent turkish-soviet russian correspondence. In: American Journal of International Law (Washington) 41.1947.4, S.727 - 747

2118 Black, Cyril: The turkish Straits and the Great Powers. In: Foreign Policy Reports (?) (1 October) 1947, S.173 - 182

2119 Esmer, Ahmet Şükrü: The Starits: Crux of world politics. In: Foreign Affairs (London) 25.(January)1947.2, S.290 - 303

2120 Howard, Harry N.: The United States and the turkish Straits. In: Middle East Journal (Washington D.C.) 1.1947, S.59 - 73

2121 Howard, Harry N.: Some recent developments in the problem of the Turkish Straits: 1945 - 1946. In: Department of State Bulletin (Washington) 16.(26 January) 1947, S.143 - 151

2122 Anchieri, Ettore: Constantinopoli et gli stretti nella politica russa ed europea dal tratato di Qüciük Kainargi. Milano 1948, 248 S.

2123 Hughessen, Hughe: Turkey and the Straits. In: Great Britain and the East (?)(March) 1948, S.40 - 42

2124 Padelford, Norman J.: Solutions to the problem of the Turkish Straits. In: Middle East Journal (Washington) 2.1948, S.175 - 190

2125 Bürgin, Werner: Die Frage der Meerengen der Dardanellen und des Bosporus. Der Vertrag von Montreux (1936). (Diss.) Basel 1949, 141 S.
(Diss.Helv. 1949 - 24)

2126 Karaşahin, ?: Depuis le Traité de Montreux: la question des Détroits. (Thèse) Paris 1950, 133 S.

2127 Savidis, ?: Le régime des Détroits (Bosphore et Dardanelles), 25 traités et conventions hors Texte. Paris 1951, 108 S. (Librairie générale de droit et de jurisprudence)

2128 Gönlübol, Mehmet: Turkish Straits. (M.A.thesis) Denver, Col. 1952, k.S.

2129 Tchirkovitch, N.: La question de la révision de la Convention de Montreux concernant le régime des Détroits turques, Bosphore et Dardanelles. In: Revue générale de droit international public (?) 1952, S.189 - 222

2130 Davison, Roderic: Middle East nationalism - Lausanne Treaty thirty years after. In: Middle East Journal (Washington) 7.1953, S.324 - 348

2131 (Montreux): Convention regarding the regime of the straits, signed at Montreux, July 20, 1936. In: Miller Davis, Hellen (Hrsg.): Constitutions, Electoral Laws, Treaties of States in the Near and Middle East. Durham N.C. 1953, S.486 - 496

2132 Akpınar, Yılmaz: La question de la révision de la convention de Montreux. Etude politico-juridique. (Diss.) Paris 1954, 164 S.

2133 Baltalı, Kemâl: Les Détroits turcs depuis le traité de Montreux. (Thèse) Caen 1954, VI, 141 S.

2134 Howard, Harry N.: The United States and the problem of the Turkish Straits. The foundations of american policy, 1830 - 1914. In: Balkan Studies (Thessalonike) 3.1962, S.1 - 28

2135 Howard, Harry N.: The United States and Turkey. American policy in the Straits Question. In: Blakan Studies (Thessalonike) 4.1963, S.225 - 250

2136 Hurewitz, Jacob C.: Russia and the Turkish Straits. A revaluation of the origins of the problem. In: World Politics (?) 14.1962.4, S.605 - 632

2137 Hurewitz, J.C.: The background of Russia's claim to the Turkish Straits. (A reassessment) In: Belleten (Ankara) 28.1964.111, S.459 - 503

2138 (Anonym): Es geht wieder um die Dardanellen: Durchbruch am Mittelmeer. In: Civis. Zeitschrift für christlich demokratische Politik (Bonn) 1965.2, S.20 - 21

2139 Zechlin, Egmont: Die türkischen Meerengen - ein Brennpunkt der Weltgeschichte. In: Geschichte in Wissenschaft und Unterricht (Stuttgart) 17.1966.1, S.1 - 31

2140 Howard, Harry N.: The Turkish Straits after World War II. Problems and prospects. In: Balkan Studies (Thessalonike) 11.1970.1, S.35 - 60

2141 Deutsch, Robert: Die Entstehung des Meerengenvertrages von Montreux 1936. Bukarest 1971, 265 S. (Bibliotheca Historia Romaniae: 37)

2142 Crowe, Standefer Fletcher III: The Soviet Union and the Turkish Straits, 1933 - 1945. (Ph.D.thesis) Florida State University 1973, 456 S. (UM 74-08391)(DAI 34.1974.10, p.6559)

2143 DeLuca, Anthony Rocco: The Montreux Convention of 1936. A diplomatic study of anglo-soviet rivalry at the Turkish Straits. (Ph.D.thesis) Stanford University 1974, k.S. (UM 74-13621)

2144 Howard, Harry N.: Turkey, the Straits and U.S. policy. Baltimore, London 1974, 337 S.
Rez.: Griswold, W.J. In: Annals of the American Academy of Political and Social Science (Philadelphia) 422.1975, S.167; Xydis, S.G. In: Political Science Quarterly (New York) 90.1975.3, S.555 - 556; Campbell, C. In: Slavic Review (New York) 35.1976.1, S.172 - 173; Trask, Roger R. In: American Historical Review (New York) 81.1976.4, S.917; Wright, Edwin M. In: Balkan Studies (Thessalonike) 17.1976.1, S.171 - 172; Dodd, C.H. In: Government and Opposition (London) 12.1977.1, S.115 - 116

2145 Deutsch, Robert: Conferinta de la Montreux. Bucureşti 1975, 205 S.
Rez.: Nicolae, D. In: Revista de Istorie (Bucureşti) 29.1976.2, S.312 - 313

2146 DeLuca, Anthony R.: Montreux and collective security. In: Historian. A Journal of History (Allentown, Penn.)38.1975.1, S.1 - 20

2147 Howard, Harry N.: American policy relative to the Turkish Straits during the interwar years (1919 - 1939). In: Μελετήματα στή μνήμη Βασιλείου Λαούρδα. Thessaloniki 1975, S.569 - 590

2148 Buzan, Barry: The status and future of the Montreux Convention. In: Survival (London) 18.1976.6, S.242 - 247 (Untersucht Wert und weitere Möglichkeiten der Konvention von Montreux angesichts der Durchfahrt der 'Kiev' durch die Meerengen.)

2149 (Montreux): The Montreux Convention. In: Survival(London) 18.1976.6, S.266 - 271

2150 Morf, Jürgen: Die Dardanellenfrage an der Konferenz von Montreux 1936. (Diss.) Zürich 1977, X, 243 S. (Diss.Helv. 1977 - 1688) (Geist und Werk der Zeiten - Arbeiten aus dem Historischen Seminar der Universität Zürich: 1955)

2151 DeLuca, Anthony: Soviet-american politics and the Turkish Straits. In: Political Science Quarterly (New York) 92.1977.3, S.503 - 524

2152 Knight, H.G.: The 'Kiev' and the Turkish Straits. In: American Journal of International Law (Washington) 71.1977, S.31 - 59

2153 Ergil, D.: The unceasing dispute over the Turkish Straits. In: Lozan'ın 50.yılına armağan. Istanbul 1978, S.134 - 163

13.11. Der Streit um den Festlandsockel in der Ägäis / Aegean Sea Continental Shelf Case / Affaire du plateau continental de la mer Egée

2154 Saka, Mehmet İsmail: La situation politico-juridique dans la mer Egée. (Thèse) Paris 1954, 123 S.

2155 Franz, Eberhard: Der Streit um die Rechte am Schelf im Ägäischen Meer zwischen Griechenland und der Türkei. In: Orient (Opladen) 15.1974.3, S.116 - 126

2156 Held, Robert: Nach Zypern: ein Ringen um die Ägäis. Künftiges Seerecht schafft weiteren Konfliktstoff zwischen Griechenland und der Türkei. In: Frankfurter Allgemeine Zeitung (Frankfurt) 207(7.9.1974), S.2

2157 Maier-Mannhart, Helmut: Der ägäische Ölkonflikt schwelt weiter. Griechenland und die Türkei streiten um den Festlandsockel. In: Süddeutsche Zeitung (München) 170(26.7.1974), S.19

2158 Pfeiffer, Wolfgang: Im Mittelmeer droht ein Bruderkrieg. Öl in der Ägäis: Die NATO-Mitglieder Griechenland und Türkei mobilisieren ihre Truppen. In: Deutsche Zeitung - Christ und Welt (Bonn) 23.(7.6.1974), S.6

2159 Papadimitriou, Georgios: 'Η διαφορὰ γιὰ τὴν ὑφαλοκρηπίδα τοῦ Αἰγαίου καὶ Κυπριακὸ πρόβλημα. Athenai 1975, 60 S. (Der Streit um den Festlandsockel in der Ägäis und das Zypernproblem.)

2160 Ploumidis, Manousos: 'Η 'Ελλενοτουρκικὴ κρίση. 'Ελλὰς καὶ Τουρκία, ἕνα πρόβλημα συμβιώσεως. Athenai 1975, 79 S. (Die griechisch-türkische Krise. Griechenland und die Türkei, ein Problem des Zusammenlebens.)

2161 Klemm, Ulf-Dieter: Der Streit um den Festlandsockel in der Ägäis. In: Recht der Internationalen Wirtschaft (Heidelberg) 21.1975.10, S.568 - 574

2162 Meichsner, Friedrich: Athen will in der Ägäis nicht vor Ankara weichen. Averoff beklagt die Haltung des Westens. In: Die Welt (Bonn) 52.(3.3.1975), S.5

2163 Menoncourt, J.: Dangereuse rivalité gréco-turque en Méditerranée orientale. In: Défense nationale (Paris) 32.1975.5, S.75 - 91

2164 Ziegler, Gert: Kein Verlaß auf die Großen. Athen will Ägäis-Frage vor den IGH in Den Haag bringen. In: Die Presse (Wien) 8058.(11.2.1975), S.3

2165 Bennett, W.T.: U.S. calls for Greece-Turkey talks on Aegean Sea dispute. In: Department of State Bulletin (Washington) 75.1976.1943, S.373 - 375

2166 (International Court of Justice): Reports of judgements, advisory opinions and orders. 1976. Aegean Sea Continental Shelf Case (Greece v. Turkey). Request for the indication of interim measures of protection. Order of 11 September 1976.- Recueil des arrêts, avis consultatifs et ordonnances. 1976. Affaire du plateau continental de la mer Egée (Grèce v. Turquie). Demande en indication de mesures conservatoires. Ordonnance du 11 septembre 1976. The Hague / La Haye 1976, 41, 41 S.
(International Court of Justice - Cour internationale de Justice, sales number - no de vente: 423)

2167 (International Court of Justice - Cour internationale de Justice): Reports of Judgements, advisory opinions and orders. 1976. Aegean Sea Continental Shelf Case (Greece v.Turkey). Order of 14 October 1976. - Recueil des arrêts, avis consultatifs et ordonnances. 1976. Affaire du plateau continental de la mer Egée (Grèce v. Turquie). Ordonnance du 14 octobre 1976. The Hague / La Haye 1976, 2, 2 S.
(International Court of Justice - Cour internationale de Justice, sales number - no de vente: 424)

2168 Souliotis, Yannis: Le différend greco-turc au sujet du plateau continental de la Mer Egée. Nice 1976, 81 S.

2169 Bettati, Mario: L'affaire du plateau continental de la mer Egée devant la Cour internationale de Justice: demande en indication de mesures conservatoires. Ordonnance du 11 Septembre 1976. In: Annuaire Français de Droit International (Paris) 22.1976, S.99 - 115

2170 (Cour internationale de Justice): Cour internationale de Justice. Année 1976. 11 septembre 1976. Affaire du plateau continental de la mer Egée (Grèce v. Turquie). Demande en indication de mesures conservatoires. Ordonnance. In: Revue héllenique de droit international (Athènes) 29.1976, S.224 - 258

2171 (Court internationale de Justice): Différend maritime entre la Grèce et la Turquie. In: ONU. Chronique mensuelle (?) 13.(octobre)1976.9, S.36

2172 (International Court of Justice): Order on request by Greece for the indication of interim measures of protection in the Aegean Sea Continental Shelf Case (Greece v. Turkey). (With separate opinions.) In: International Legal Materials (Washington) 15.(September)1976.5, S.935 - 1009

2173 (International Court of Justice): Aegean Sea Continental Shelf Case (Greece v. Turkey). Request for the indication of interim measures of protection. (English text of) order of 11 September 1976. In: The International Lawyer (Washington) 10.1976.4, S.757 - 768

2174 (International Court of Justice): Court rules against interim protection for Greece in sea dispute with Turkey. In: UN Monthly Chronicle (?) 13.(October)1976.9, S.35

2175 (International Court of Justice - Cour internationale de Justice): Ordinanza (del 11 settembre 1976) nell'affare piattaforma continentale del mare Egeo (Grecia c. Turchia). (Texte français.) In: Rivista di Diritto Internazionale (Milano) 59.1976.4, S.779 - 788

2176 (International Court of Justice): La Corte sentencia contra la protección interina a Grecia, en la disputa con Turquia. In: ONU. Crónica mensual (?) 13.1976.9, S.39

2177 Papadakis, N.: Troubled waters in the Aegean. In: Middle East Economic Digest (London) 34.1976.5/6, S.8 - 9 (Erdöl in der Ägäis. Türkisch-griechische Beziehungen.)

2178 Rousseau, Charles: Grèce et Turquie. Evolution du différend relatif à la délimitation du plateau continental dans la mer Egée. Ordonnance de la Cour internationale de Justice du 11 septembre 1976. In: Revue générale de droit international public (Paris) 80.1976.4, S.1252 - 1265

2179 Schimansky-Geier, Gerd: Zur Bedeutung Griechenlands und der Türkei für die Südflanke der NATO. In: Militärgeschichte (Berlin) 15.1976.5, S.542 - 556

2180 Starke, J.G.: Decision of International Court of Justice not to indicate interim measures in the Aegean Sea Continental Shelf proceedings. In: The Australian Law Journal (Sydney) 50.(October)1976.10, S.537 - 538

2181 (United Nations): Security Council Resolution on the dispute between Greece and Turkey over the Aegean Sea Continental Shelf. Resolution 315 (1976) adopted by the Security Council at its 1953rd meeting, on 25 August 1976. In: International Legal Materials (Washington) 15.(September)1976.5, S.1235

2182 Wengler, Wilhelm: Ablehnung einer einstweiligen Verfügung im Streit über den Meeresboden der Ägäis durch den Internationalen Gerichtshof. In: Neue Juristische Wochenschrift (München) 29.1976.45, S.2058

2183 Hatzigeorgiou, A.: Ηολεμώντας στὸ Αἰγαῖο. Athenai 1977, 101 S.
(Im Kampf um die Ägäis.)

2184 Karykopulou. Chrysoula: Αἰγαῖο 'Αρυιπέλαγος ἑλληνικό. 'Εθνογικὴ παράδοση, στρατηγικὴ καὶ ἑλληνοτουρκικὴ κρίση. Athenai 1977, 71 S., Kt.
(Der ägäische Archipel ist griechisch. Ethnologische Tradition, strategische Bedeutung und die griechisch-türkische Krise.)

2185 Psiroukis, Nikos: 'Η διαμάχη στὸ Αἰγαῖο. Athenai 1977,192 S.
(Der Streit um das ägäische Meer.)

2186 Diplock, Jane: Interim relief in cases of contested jurisdiction. Two cases in the International Court of Justice: Nuclear Tests Case (Australia v. France), Aegean Sea Continental Shelf Case (Greece v. Turkey). In: The Sydney Law Review (Sydney) 8.(December)1977.2, S.477 - 492

2187 Gross, Leo: The dispute between Greece and Turkey concerning the Continental Shelf in the Aegean. In: American Journal of International Law (Washington) 71.1977.1, S.31 - 59

2188 Heijnsbergen, P.van: De Egeïsche Zeezaak. In: Neederlands Jaargang (?) 52.1977.10, S.244 - 246

2189 (International Court of Justice)- Cour internationale de Justice): Reports of Judgements, advisory opinions and orders. 1977. Aegean Sey Continental Shelf Case (Greece v. Turkey). Order of 18 April 1977. - Recueil des arrêts, avis consultatifs et ordonnances. 1977. Affaire du plateau continental de la mer Egée (Grèce c. Turquie). Ordonnance du 18 avril 1977. The Hague / La Haye 1977, 2, 2 S. (International Court of Justice - Cour internationale de Justice, sales number - no de vente: 431)

2190 (International Court of Justice): Aegean Sea Continental Shelf Case (Greece v. Turkey). Request for the indication of interim measures of protection. (English text of the) order (of 11 September 1976). In: Indian Journal of International Law (?) 17.(January-March)1977.1, S.83 - 92

2191 (International Court of Justice): International Court of Justice. Aegean Continental Shelf. In: The International and Comparative Law Quarterly (London) 26.(January)1977.1, S.224

2192 (International Court of Justice): Aegean Sea Continental Shelf Case. (Request for the indication of interim measures of protection. Japanese translation of order of 11 September 1976.) By Takeshy Minagawa. In: Kokusaiho Gaiko Zasshi - The Journal of International Law and Diplomacy (?)67.1977.3, S.78 - 85 (= S.334 - 341)

2193 (International Court of Justice): Year 1976. 11 September 1976. Aegean Sea Continental Shelf Case (Greece v. Turkey). Request for the indication of interim measures of protection. (English text only.) In: New Directions in the Law of the Sea. Documents. o.O. 1977, Vol.V, S.270 - 281

2194 Magiera, Siegfried: Die Rechtsprechung des Internationalen Gerichtshofes im Jahre 1976. In: German Yearbook of International Law - Jahrbuch für Internationales Recht (Göttingen) 20.1977, S.433 - 428

2195 Merrils, J.G.: Oil exploitation in the Aegean. In: The Law Quarterly Review (London) 93.1977, S.29 - 33

2196 Oellers-Frahm, Karin: Der Beschluß des Internationalen Gerichtshofes im griechisch-türkischen Streit um den Festlandsockel in der Ägäis. In: Zeitschrift für ausländisches offentliches Recht und Völkerrecht (Stuttgart) 37.1977.3/4, S.620 - 639

2197 Robol, Richard T.: Jurisdiction. Limits of Consent. The Aegean Sea Continental Shelf Case. In: Harvard International Law Review (Cambridge, Mass.) 18.1977.3, S.649 - 677

2198 Schenk, G. von: Der griechisch-türkische Konflikt. In: Geschichte in Wissenschaft und Unterricht (Stuttgart) 28.1977, S.599 - 622

2199 Villani, Ugo: Le misure cautelari nell'affare della piattaforma continentale de mare Egeo. In: Rivista di Diritto Internazionale (Milano) 60.1977.1/2, S.128 - 138

2200 Vinokurov, I.: Novyj raund borot'by zachidnych derzav za kontynental'nyj sel'f. In: Radjans'ke Pravo (Kyïf) 1977.12, S.79 - 81
(Eine neue Runde des Kampfes der Westmächte um den Festlandsockel.)

2201 (International Court of Justice - Cour internationale de Justice): Reports of judgements, advisory opinions and orders. 1978. Aegean Sea Continental Shelf Case (Greece v. Turkey). Judgement of 19 December 1978. - Recueil des arrêts, avis consultatifs et ordonnances. 1978. Affaire du plateau continental de la mer Egée. (Grèce c. Turquie). Arrêt du 19 décembre 1978 . The Hague / La Haye 1978, 83, 83 S.
(International Court of Justice - Cour internationale de Justice, sales number - no de vente: 440)

2202 Pantoulas, S.I.: 'Η γεωπολιτική τοῦ Αἰγαίου πελάγους. Athenai 1978, 45 S.
(Die geopolitische Lage der Ägäis.)

2203 Rozakis, Christos: Τρία χρόνια 'Ελληνικῆς 'εξωτερικῆς πολιτικῆς (1974 - 1977). Athenai 1978, 192 S.
(Drei Jahre griechische Außenpolitik (1974 - 1977).)

2204 Beirlam (Beirlaen ?), André: De ordonnantie van 11 septembr 1976 gewezen in de zaak plateau continental de la mer Egee en de bevoegheidsproblematiek in de fase der conservatoire maatregelen van het Internationale Hof van Justitie. In: Revue Belge de Droit International (Bruxelles)14.1978/1979.2, S.425 - 459

2205 Bettati, Mario: L'affaire du plateau continental de la mer Egée devant la Cour international de Justice - compétence. (Arrêt du 19 décembre 1978). In: Annuaire Français de Droit International (Paris) 24.1978, S.303 - 320

2206 De Cesari, Patrizia: Problemi giuridici della ricerca scientifica nella controversa greco-turca sulla piattaforma continentale dell'Egeo. In: La ricerca scientifica nell'evoluzione del diritto del mare, a cura di Tullio Treves. Milano 1978, S.93 - 117; S.181 - 184; S.194 - 196
(With texts of Security Council resolution 395 (1976) and Order of the I.C.J. of 11 September 1976 and a summary in English: Legal problems on marine scientific research in the dispute between Greece and Turkey on the Aegean Sea Continental Shelf.)

2207 Fuchs, Brigitte: Konflikt um die Ägäis verschärft. Empörung Athen über Versenkung eines Fischkutters. In: Der Tagesspiegel (Berlin) 10072.(8.11.1978), S.3

2208 Gavrilović, Mladen: Türkische Komplexe und die Ägäis-Krise. In: Internationale Politik (Belgrad) 29.1978.688, S.23 - 26

2209 Gavrilović, Mladen: Tureckij kompleks i egejskij krizis. In: Medjunarodnaja Politika (Beograd) 29.1978.688, S.22 - 25

2210 Huebbenet, Georg von: Griechen und Türken sammeln Zündstoff in der Ägäis. Karamanlis will Athens Position gegenüber EG und NATO klarlegen - Ankara sieht sich gefährdet. In: Stuttgarter Zeitung (Stuttgart) 251.(30.10.1978), S.4

2211 Makridis, Euripidis: Τὸ Αἰγαῖον Ἑλληνικόν. In: Δελτίον Κέντρου Κωνσταντινουπολίτων (Athenai) 1978, S.71 - 105 (Die griechische Ägäis.)

2212 Papadimitriou, Georges: Le problème de l'Egée dans son contexte international. In: Revue de politique internationale (Belgrade) 29.1978.670, S.37 - 40

2213 Stavropoulos, C.: Aktuelle Fragen der Ägäis und das Zypernproblem. In: Konflikt und Ordnung: Europäisches Forum Alpbach 1977. Wien etc. 1978, S.220 - 225

2214 Terz, P.: Zu vlkerrechtlichen Hauptproblemen des Ägäis-Konfliktes zwischen Griechenland und der Türkei. In: Deutsche Außenpolitik (Berlin) 23.1978.11, S.113 - 118

2215 Counaris, Emmanuel: Die völkerrechtliche und außenpolitische Bedeutung der Kontinentalschelf-Doktrin in der Staatenpraxis Griechenlands, der Bundesrepublik Deutschland und der Deutschen Demokratischen Republik. Ägäis - Nordsee - Ostsee: Ein Vergleich. (Diss.) Berlin (FU) 1979, 261 S.
Im Handel: Europäische Hochschulschriften, Reihe Völkerrecht und internationale Politik, Band 1

2216 Castoriades, G.: Economic pressures increase to resolve Aegean dispute with Greece. In: Middle East Economic Digest (London) 23.1979.5, S.6 - 7

2217 Šmarov, V.A.: Ėgejskij konflikt. In: Voprosy Istorii (Moskva) 1979.11, S.58 - 70
(Der ägäische Konflikt.)

2218 Oellers-Frahm, Karin: Die Entscheidung des Internationalen Gerichtshofes im griechisch-türkischen Streit um den Festlandsockel in der Ägäis. In: Archiv des Völkerrechts (Tübingen) 18.1980.4, S.377 - 392

13.12. Zypernkonflikt / The Cyprus Problem / Le conflit de Chypre

2219 Hadjigeorgioglu-Catsambis, C.: La question de Chypre devant la conscience mondiale. (Thèse) Paris 1958, 175 S.

2220 Bilge, A.Suat: Le conflit de Chypre et les Cypriotes turcs. Etude documentaire. Ankara 1961, IV, 267 S. (Ankara Üniversitesi Siyasal Bilgiler Fakültesi Yayınları: 134-116)

2221 Armaoğlu, Fahir: Le conflit de Chypre et l'attitude du gouvernement turc en 1957. In: The Turkish Yearbook of International Relations (Ankara) 2.1961, S.40 - 61

2222 Herbulot, G.: Le problème de Chypre. (Thèse) Paris 1962, V, 294 S.

2223 (Cyprus, Republic of) Public Information Office, Nicosia (Hrsg.): Facilities granted to turkish Cypriots. An analysis of government policy. Nicosia 1970, 10 S.

2224 Örek, Osman: History speaks. A documentary survey of the historical background of inter-communal conflict in Cyprus including a brief illustrated account of atrocities commited against the Turks in early stages of present strife. 2.erw.Aufl., Nicosia 1971, 53, 13 S., zahlr.Bilder, 2 Kt.
(Hrsg.: Turkish Cypriot administration. Public Information Office. Nicosia)

2225 Denktaş, Rauf: The Cprus Problem. In: Foreign Policy - Dış Politika (Ankara) 1.1971.1, k.S.

2226 Denktaş, Rauf: Cyprus: on the threshold of new talks. In: Foreign Policy - Dış Politika (Ankara) 2.1972.1, k.S.

2227 Crouzet, François: Le conflit de Chypre, 1946 - 1959. 2 Bd., Bruxelles 1973, (Bd.1 + 2 =) 1187 S.
(Centre Européen de la Dotation Carnegie pour la Paix Internationale: Etudes de cas de conflits internationaux, no.4)
Rez.: Xydis, S.G. In: Middle East Journal (Washington D.C.) 28.1974.4, S.464-466; Albrecht-Carrié, R. In: American Historical Review (New York) 81.1976.1, S.126 - 127; Theodoulou, C.A. In: Slavic Review (New York) 35.1976.1, S.165 - 166 und 36.1977.2, S.343 - 344

2228 Xydis, Stephen G.: Cyprus. Reluctant republic. The Hague, Paris 1973, 553 S.
(Near and Middle East monographs, 11)
Rez.: Weiker, W.F. In: Slavic Review (New York) 34.1975.3, S.646 - 647; Kitsikis, D. In: Balkan Studies (Thessaloniki) 17.1976.2, S.430 - 432; Adams, T.W. In: Middle East Journal (Washington D.C.) 30.1976.1, S.88 - 89; Coufoudakis, V. In: The American Political Science Review (Menasha, Wisconsin) 71.1977.1, S.404-407

2229 Alasya, Fikret: Die Türkische Republik und ihre Zypernpolitik. In: Cultura Turcica (Ankara) 8/10.1971-1973, S.110 - 131

2230 Steinbach, Udo: Neuere Entwicklungen in den politischen Beziehungen zwischen der Sowjetunion und der Türkei, Griechenland und Zypern (1971 - 1972). In: Osteuropa (Stuttgart) 23.1973.7, S.531 - 539

2231 Ehrlich, Thomas: Cyprus, 1958 - 1967: international crises and the role of law. New York 1974, 164 S.
Rez.: Coufoudakis, V. In: The American Political Science Review (Menasha, Wisconsin) 71.1977.1, S.405-407

2232 Shākir, Maḥmūd: al-Muslimūn fī Qubruṣ. Jidda 1974, 64 S. (Mawāṭin al-Shuʿūb al-Islāmīya fī Āsiyā: 8)

2233 Stamatopoulos, T.K.; Malis, Alekos K.: Μαύρη Βίβλος. Χρονικὸ κυπριακοῦ πραξικοπήματος καὶ πτώσεως στρατιωτικῆς χούντας. Nicosia 1974, 216 S.
(Schwarzbuch. Eine Chronik des zypriotischen Putsches und des Sturzes der militärischen Junta.)

2234 (Turkey, Republic of) Ministry of Tourism and Information. General Directorate of Press and Publications. Ankara (Hrsg.): Genocide in 1974. To the memory of the innocent Turkish Cypriots who were killed by the Greeks. Ankara 1974, k.S., zahlr.Bilder

2235 (Anonym): Lösung des Zypernkonflikts möglich. Sowjetunion schlägt internationale Konferenz im Rahmen der UNO vor. In: Deutsche Volkszeitung (Düsseldorf) 35.(29.8.74), S.4

2236 (Anonym): Einmischung in Zypern beenden. Jakow Malik legte im UNO-Sicherheitsrat Haltung der UdSSR dar. In: Neues Deutschland (Berlin, DDR) 226.(17.8.74), S.6

2237 (Anonym): Regierung der UdSSR zur Zypern-Frage. Wortlaut einer Erklärung. In: Neues Deutschland (Berlin, DDR) 232.(23.8.74), S.1 - 2

2238 (Anonym): Großbritanniens Präsenz auf Zypern. (P.F.) In: Neue Zürcher Zeitung (Zürich) 77.(19.3.74), S.3

2239 (Anonym): Vorgeschichte des Putsches auf Zypern. (ps) In: Neue Zürcher Zeitung 194.(17.7.74), S.3

2240 (Anonym): Ankaras Zypern-Politik und die äußeren Mächte. (C-L). In: Neue Zürcher Zeitung (Zürich) 229,(21.8.74), S.4

2241 (Anonym): Weltkrise um Zypern. In: Der Spiegel (Hamburg) 30.(22.7.74), S.52-57

2242 (Anonym): Zyperns neuer Präsident (Nikolaos Sampson). In: Der Spiegel (Hamburg) 30.(22.7.74), S.54

2243 (Anonym): "Der Türke ist stark". (Titelgeschichte): Schlachtfeld Zypern - Türken gegen Griechen. In: Der Spiegel (Hamburg) 34.(19.8.74), S.44-56

2244 (Anonym): "Kissingers Watergate". Kissingers Krisen-

2245 management versagte im Zypernkonflikt total. In: Der Spiegel (Hamburg) 35.(26.8.74), S.58 - 60

2246 (Anonym): Am Sonnabend früh griff die Türkei auf Zypern ein. (Chronik der Ereignisse). In: Der Tagesspiegel (Berlin) 8769.(21.7.74), S.6 - 7

2247 Antonaros, Evangelos: Der Traum von der Enosis stachelt sie zu Terror an. Auf Zypern bleibt die EOKA-B aktiv. In: Die Welt (Bonn) 206.(5.9.74), S.3

2248 Armaoğlu, Fahir: The uneasy birth of the Cyprus Republic. In: Foreign Policy - Dış Politika (Ankara) 4.1974.2/3, S.19 - 46

2249 Armaoğlu, Fahir: 1974 Cyprus crisis and the Soviets. In: Foreign Policy - Dış Politika (Ankara) 4.1974.2/3, S.177 - 184

2250 Avramov, S.: Spor oko Kipra i medjunarodno pravo. In: Medjunarodni Problemi (Beograd) 26.1974.4, S.21 - 37 (Der Streit um Zypern und das Völkerrecht.)

2251 Bajohr, Walter: Auf dem Weg zur Teilung? Zypern: Ankara will seine Position auf der Insel um jeden Preis verbessern. In: Rheinischer Merkur (Köln) 32.(9.8.74), S.5

2252 Barth, Heinz: Wird Zypern ein geteilter Bundesstaat? In: Die Welt (Bonn) 183.(9.8.74), S.2

2253 Barth, Heinz: Der Traum von der ENOSIS ist ausgeträumt. Zypern vor der Teilung. In: Geistige Welt, Wochenendbl. von'Die Welt' 220.(21.9.74), S.1

2254 Baumöller, Peter: Der Killer darf wieder Killer genannt werden. Nikos Sampson im Spiegel der BRD-Presse. In: Deutsche Volkszeitung (Düsseldorf) 31.(1.8.1974), S.4

2255 Bausch, Helmut: Schurkenstreich der NATO-Spitze. Hintergründe des Putsches auf Zypern. In: Deutsche Volkszeitung (Düsseldorf) 30.(25.7.74), S.1 u. 4

2256 Bondy, François: Unstaat Cypern. In: Weltwoche (Zürich) 32.(7.8.74), S.1

2257 Bragin, N.: Das unveräußerliche Recht der Zyprioten (Aus: Prawda). In: Neues Deutschland (Berlin, DDR) 205.(27.7.74), S.6

2258 Burnouf, D.: L'armée turque et Chypre. In: Politique étrangère (Paris) 39.1974.4/5, S.567 - 583

2259 Chimelli, Rudolph: In der Cypern-Krise kommt Moskau immer zu spät. Der Kreml sucht nach einem Mitspracherecht um den Riß an der NATO-Südostflanke zu vertiefen. In: Süddeutsche Zeitung (München) 211.(13.9.1974), S.4

2260 Clogg, R.: Greece and the Cyprus crisis. In: The World Today (London) 30.1974.9, S.364 - 368 und in: Europa-Archiv (Bonn) 29.1974.18, k.S.

2261 Coussirat-Coustère, Vincent: La crise chypriote de l'été 1974 et les Nations Unies. In: Annuaire Français de Droit International (Paris) 20.1974, S.31 - 56

2262 Cycon, Dieter: Wer kann auf Zypern die Balance retten. In: Die Welt (Bonn) 162.(16.7.74), S.4

2263 Cycon, Dieter: Fragen an die Türken. Auf Zypern brodelt eine neue Krise. In: Die Welt (Bonn) 222.(24.9.74), S.4

2264 Denktasch (Denktaş), Rauf (neuer stellvertretender Ministerpräsident auf Zypern) zur gegenwärtigen Lage auf Zypern. U.d.T.:"Die Türkei kam zu spät". In: Der Spiegel (Hamburg) 40.(30.9.74), S.126 u. 129

2265 Ecevit, Bülent (Ministerpräsident der Türkei) über den Zypern-Konflikt. U.d.T.:"Wir wollen keine türkische Provinz auf Zypern". In: Der Spiegel (Hamburg) 38.(16.9.74), S.100 - 105

2266 Fischer,Alfred Joachim: Der Sechstage-Krieg und die Türken Invasion. Vergleich zwischen Nahost-Konflikt und Zypern-Krise zeigt verblüffende Parallelen. In: Der Tagesspiegel (Berlin) 8808.(5.9.74), S.3

2267 Fischer, Alfred J.: Doppelspiel des Kreml um die Kupfer-Insel. Nach Zypern nun Rhodos? In: Vorwärts (Bonn-Bad Godesberg) 32.(8.8.74), S.9

2268 Forster, Peter: Trügerische Ruhe auf Zypern. Ungelöste Strukturprobleme. In: Neue Zürcher Zeitung (Zürich) 241. (2.9.74), S.3

2269 Forster, Peter: Zypern unter fremder Flagge. Doppelte Enosis - Verlockung und Gefahr. In: Neue Zürcher Zeitung (Zürich) 254(15.9.74), S.5

2270 Gillessen, Günther: Zypern-Abkommen mit Schlagseite. In: Frankfurter Allgemeine Zeitung (Frankfurt a.M.) 175.(1.8. 74), S.1

2271 Gillessen, Günther: Griechenland hat keine Trümpfe. Die "israelische Versuchung" der türkischen Regierung. In: Frankfurter Allgemeine Zeitung (Frankfurt a.M.) 183. (10.8.74), S.6

2272 Gillessen, Günther: Nach dem Genfer Debakel. In: Frankfurter Allgemeine Zeitung (Frankfurt a.M.) 187.(15.8.74), S.1

2273 Gillessen, Günther: Die Türken werben für ihre Sache auf Zypern. Sonderemissäre in den Hauptstädten der Verbündeten. In: Frankfurter Allgemeine Zeitung (Frankfurt a.M.) 204.(4.9.74), S.10

2274 Grebe, Karl; Rhode, Peter: Athens langer Arm greift nach der Kupferinsel. Die Nationalgarde Zyperns hat den Sturz des Präsidenten Makarios schon lange vorbereitet. In: Frankfurter Rundschau (Frankfurt a.M.) 161.(16.7.74), S.3

2275 Grebe, Karl: Präsident Klerides kam mit der Gasmaske zum Tatort. Erst eine Stunde nach dem Mord an US-Botschafter Davies rückten UN-Truppen und Polizei an. In: Frankfurter Rundschau (Frankfurt a.M.) 191.(20.8.74), S.3

2276 Güdel, Christoph: Zyperns Weg in eine dunkle Gegenwart.

In: Neue Zürcher Zeitung (Zürich) 247.(8.9.74), S.55 - 57

2277 Güneş, Turan (Außenminister der Türkei) und Georgios Mavros (Außenminister von Griechenland) zur Lage auf Zypern. Interviewer: Basil P.Mathiopoulos. U.d.T.: "Insel mit Kantönligeist". In: Vorwärts (Bonn-Bad Godesberg) 31.(1.8.74), S.4

2278 Gysling, Erich: Cypriotisches Scherbengericht. In: Weltwoche (Zürich) 30.(24.7.74), S.1

2279 Hale, W.M.; Norton, J.D.: Turkey and the Cyprus crisis. In: The World Today (London) 30.1974.9, S.368 - 371 und in: Europa-Archiv (Bonn) 29.1975.18, S.639-642

2280 Heinritz, Günter: Der griechisch-türkische Konflikt in Zypern und seine siedlungs- und bevölkerungsgeographischen Konsequenzen bis zum Sommer 1974. In: Geographische Rundschau (Braunschweig) 27.1975.3, S.93 - 99

2281 Held, Robert: Zypern - eine zweite Panne? In: Frankfurter Allgemeine Zeitung (Frankfurt a.M.) 166.(22.7.74), S.8

2282 Held, Robert: Zwischen uns ein baluer Zauber. Die Gründe für die kriegerische Haltung der Türkei in der Zypern-Krise. In: Franfurter Allgemeine Zeitung (Frankfurt a.M.) 175.(1.8.74), S.6

2283 Held, Robert: Die Türken übertreiben. (Zur Zypern-Konferenz). In: Frankfurter Allgemeine Zeitung (Frankfurt a.M.) 191(20.8.74), S.1

2284 Held, Robert: Die DDR und Bulgarien - Moskaus Wegbereiter nach Zypern. Gute Aussichten für die Kommunisten auf Zypern. In: Frankfurter Allgemeine Zeitung (Frankfurt a.M.) 195.(24.8.74), S.3

2285 Heyde, Nils von der: Es ist genug Erdöl da,um die Wogen zu glätten. Auf Zypern wird geschossen und gestorben. In: Deutsches Allgemeines Sonntagsblatt (Hamburg) 32. (11.8.74), S.7

2286 Hoagland, Jim: Massenmord auf der Insel Zypern: Progrom unter den Türken. In: Deutsche Zeitung - Christ und Welt (Bonn) 31.(2.8.74), S.8

2287 Höpker, Wolfgang: Um Zypern brennt das Mittelmeer. Krise in einem strategischen Schnittpunkt. In: Deutsche Zeitung - Christ und Welt (Bonn) 29.(19.7.74), S.1

2288 Höpker, Wolfgang: Teilung droht dem Inselstaat.Zypern. Die Einheit hat sich als Illusion erwiesen. In: Deutsche Zeitung - Christ und Welt (Bonn) 30.(26.7.74), S.3

2289 Höpker, Wolfgang: Weiterspielen auf dem UN-Parkett. Zypern: Mit dem sowjetischen Vorschlag wird die Lage verworrener. In: Deutsche Zeitung - Christ und Welt (Bonn) 35.(30.8.74), S.6

2290 Hottinger, Arnold: Ankaras Zypernpolitik. In: Neue Zürcher Zeitung (Zürich) 199.(22.7.74), S.3

2291 Hottinger, Arnold: Die Zukunft Zyperns in türkischer Sicht. In: Neue Zürcher Zeitung (Zürich) 218.(10.8.74), S.4

2292 Hottinger, Arnold: Die "vollendete Tatsache" auf Zypern. In: Neue Zürcher Zeitung (Zürich) 229.(21.8.74), S.4

2293 Hottinger, Arnold: Türkische Zyperndrohungen. "Vorwegleistungen" oder weitere Militäraktionen. In: Neue Zürcher Zeitung (Zürich) 251.(12.9.74), S.5

2294 Irnberger, Harald O.: Kein schöner Frieden in Bellapais. Die Situation der Griechen auf Zypern ist deprimierend. In: Deutsches Allgemeines Sonntagsblatt (Hamburg) 35. (1.9.74), S.6

2295 Inan, Kâmran: Cyprus, 1974 crisis. In: Foreign Policy - Dış Politika 4.1974.2/3, S.66 - 71

2296 Janßen, Karl-Heinz: Zwietracht um Zypern. Aber für die Weltmächte war es keine Weltkrise. In: Die Zeit (Hamburg) 31.(26.7.74), S.1

2297 Kempski, Hans Ulrich: Der Tag, an dem die Türken kamen. Berichte aus Zypern. In: Süddeutsche Zeitung (München) 167.(23.7.74), S.3

2298 Killmer, Lothar: Der Imperialismus schuldig des Anschlags auf Zypern. Die Sicherheitsresolution muß erfüllt werden. In: Neues Deutschland (Berlin, DDR) 202.(24.7.74), S.6

2299 Kohlschütter, Andreas: Kleiner Krieg und großes Elend. Die Türken haben ihre Ziele auf Zypern erreicht - die Griechen fürchten die Last der Kapitulation. In: Die Zeit (Hamburg) 35.(23.8.74), S.3

2300 Korab, Alexander: Die Sowjetunion sieht sich an den Rand gedrängt. Wechselhafter Kurs Moskaus in der Zypern-Krise. In: Der Tagesspiegel (Berlin) 8784.(8.8.74), S.3

2301 Kramer, Jürgen: Im Zypern-Konflikt fehlte Kissinger das Augenmaß. Die Gründe für das Versagen der amerikanischen Krisendiplomatie. In: Stuttgarter Zeitung (Stuttgart) 192.(21.8.74), S.2

2302 Kramer, Jürgen: Kritik an Kissinger. Washington und die Zypernkrise. In: Die Zeit (Hamburg) 35.(23.8.74), S.5

2303 Krüger, Hans Jürgen: Das Zypern-Problem bleibt eine Zeitbombe. Ein Gespräch mit dem Führer der türkischen Minderheit Rauf Denktasch. In: Frankfurter Allgemeine Zeitung (Frankfurt a.M.) 51.(1.3.74), S.4

2304 Kux, Ernst: Moskaus Manövrieren um Zypern. In: Neue Zürcher Zeitung (Zürich) 244.(5.9.74), S.5

2305 Lierenfeld, Winfried: Zypern - Insel des Mars. Lage im östlichen Mittelmeer Ursache einer wechselvollen Geschichte. In: Deutsche Volkszeitung (Düsseldorf) 30. (25.7.74), S.9

2306 Lierenfeld, Winfried: Unser Porträt: Glafkos Klerides, neuer Staatspräsident von Zypern, und Rauf Denktasch, neuer Vizepräsident von Zypern. In: Deutsche Volszeitung

(Düsseldorf) 36.(5.9.74), S.3

2307 Loy, Barbara: Zyperns Unabhängigkeit und ihre Todfeinde. Zu den Hintergründen des reaktionären Putsches in der Inselrepublik. In: Neues Deutschland (Berlin, DDR) 195. (17.7.74), S.6

2308 Luchsinger, Fred: Gefahrenherd Zypern. In: Neue Zürcher Zeitung (Zürich) 226.(18.8.74), S.1

2309 Lyssarides, Vassos (Griechenführer auf Zypern) zu Fragen der Zypern-Krise. U.d.T.: Zypern:"Falsch kalkuliert". In: Der Spiegel (Hamburg) 40.(30.9.74), S.126

2310 Mac Kenzie, Kenneth: Cyprus: the mediterranean crucible. In: World Survey (London) 61.1974, S.1 - 15 u. 17

2311 Mack, Günther: Die Junta läßt grüßen. Präsident Makarios hatte sich bemüht, aus dem Provisorium einen Staat zu machen. In: Deutsches Allgemeines Sonntagsblatt (Hamburg) 29.(21.7.74), S.1

2312 Makarios III.(Präsident von Zypern, z.Zt. im Exil) zum Putsch auf Zypern und zum Genfer Zypernabkommen. Interviewer: Basil P.Mathiopoulos. U.d.T.: "Ich habe nie gedacht, daß die Junta so weit geht." In: Frankfurter Rundschau (Frankfurt a.M.) 180.(7.8.74), S.3

2313 Makarios III.(Präsident von Zypern) über den Putsch auf Zypern. U.d.T.:"Uns blieben nur ein paar Trauebn!" In: Der Spiegel (Hamburg) 36.(2.9.74), S.74 u. 76

2314 Makarios III.(Erzbischof und Staatspräsident von Zypern) über den Putsch auf Zypern. U.d.T.:"Die Junta wird vertrieben." In: Vorwärts (Bonn-Bad Godesberg) 30.(25.7.74), S.3

2315 Malios, Ingeborg: Energische Maßnahmen gegen die Feinde des Volkes Zyperns. Verstärkte Aktionen der von Athen gelenkten Terroristen. In: Neues Deutschland (Berlin, DDR) 185.(7.7.74), S.6

2316 Marks, Laurence: Ecevit baut auf sein Kriegsglück. Den Türken sind wichtige Faustpfänder wichtiger als internationale Sympathien. In: Die Zeit (Hamburg) 36.(30.8. 74), S.5

2317 Mathiopoulos, Basil: Plötzlich wurde der starke Mann in Athen klein und schwach. Der Konflikt auf Zypern. In: Vorwärts (Bonn-Bad Godesberg) 30.(25.7.74), S.3 - 4

2318 Mavros, Georgios (Außenminister und stellvertretender Ministerpräsident von Griechenland) zu Fragen der Zypernkonferenz. Interviewer: Angelos Maropoulos. U.d.T.:"Mit der Genfer Unterschrift ist viel erreicht worden." In: Frankfurter Rundschau (Frankfurt a.M.) 176.(2.8.74), S.3

2319 Mavros, Georgios (Außenminister von Griechenland) zur Zypern-Krise und den griechisch-türkischen Beziehungen. Interviewerin: Elsbeth Tzermias. U.d.T.:"Guter Wille auf einer Seite genügt nicht." In: Weltwoche (Zürich) 32. (7.8.74), S.2

2320 Meichsner, Friedrich: Zypern - ein Vietnam im Mittelmeer?

In: Die Welt (Bonn) 193.(21.8.74), S.3

2321 Metzner, Monika: Die Kritik aus dem Hause Kissinger war milde und zögernd. Amerikas Zypern-Politik ist kein diplomatisches Glanzstück. In: Frankfurter Rundschau (Frankfurt a.M.) 189.(17.8.74), S.3

2322 Meyer, Hans-B.: Washingtons Hauptsorge gilt dem Frieden. Die amerikanische Haltung in der Zypern-Krise. In: Der Tagesspiegel (Berlin) 8766.(18.7.74), S.3

2323 Millard, Peter: Ein Vietnam für die Türken? Zypern: Unter den türkischen Zyprioten formiert sich eine neue Widerstandsbewegung. In: Deutsche Zeitung - Christ und Welt (Bonn) 39.(27.9.74), S.8

2324 Moniac, Rüdiger: Ankara will auf Zypern eine neue Lage schaffen. Kyrenia in türkischer Hand. In: Frankfurter Allgemeine Zeitung (Frankfurt a.M.) 171.(27.7.74), S.2

2325 Moniac, Rüdiger: Nach dem Krieg der stärkste Mann auf Zypern: Rauf Denktasch. In: Frankfurter Allgemeine Zeitung (Frankfurt a.M.) 176.(2.8.74), S.10

2326 Natorp, Klaus: Der Gewaltstreich auf Zypern. In: Frankfurter Allgemeine Zeitung (Frankfurt a.M.) 161.(16.7.74), S.1

2327 Neuber, Manfred: Die Insel des Hasses. In: Die Welt (Bonn) 162.(16.7.74), S.3

2328 Nitsche, Wolfgang Hartmut: Der Gegenpräsident. Nikolaos Sampson. In: Frankfurter Allgemeine Zeitung (Frankfurt a.M.) 162.(17.7.74), S.8

2329 Nitsche, Wolfgang Hartmut: Die Griechen auf Zypern stehen vor dem Ruin. Das wertvollste Gebiet wird von den Türken kontrolliert. In: Frankfurter Allgemeine Zeitung (Frankfurt a.M.) 201.(31.8.74), S.5

2330 Peter, Alex: Auch Tito greift nach Nicosia. Der Balkan und die Zypernkrise. In: Bayernkurier (München) 35.(31.8.74), S.14

2331 Pfeiffer, Wolfgang: Die Teilung der Insel Zypern - Türken wollen ein Drittel. In: Deutsche Zeitung -Christ und Welt (Bonn) 33.(16.8.74), S.7

2332 Pichner, Nils: Nikos Sampson - Terrorist im Amt des Staatschefs. Zyperns Türken glauben nicht an eine Zusammenarbeit mit dem Präsidenten. In: Stuttgarter Zeitung (Stuttgart) 163.(18.7.74), S.2

2333 Pichner, Nils: Historischer Haß tritt an die Stelle der Vernunft. Ein Krieg um Zypern wäre bei Griechen und Türken populär. In: Stuttgarter Zeitung (Stuttgart) 166.(22.7.74), S.3

2334 Pichner, Nils: Zyperns tragende Säulen sind aus Gummi. Die heute in Genf beginnende Konferenz steht vor unlösbaren Problemen - Teilung, Föderation oder Kantonisierung? In: Stuttgarter Zeitung (Stuttgart) 181.(8.8.74), S.2

2335 Pichner, Nils: Explosion in Zypern. In: Stuttgarter Zeitung (Stuttgart) 187.(15.8.74), S.1

2336 Pietsch, Isolde: Moskaus Nadelstiche. Makarios dient als Trumpfkarte. In: Rheinischer Merkur (Köln) 31.(2.8.74), S.5

2337 Pietsch, Isolde: Hat die Weltmacht Amerika versagt? Zypern enthüllt die Tücken der "Entspannung". In: Rheinischer Merkur (Köln) 34.(23.8.74), S.1

2338 Possanner, Georg: Meuterei auf dem "Flugzeugträger". Der Umsturz auf Zypern wurde zum Volltreffer gegen die Sicherheitspolitik im östlichen Mittelmeer. In: Die Presse (Wien) 7885.(16.7.74), S.3

2339 Possanner, Georg: Die Sturmwarnung im Mare nostrum. Ankaras Schlüsselposition im West-Ost-Machtkampf um das Mittelmeer. In: Die Presse (Wien) 7901.(3.8.74), S.5

2340 Possanner, Georg: In den Krallen des seldschukischen Adlers. Griechische und türkische Meinungen im NATO-Hauptquartier über den Zypern-Konflikt. In: Die Presse (Wien) 7919.(26.8.74), S.3

2341 Ressing, Gerd: Zypern im Wechsel der Geschichte. Der griechisch-türkische Gegensatz gefährdet die westliche Allianz. In: Rheinischer Merkur (Köln) 30.(26.7.74), S.28

2342 Ressing, Gerd: Die Autoritäten auf Zypern: Glafkos Klerides und Rauf Denktasch. In: Rheinischer Merkur (Köln) 36.(6.9.74), S.10

2343 Reyhl, Erich: Der grüne Tisch wäre gedeckt, aber... Genfer Zypernkonferenz verzögert sich. In: Die Presse (Wien) 7892.(24.7.74), S.3

2344 Reyhl, Erich: Zypern - eine Insel stirbt ab. Augenschein am ehemaligen Kampfschauplatz. In: Die Presse (Wien) 7921.(28.8.1974), S.3

2345 Reyhl, Erich: Tausende schlafen unter Bananenbäumen. Die Flüchtlinge auf Zypern wurden schon zum Objekt politischen Gerangels. In: Die Presse (Wien) 7923.(30.8.74), S.3

2346 Rieder, Werner: Als Vorspiel Presseattacken gegen Makarios. Athen reagiert zweideutig. In: Der Tagesspiegel (Berlin) 8764.(16.7.74), S.3

2347 Roth, Edwin: Als Präsident für Zypern unmöglich. Begegnung mit Nicos Sampson. In: Der Tagessoiegel (Berlin) 8768.(20.7.74), S.3

2348 Sampson, Nikos (neuer Präsident von Zypern) zur aktuellen Lage Zyperns. Interviewer: Siegfried Kogelfranz. U.d.T.:"Man muß mit seinen Leuten sterben können." In: Der Spiegel (Hamburg) 31.(29.7.74), S.44 - 45

2349 Scharnagl, Wilfried: Die Frage nach dem Überleben. Zypern und der Westen. In: Bayernkurier (München) 34.(24.8.74),S.1

2350 Schloss, Rolf W.: Die trojanischen Pferde auf Cypern. Makarios im Druck zwischen Athen und Moskau. In: Weltwoche (Zürich) 28.(10.7.74), S.17

2351 Schloss, Rolf W.: Das Nervenzentrum in Nikosia. Im Hotel "Ledra" liefen die Informationen über die Cypernkrise zusammen. In: Weltwoche (Zürich) 30.(24.7.74), S.11

2352 Schloss, Rolf W.: Vermittler zwischen feindlichen Brüdern: Glafkos Klerides arbeitet seit Jahren an der Aussöhnung der Cyprioten. In: Weltwoche (Zürich) 31.(31.7.74), S.3

2353 Schloss, Rolf W.: Cypern-Invasion im Schneckentempo. Die türkische Armee zeigt eindeutige Schwächen. In: Weltwoche (Zürich) 31.(31.7.74), S.15

2354 Schröder, Manfred F.: Die Antwort kam aus den Gewehren. Reaktion auf ein Ultimatum von Makarios: Putsch auf Cypern. In: Süddeutsche Zeitung (München) 161.(16.7.74), S.3

2355 Schröder, Manfred F.: Ein Kriegsheld auf dem Platz des Oberhirten. Mit britischem Takt versucht der neue cypriotische Präsident Klerides als Nachfolger von Makarios die zerstrittene Insel zu regieren. In: Süddeutsche Zeitung (München) 169.(25.7.1974), S.3

2356 Schröder, Manfred F.: Kein Erwachen aus dem bösen Traum. Cypern nach dem Abschluß des Genfer Abkommens. In: Süddeutsche Zeitung (München) 175.(1.8.74), S.3

2357 Schröder, Manfred F.: Kein starker Ruf nach der Rückkehr des Erzbischofs. Der Friede auf Cypern ist noch längst nicht gesichert. In: Süddeutsche Zeitung (München) 177.(3.8.74), S.4

2358 Schröder, Manfred F.: Sampson droht mit Untergrundkampf. Cypern: "Die Sache" ist ncoh nicht vorüber. In: Süddeutsche Zeitung (München) 178.(5.8.74), S.3

2359 Seidel, Vera: Gefahr für Zyperns Unabhägigkeit. NATO und Athener Junta schaffen neue Spannungen. In: Deutsche Volkszeitung (Düsseldorf) 29.(18.7.74), S.4

2360 Simonitsch, Pierre: Aufrechnung der gegenseitigen Vorwürfe. Die 2.Runde der Zypern-Konferenz ist bislang ein Nervenkrieg. In: Frankfurter Rundschau (Frankfurt a.M.) 183.(10.8.74), S.5

2361 Simonitsch, Pierre: Als Kissinger anrief, waren die Würfel schon gefallen. Die dramatischen Stunden in Genf. In: Frankfurter Rundschau (Frankfurt a.M.) 187.(15.8.74), S.3

2362 Simonitsch, Pierre: Alles gibt es in Famagusta - nur keine Menschen. Die Touristen-Metropole ist eine Geisterstadt geworden. In: Frankfurter Rundschau (Frankfurt a.M.) 193.(22.8.74), S.3

2363 Simonitsch, Pierre: Für die Türken sind Athens Vorschläge fast schon lächerlich. Ankara geht mit klarem Konzept in die nächste Runde. In: Frankfurter Rundschau (Frankfurt a.M.) 196.(26.8.1974), S.3

2364 Simonitsch, Pierre: Im Hintergrund die Großmächte. Genfer Zypern-Konferenz. In: Vorwärts (Bonn-Bad Godesberg) 33. (15.8.74), S.13.

2365 Stierle, Arthur: Das vierfache Nein des griechischen Volkes. Mimister Zigdis macht den US-Geheimdienst für die Zypernkrise verantwortlich. In: Stuttgarter Zeitung (Stuttgart) 190.(19.8.74), S.3

2366 Stockklausner, Wolfgang; Grobe, Karl: Nur am East River siegt Makarios über die Putschisten. Athen und Ankara im Taumel des Chauvinismus. In: Frankfurter Rundschau (Frankfurt a.M.) 166.(22.7.74), S.3

2367 Stockklausner, Wolfgang: Die Bäume der Obstplantagen sind das einzige Obdach. Jeder 3.Einwohner Zyperns ist Flüchtling. In: Frankfurter Rundschau (Frankfurt a.M.) 196. (26.8.74), S.3

2368 Stockklausner, Wolfgang: Nach 403 Jahren ist das türkische Gespenst wieder erwacht. In der Geisterstadt Famagusta spricht man von Folterungen und Wortbruch. In: Frankfurter Rundschau (Frankfurt a.M.) 200.(30.8.74), S.3

2369 Strohm, Carl Gustaf: Wo Moskaus Trümpfe nicht stechen. Zypern bringt dem Kreml keinen Vorteil. In: Deutsche Zeitung - Christ und Welt (Bonn) 34.(23.8.74), S.1

2370 Taşhan, Seyfi: Turkish-US relations and Cyprus. In: Foreign Policy - Dış Politika (Ankara) 4.1974.3/4, S.164-177

2371 Tern, Jürgen: Zypern Konferenz: Für die Türken ein Kanton? In: Deutsches Allgemiens Sonntagsblatt (Hamburg) 31.(4.8.74), S.1

2372 Tütsch, Hans E.: Umstrittene Zypernpolitik der USA. In: Neue Zürcher Zeitung (Zürich) 227.(19.8.74), S.3

2373 Tzallas, Neokosmos: Das Porträt: Der Weg des Nikolaos Sampson, neuer Präsident Zyperns. In: Frankfurter Rundschau (Frankfurt a.M.) 162.(17.7.1974), S.2

2374 Ülman, Halûk: 1974 Geneva conferences on Cyprus. In: Foreign Policy - Dış Politika (Ankara) 4.1974.2/3, S.46-66

2375 Ünel, Necdet H.(Stellvertreter des türkisch-zypriotischen Führers Rauf Denktasch) zu aktuellen Fragen der Zypernpolitik. Interviewer: Rolf W.Schloss. U.d.T.:"Wir wollen die Teilung." In: Weltwoche (Zürich) 34.(21.8.1974), S.11

2376 Venzky, Gabriele: Zypern wird wieder zum Brandherd. Nach dem Putsch gegen Makarios. In: Die Zeit (Hamburg) 30.(19.7.74), S.2

2377 Weinstein, Adelbert: Zypern ist nicht Kuba. Der alte britische Stützpunkt hat noch immer seine Bedeutung. In: Frankfurter Allgemeine Zeitung (Frankfurt a.M.) 161.(16.7.74), S.8

2378 Weinstein, Adelbert: Zyperns strategische Bedeutung.Warum die Insel im östlichen Mittelmeer soviel Einfluß auf das

Weltgeschehen hat. In: Frankfurter Allgemeine Zeitung (Frankfurt a.M.) 164.(19.7.74), S.10

2379 Weinstein, Adelbert: In Zypern behält Clausewitz recht. In: Frankfurter Allgemeine Zeitung (Frankfurt a.M.) 166.(22.7.74), S.1

2380 Weinstein, Adelbert: Henry Kissinger und die Zypern-Krise. Warum der amerikanische Außenminister nicht rechtzeitig eingegriffen hat. In: Frankfurter Allgemeine Zeitung (Frankfurt a.M.) 194.(23.8.74), S.8

2381 Ziegler, Gert: Nicht einmal Makarios ist Optimist. Die Verhandlungen über eine "Zypern-Lösung" sind nahezu chancenlos. In: Die Presse (Wien) 7731.(11.1.74), S.3

2382 Ziegler, Gert: Erst die Lösung, dann die Wahlen. Griechenland hat in der Zypernfrage eindeutige Prioritäten gesetzt. In: Die Presse (Wien) 7932.(10.9.74), S.3

2383 Bitsios, Dimitri S.: Cyprus, the vulnerable republic. Thessaloniki 1975, 223 S., 12 Tab.
(Institute for Balkan Studies, 152)

2384 Foley, Charles; Scobie, W.I.: The struggle for Cyprus. Stanford 1975, X, 193 S.
(Hoover Publications, 137)
Rez.: Caradon, L. In: Middle East Journal (Washington D.C.) 29.1975.4, S.469 - 470; Robertson, J. In: Perspective 4.1975.8, S.216; Coufoudakis,V. In: Balkan Studies (Thessaloniki) 17.1976.2, S.432 - 433; Pollis, A. In:The American Political Science Review (Menasha, Wisconsin) 71.1977.2, S.826 - 827

2385 Kranidiotis, Nicos: The Cyprus problem - the proposed solutions and the concept of the independent and sovereign state. Athens 1975, 78 S.

2386 Nitecka-Jagiello, Beata: Cypr. Anatomia konfliktu. Warszawa 1975, 235 S.
(Zypern. Anatomie eines Konflikts.)

2387 Stavrinides, Zenon: The Cyprus conflict. National identity and statehood. Nicosia 1975, 134 S.

2388 Theodoulou, Christos A.: The Cyprus question: some facts. Athens 1975, 77 S.

2389 Tornaritis, C.G.: The Turkish invasion of Cyprus and legal problems arising therefrom. Nicosia 1975, III, 101 S.

2390 Tornaritis, C.G.: Τὸ ὁμοσπονδιακὸ σύστημα καὶ μορφαὶ αὐτοῦ. Nicosia 1975, 33 S.
(Das föderative System und seine Formen (auf Grund des Zypernproblems.)

2391 Visser, C.J.: Cyprus, mislukte republiek. Den Haag 1975, 93 S.
(Zypern, mißglückte Republik.)

2392 (Anonym): 'Makarios, wir schenken Dir unser Blut'. SPIEGEL-Report über Zypern ein halbes Jahr nach dem Krieg. In: Der Spiegel (Hamburg) 1/2.(6.1.75), S.62 - 66

2393 Antonaros, Evangelos: Bittere Wahl auf Zypern: Gefangen oder Verlust der Heimat. In: Die Welt (Hamburg) 47. (25.2.75), S.2

2394 Antonaros, Evangelos: Makarios sucht eine neue Form des Dialogs mit den Inseltürken. In: Die Welt (Hamburg) 51.(1.3.74), S.5

2395 Bajohr, Walter: Zugzwang für Amerika. Zypern: Griechisch-türkische Standpunkte unvereinbar. In: Rheinischer Merkur (Köln) 4.(24.1.75), S.7

2396 Ballaloud, Jacques: L'opération des Nations Unies à Chypre. In: Revue Générale de Droit International Public (Paris) 80.1975.1, S.130 - 162

2397 Barthel, G.: Solidarität für Zypern. Bericht über eine Internationale Solidaritätskonferenz am 19.Juli 1975 in Nikosia. In: Asien Afrika Lateinamerika (Berlin, DDR) 3.1975.6, S.1041 - 1042

2398 Bilder, Richard B.: Cyprus: Lessons in the role of law in international crises. In: Stanford Law Review (Stanford) 27.1975.5, S.1361 - 1372

2399 Bilge, Suat: The Cyprus conflict and Turkey. In: Karpat, H.(Hrsg.): Turkey's foreign policy in transition. Leiden 1975, S.135 - 185

2400 Costadoni, G.C.: Il ruolo degli Stati Uniti nella crisi di Cipro. In: Terzo Mondo (Milano) 8.1975.28/29, S.57 - 60

2401 Cycon, Dieter: Die "türkische Enosis". In: Die Welt (Hamburg) 38.(14.2.75), S.4

2402 Damm, Carl: Reparatur der NATO-Südostflanke. Zypern: Hilfe für die Insel, politischer Beistand für Griechen und Türken. In: Rheinischer Merkur (Köln) 10.(7.3.75),S.6

2403 Dobell, W.M.: Policy or law for Cyprus? In: International Journal (Toronto) 32.1975/1976.1, S.146 - 158

2404 Evriviades, Marios L.: The legal dimension of the Cyprus conflict. In: Texas Law Journal (Dallas) 10.1975.2, S.227 - 264

2405 Forster, Peter: Türkischzypern im türkischen Griff. Denktaschs Alleingang auf der Mittelmeerinsel. In: Neue Zürcher Zeitung (Zürich) 40.(18.2.75), S.3

2406 Gillessen, Günther: Zwangsläufiges auf Zypern. In: Frankfurter Allgemeine Zeitung (Frankfurt a.M.) 39.(15.2.75), S.1

2407 Grobe, Karl: Zyperns Türken schlagen Grenzpflöcke ein. Im nördlichen Teil der Inselrepublik wird ein Teil-Staat geschaffen. In: Frankfurter Rundschau (Frankfurt a.M.) 38.(14.2.75), S.3

2408 Gstrein, Heinz: Keine Hoffnung für die Frauen. Die weiblichen Opfer der Zypern-Krise haben noch nicht ausgelitten. In: Rheinischer Merkur (Köln) 6.(7.2.75), S.28

2409 Heinritz, Günter: Der griechisch-türkische Konflikt in Zypern und seine siedlungs- und bevölkerungsgeographischen Konsequenzen bis zum Sommer 1974. In: Geographische Rundschau (Braunschweig) 27.1975.3, S.93 - 99

2410 Held, Robert: Sturmzeichen in der Ägäis. In: Frankfurter Allgemeine Zeitung (Frankfurt a.M.) 16.(20.1.75), S.6

2411 Held, Robert: Letzte Stunden in Famagusta. Illustration zur neuen Britenfeindlichekit der Zyprioten. In: Frankfurter Allgemeine Zeitung (Frankfurt a.M.) 21.(25.1.75), S.3 - 4

2412 Hertwig, Robert P.: Eine Insel zeigt ganz neue Reize. Trotz der Krise fahren Touristen nach Zypern. In: Frankfurter Rundschau (Frankfurt a.M.) 277.(19.11.75), S.53

2413 İdiz, Dündar:The Cyprus situation. In: Pakistan Horizon (Karachi) 28.1975.2, S.5 - 23

2414 Karpat, Kemal H.: War on Cyprus. The tragedy of Enosis. In: Karpat, Kemal H.(Hrsg.): Turkey's foreign policy in transition, 1950 - 1974. Leiden 1975, S.186 - 205

2415 Krüger, Hans Jürgen: Erbakan versperrt die Tür. In der Zypern-Frage bleiben die türkischen Parteien hart. In: Frankfurter Allgemeine Zeitung (Frankfurt a.M.) 264.(13.11.75), S.10

2416 Liebe, Klaus: Abschied von Kyrenia. Verwandlungen in Zyperns türkisch besetztem Norden. In: Frankfurter Allgemeine Zeitung (Frankfurt a.M.) 9.(11.1.75), S.1

2417 Malios, Inge: Wieder vor den Vereinten Nationen: das Zypernproblem. Notwendig ist die konsequente Erfüllung der Beschlüsse der UNO. In: Neues Deutschland (Berlin, DDR) 237.(6.10.75), S.5

2418 Mathiopoulos, Basil P.: Denktaschs Denkzettel. Die Teilung Zyperns. In: Vorwärts (Bonn-Bad Godesberg) 8.(20.2.75), S.9

2419 Mathiopoulos, Basil P.: Dr.Kissingers Rezepte. In Ankara präsentiert der US-Außenminister seinen Zypern-Plan. In: Vorwärts (Bonn-Bad Godesberg) 12.(20.3.75), S.10

2420 Mathiopoulos, Basil P.: UN-Resolution - ein Fetzen Papier. Zypern. In: Vorwärts (Bonn-Bad Godesberg) 7.(13.2.75), S.9

2421 Papadimitriou, Georgios: The Cyprus crisis of 1974 before the United Nations. A documentation. In: Verfassung und Recht in Übersee (Hamburg) 8.1975.1, S.73 - 78

2422 Pearce, Juliet: Cypern im Schatten der Kanonen. Realität und Politik auf der geteilten Insel. In: Weltwoche (Zürich) 43.(29.10.75), S.17

2423 Peonides, P.: Imperialist stratagem to partition Cyprus. In: New Perspectives (Helsinki) 5.1975.2, S.28 - 30

2424 Pfeiffer, Wolfgang: Ankaras vollendete Tatsachen. Zypern: Der Inselstaat wird geteilt bleiben. In: Deutsche Zeitung - Christ und Welt (Bonn) 9.(21.2.75), S.7

2425 Philipp, Peter Föderation - ein Hohn. Zypern: Heimliche Reisen über die 'Attila-Linie'. In: Vorwärts Bonn-Bad Godesberg) 9.(27.2.75), S.10

2426 Philipp, Peter: Teilung der Insel mit Gewalt verhindern. Der zypriotische Parlamentspräsident Clerides spielt hart, sein Gegenspieler Denktasch ist zu Konzessionen bereit. In: Vorwärts (Bonn-Bad Godesberg) 40.(2.10.75), S.10

2427 Ressing, Gerd: Türkische Teilung. Zypern: Eine gebrochene NATO-Flanke ist zu reparieren. In: Rheinischer Merkur (Köln) 8.(21.2.75), S.7

2428 Rieder, Wernder: Eine Sinai-Formel für Zypern? Griechische Zeitung berichtet über neuen Kissinger-Plan. In: Der Tagesspiegel (Berlin) 9149.(19.10.75), S.3

2429 Rieger, Wolfgang: Gift in der Ägäis. Der Zypern-Konflikt ist noch nicht zu Ende. In: Deutsches Allgemeines Sonntagsblatt (Hamburg) 4.(26.1.75), S.6

2430 Rieger, Wolfgang: Zwischen Eifer und Einsicht. Zypern ist und bleibt geteilt. Das begreifen jetzt auch die Griechen. In: Deutsches Allgemeines Sonntagsblatt (Hamburg) 7.(16.2.75), S.5

2431 Ruehl, Lothar: Die Zypern-Krise von 1974 und der griechisch-türkische Interessenkonflikt. In: Europa-Archiv (Bo-n) 30.1975.22, S.699 - 710

2432 Schloss, Rolf W.: Aktion Happy Valley. Die Umsiedlung türkisch-cypriotischer Flüchtlinge schafft ein Fait-accompli. In: Weltwoche (Zürich) 4.(29.1.75), S.15

2433 Schloss, Rolf W.: Geteilte Insel. Sind zwei cypriotische Teilstaaten lebensfähig? In: Weltwoche (Zürich) 7.(19.2.75), S.15

2434 Steinbach, Udo: Das Zypernproblem im Spannungsfeld des türkischen und griechischen Nationalismus. In: Südosteuropa Mitteilungen (München) 15.1975.2, S.1 - 14

2435 Stockklausner, Wolfgang: Nichts soll mehr an die griechische Vergangenheit erinnern. Zyperns Norden wird türkisch. In: Frankfurter Rundschau (Frankfurt a.M.) 45.(22.2.75), S.3

2436 Stockklausner, Wolfgang: Die Untergrund-Kämpfer organisieren sich schon.In Zypern steht die 'Palästinensische Entwicklung' bevor. In: Frankfurter Rundschau (Frankfurt a.M.) 49.(27.2.75), S.3

2437 Stockklausner, Wolfgang: Auf Zypern entsteht ein zweites Palästina. Obwohl Wohnraum vorhanden ist, werden die vor den Türken geflüchteten griechischen Zyprioten in Lagern gehalten. In: Stuttgarter Zeitung (Stuttgart) 54.(6.3.75), S.5

2438 Thomas, Ann van Wynen; Thomas, A.J.Jr.: The Cyprus crisis 1974 - 1975. Political - juridical aspects. In: Southwestern Law Journal (Dallas, Texas) 29.1975, S.513 - 546

2439 Wilkens-Weyland, Harry R.: Das Zypern-Problem. In: Europa Ethnica (Wien) 32.1975.1, S.10 - 14

2440 Ziegler, Gert: Die nächste Runde im Zypern-Poker beginnt. Günstigere Startbedingungen als früher für Verhandlungen Klerides-Dektasch. In: Die Presse (Wien) 8034.(14.1.75), S.3

2441 Coufoudakis, Van (Hrsg.): Essays on the Cyprus conflict. New York 1976, XVIII, 53 S.
Rez.: Williams, D.P. In: Middle East Journal (Washington D.C.) 32.1978.1, S.90 - 91

2442 Deveci, Hasan A.: Cyprus yesterday, today - what next? London 1976, I, 60 S.
(Cyprus Turkish Association, 2)

2443 Franz, Erhard (Hrsg.): Der Zypernkonflikt. Chronologie, Pressedokumente, Bibliographie. Hamburg 1976, V, 178 S.
(Aktueller Informationsdienst Moderner Orient, Sondernr.2)

2444 Kadritzke, Niels; Wagner, Wolf: Im Fadenkreuz der NATO. Ermittlungen am Beispiel Cypern. Berlin 1976, 142 S., 1 Kt.

2445 Karouzis, George: Proposals for a solution to the Cyprus crisis. Nicosia 1976, 205 S., Kt.

2446 Karouzis, Georgos: 'Τουρχιχὴ ελσβολὴ χαὶ ἡ ἀντιμετώπισή της. Nicosia 1976, 195 S.
(Die türkische Invasion und der Widerstand gegen sie.)

2447 Konstantinidis, A.: Τὸ Κυπριαχὸ. Μυθολογίχ χαὶ πραγματιχότητα. Ατηεναι (Athenai) 1976, 78 S.
(Das Zypernproblem. Mythos und Wirklichkeit.)

2448 Kouloumbis, Th.A.; Hicks, Sallie M.: 'Η 'Αμερικανική πολιτιχὴ στὴυ 'Ελλάδα χαὶ Κύπρο. Athenai 1976, 358 S.
(Die amerikanische Politik in Griechenland und Zypern.)

2449 Markides, K.C.: The rise and fall of the Cyprus Republic: a sociological inquiry. Orono (Maine) 1976, 224 S.
Rez.: Barthel, G. In: Asien Afrika Lateinamerika (Berlin, DDR) 6.1978.3, S.559 - 562; Coufoudakis, V. In: Balkan Studies (Thessaloniki) 19.1978, S.205 - 206; Parker, J.S.F. In: International Affairs (London) 54.1978.1, S.136 - 137

2450 Mazarakis-Ainian, I.K.: Μαρτυρίες ἀπὸ τὴυ Κύπρο. Athenai 1976, 222 S.
(Griechische Augenzeugenberichte nach der Invasion der Türken auf Zypern.)

2451 Papachrysostomou, Chr.: 'Η Κυπριακὴ τραγωδία τοῦ 1974 - 1975. Προπαγάνδα καὶ πραγματικότης.' 'Εκθεσις ἀρχειακή. Nicosia 1976, 77 S.
(Die Zyperntragödie von 1974 - 1975. Propaganda und Wirklichkeit. Eine Archivforschung.)

2452 Papalekas, J.C.: Unterbelichtete Aspekte des Zypernproblems. Herford 1976, 23 S., 1 Kt.

2453 Patrick, Richard A.: Political geography and the Cyprus conflict, 1963 - 1971. (Hrsg.: James H.Bater u. Richard Breston) Waterloo (Canada) 1976, XX, 481 S.

2454 Polyviou, Polyvios G.: Cyprus in search of a constitution. Nicosia 1976, 450 S.

2455 Sahinler, Menter: La politique de la Turquie dans le conflit de Chypre en 1974. (Thèse) Paris (Université de Paris I) 1976, 86 S.

2456 Sahinler, Menter: La politique de la Turquie dans le Conflit de Chypre en 1974. Paris (Presses du Palais Royal) 1976, 86 S.

2457 Stavrinides, Zenon: The Cyprus conflict. National identity and statehood. Wakefield 1976, 134 S.

2458 (Anonym): Laus im Pelz. Erzbischof Makarios ist wieder der alte. Er läßt den Putschisten Sampson vor Gericht stellen und riskiert so Zwist unter den Inselgriechen und zugleich Krach mit Athen. In: Der Spiegel (Hamburg) 14. (29.3.76), S.126 - 130

2459 Ata, Gil: La négociation imposée. In: Monde diplomatique (Paris) 23.1976.262, S.32

2460 Chalupa, Gustav: Zypern muß mit den neuen Grenzen leben. Die Türken auf der Mittelmeer-Insel zeigen sich als unversöhnliche Sieger. In: Der Tagesspiegel (Berlin) 9229. (25.1.76), S.3

2461 Coufoudakis, Van: United Nations peacekeeping and peacemaking and the Cyprus question. In: The Western Political Quarterly (Salt Lake City) 29.1976.3, S.457 - 473

2462 Coufoudakis, Van: U.S. foreign policy and the Cyprus question. An interpretation. In: Millennium (London) 5.1976/77, S.245 - 268

2463 Crawshaw, Nancy: Cyprus: problems of recovery. In: The World Today (London) 32.1976.2, S.69 - 74

2464 (European Commission on Human Rights): Report of the European Commission on Human Rights on turkish atrocities in Cyprus. In: 29.1976/77.4 (= 116), S.420 - 425

2465 Evriviades, M.L.: The problem of Cyprus. In: Current History (Philadelphia) 70.1976.412, S.18 - 21 u. S.38 - 42

2466 Fantis, Andreas: Obščeevropejskaja bezopasnost'i manevry vragov Kipra. In: Problemy Mira i Socializma (Praha) 1976.3, S.81 - 83
(Die gesamteuropäische Sicherheit und die Manöver der Feinde Zyperns.)

2467 Gómez, Robledo A.: La cuestión de Chipre. In: Foro Internacional (México) 16.1976.3, S.267 - 286

2468 Harbottle, M.; Harbottle, E.: Cyprus: the Greek and Turkish confrontation. In: Veenhoven, Willem A.(Hrsg.): Case studies on human rights and fundamental freedoms. The Hague 1974, Bd.4, S.497 - 533

2469 Hertwig, Robert P.: Der Renommierstrand ist vorläufig abgeschrieben. Die griechischen Cyprioten versuchen auf ihrem Teil der Insel den Tourismus wieder anzukurbeln. In: Stuttgarter Zeitung (Stuttgart) 17.(22.1.76), S.37 - 38

2470 Hooper, J.: Cyprus: the prospects for a settlement. In: Middle East (London) 17.1976, S.26 - 28

2471 Ihlau, Olaf: Auf Cypern kann der Erzbischof noch den Ausgleich verhindern. Türken und Griechen scheinen an sich zum Kompromiß bereit zu sein. In: Süddeutsche Zeitung (München) 31.(7.2.76), S.9

2472 Mc Intyre, Sir Laurence: Cyprus as a United Nations problem. In: Australian Outlook (Sydney) 30.1976.1, S.16 - 34

2473 Kouryataris, G.A.: Survey essay on the Cyprus question. In: Journal of Political and Military Sociology (De Kalb, Illinois) 4.1976.1, S.151 - 164

2474 Kunstmann, Günter: Ankara in Schwierigkeiten. Zypern: Innenpolitische Probleme zwingen die Türkei zu Konzessionen. In: Rheinischer Merkur (Köln) 5.(30.1.76), S.7

2475 Landau, Jacob: Johnson's 1964 letter to Inönü and the greek lobbying at the White House. In: The Turkish Yearbook of International Relations (Ankara) 14.1974(1976), S.45 - 58

2476 Lissarides, V.: Kipr. Pravo na suščestvovanie. In: Medjunarodni Problemi (Beograd) 27.1976.12 (= 626), S.17 - 18 (Zypern: sein Recht auf Existenz.)

2477 Malios, Inge: Vertreter der Volksgruppen Zyperns vor neuem Gespräch. In: Neues Deutschland (Berlin, DDR) 30.(4.2.76), S.6

2478 Melas, Evi: Touristen sehr willkommen. Zypern: Auch der Süden der Mittelmeerinsel ist schön - trotz politischer Probleme. In: Die Zeit (Hamburg) 13.(19.3.76), S.49 u. 51

2479 Nedjati, Zaim; Leathes, Geraint: A study of the constitution of the Turkish Federated State of Cyprus. In: Anglo-American Law Review (Bournemouth) 5.1976.1, S.67 - 92

2480 Pellizari, Valerio: Il nodo di Cipro fra Turchia e Grecia. In: Relazioni Internazionali (Milano) 40.1976.28, S.676 - 677

2481 Pollis, A.: International factors and the failure of political integration in Cyprus. In: Small states and segmented societies. New York etc. 1976, S.44 - 83

2482 Polyviou, Polyvios G.: Cyprus: What is to be done? In: International Affairs (London) 52.1976.4, S.582 - 597

2483 Potamitis, Y.D.: The struggle of Cyprus. Danger of partition must be adverted. In: New Perspectives (Helsinki) 6.1976.6, S.30 - 31

2484 Rieder, Werner: Ein brisanter Prozeß auf Zypern. Washington und Athen befürchten Enthüllungen über Rolle der USA beim Putsch von 1974. In: Der Tagesspiegel (Berlin) 9285. (31.3.76), S.3

2485 Ruehl, Lothar: Der Zypern-Konflikt, die Weltmächte und die europäische Sicherheit. In: Europa-Archiv (Bonn) 31.1976.1, S.19 - 30

2486 Rüfenacht, W.D.: Rote Erde zieht die Grenze. Zypern oder Der Versuch zu überleben. In: Deutsche Zeitung - Christ und Welt (Bonn) 13.(23.3.76), S.25

2487 Šachbazov, V.A.: Problema Kipra v politike Turcii v 1960-1965 gg. In: Voprosy novoj i novejšej istorii, Ordžonikidze 1976, 1976, S.80 - 98
(Die Zypernfrage in der türkischen Politik der Jahre 1960 - 1965.)

2488 Schloss, Rolf W.: Die Ameisen von Cypern. Wirtschaftswunder-Insel im Mittelmeer. In: Weltwoche (Zürich) 1.(7.1. 76), S.11

2489 Vaner, S.: Le rapprochement turco-soviétique et l'affaire chypriote. In: Revue française d'études politiques méditerranéennes (Paris) 1976.18/19, S.63 - 74

2490 Wagner, Friedrich: Die Insel mit der "Blauen Grenze". Im griechischen Teil Zyperns setzt man auf eine Wiederbelebung des Tourismus. In: Frankfurter Allgemeine Zeitung (Frankfurt a.M.) 6.(8.1.76), Reiseblatt S.1

2491 Birgen, Lâtife: The anatomy of the Cyprus stalemate. Nicosia 1977, 9 S.

2492 Damonidis (= Christidis, Christos): Τέσσερις Κυπριακὲς μελέτες (1972-1977). Athenai 1977, 92 S.
(Die Zypernkrise (1972-1977).)

2493 Kalogeropoulos-Stratis, Spyros K.: Τὸ δικαίωμα τῶυ λαῶυ στὴυ αὐτοδιάθεση. Ἡ παραβίαση στὴυ Κὺπρο. Athenai 1977, 493 S.
(Das Recht der Völker auf Selbstbestimmung und dessen Verletzung auf Zypern.)

2494 Lacarrière, Jacques: Γιατὶ παρατείυεται, ἡ σιωπὴ γιὰ τοὺς πρόσφυγες τῆς Κύπρου. Athenai 1977, 22 S.
(Vergessene Zeltlager auf Zypern.)

2495 Naṣīf, Maǧdī: Qubruṣ baina angāb al-ḥilf al-aṭlānṭī. al-Qāhira 1977, 167 S.
(Zypern zwischen Griechenland und Türkei - die Krise von 1974.)

2496 Nedjatigil, Zaim M.: Cyprus. Constitutional proposals and developments. Nicosia 1977, VI, 151 S.
Rez.: Alasya, F. In: Türk Kültürü (Ankara) 188.1978, S.509 - 510

2497 Rossidis, I.: Κυπριακοὶ ἀυτίλαλοι. Ευλλογὴ Χρουογραφημάτωυ. Nicosia 1977, 90 S.
(Widerhall aus Zypern. Eine Sammlung von Berichten.)

2498 Šachbazov, V.A.: Kiprskij copros v politike Turcii (1960 - 1975 gg.). (Avtoref.dis.kand.ist.) Moskva 1977, 23 S.
(Die Zypernfrage in der türkischen Politik.)

2499 Sarris, Neoklis: Ἡ ἄλλη πλευρά. Πολιτικὴ Χρουογραφία τῆς εἰσβολῆς στὴυ Κύπρο. Μὲ βάση τουρκικὲς πηγές. Athenai 1977, Bd.1, 551 S.
(Die andere Seite. Pol itische Chronographie des Einfalls auf Zypern. Auf Grundlage türkischer Quellen.)

2500 Stern, Lawrence: The wrong horse: the politics of intervention and the failure of american diplomacy. New York 1977, X, 170 S.
Rez.: Koumgulides, J.T.A. In: Balkan Studies (Thessaloniki) 19.1978, S.206 - 208

2501 Tatar, Rüştem: Cyprus, economic aspect. Nicosia 1977, 16 S.

2502 Tornaritis, Criton G.: Cyprus and its constitutional and other legal problems. Nicosia 1977, 142 S.

2503 Vanezis, P.N.: Cyprus. The unfinished agony. London 1977, X, 141 S.

2504 Vidalis, K.: Μερικὲς διαπιστώσεις γία τὴυ σημεριυὴ κατάσταση στὴυ Κύπρο. Athenai 1977, 110 S. (Einige Feststellungen über die heutige Lage auf Zypern.)

2505 Altuğ, Yılmaz: The Cyprus conflict. In: Foreign Policy - Dış Politika (Ankara) 6.1977, S.118 - 147

2506 Bierman, J.: Cyprus awaits U.S. move. In: Middle East (London) 1977.27, S.6 - 7

2507 Black, N.: The Cyprus conflict. In: Suhrke, A.;Noble,L.G. (Hrsg.): Ethnic conflict in international relations. New York 1977, S.43 - 67

2508 Hale, W.: Cyprus in perspective. In: Contemporary Review (London) 230.1977.1337, S.289 - 296

2509 Hare, A.P.; Wilkinson, E.: Cyprus conflict and its resolution. In: Liberation without violence: a third-path approach. London 1977, S.238 - 247

2510 Ince, Nurhan; Olson, Robert: Turkish foreign policy 1960 - 1964. Continuity, change and the Cyprus crisis. In: Oriente Moderno (Roma) 57.1977.7/8, S.269 - 286

2511 Kadritzke, Niels: Beidseits der Attila-Linie. Verhandlungen um einen zypriotischen Gesamtstaat. In: Dritte Welt Magazin (Bonn) 4.1977, S.20 - 22

2512 Kourvetaris, George A.: Attilas 1974: human, economic and political consequences of the turkish invasion in Cyprus. In: Journal of the Hellenic Diaspora (Indianapolis) 4.1977.3, S.24 - 28

2513 Modinos, P.: Chypre.In: Revue des deux mondes (Paris) 1977.2, S.306 - 317

2514 Rudnick, D.: NATO and the Cyprus crisis. Pressure groups versus power politics. In: Round Table (London) 266.1977, S.182 - 190

2515 Saulle, Maria Rita: La constituzione cipriota e il diritto internazionale. In: Rivista di Diritto Internazionale (Milano) 60.1977.3/4, S.579 - 588

2516 Sciso, Elena: L'intervento turco a Cipro: Aspetti giuridici. In: Rivista di Diritto Internazionale (Milano)

2517 Shirreff, D.: Northern Cyprus. Ambigious status hinders development. In: Middle East Economic Digest (London) 21.1977.16, S.3 - 4

2518 Viti, Donatella: Cipro senza Makarios. In: Relazioni Internazionali (Milano) 41.1977.35/35, S.797

2519 (Europarat): Ἡ ἀπόρρητη ἔκθεση τοῦ Συμβουλίου τῆς Εὐρώπης γιὰ τὶς ὠμότητες τῶν Τούρκων εἰσβολέων στὴν Κύπρο. Athenai 1978, 52 S.
(Geheimbericht des Europarates über die türkischen Grausamkeiten auf Zypern.)

2520 (Informationskomitee für die nationalen Fragen): Ἐπιτροπὴ Ἐνημερώσεως γιὰ τὰ Ἐθνικὰ θέματα, Ἡ Εὐρωπαϊκὴ Ἐπιτροπὴ ἀνθρωπίνων δικαιωμάτων καταδικάζει τὶς τουρκικὲς στὴν Κύπρο. Athenai 1978, 39 S.
(Das europäische Komitee für Menschenrechte verurteilt die türkischen Grausamkeiten auf Zypern.)

2521 Katsis, A.: Ἀπὸ τὴν ἀνεξαρτησία στὴν Τουρκικὴ εἰσβολή. Athenai 1978, 275 S.
(Von der Unabhängigkeit bis zur türkischen Invasion.)

2522 Millien, Roger: Ἡ πολιτικὴ τῶν "τετελεσμένων γεγονότων" στὴν Κύπρο: Ἀπειλὴ γιὰ τὴν εἰρήνη. Athenai 1978, 22 S.
(Die Politik der faits accomplis auf Zypern: Bedrohung des Friedens.)

2523 Modinos, P.: Ἡ ἀλήθεια γιὰ τὸ Κυπριακὸ πρόβλημα. Μιὰ ἀντικειμενικὴ ἔκθεση. Athenai 1978, 53 S.
(Die Wahrheit über das Zypernproblem. Eine objektive Darstellung.)

2524 Terlexis, Pantazis: Ἐξωτερικὴ πολιτική. Κύπροσ - Αἰγαῖο. Ἄλλοθι αὐτοκαταστροφῆς.Athenai 1978, 67 S.
(Außenpolitik. Zypern - Ägäis. Ein Alibi für Selbstvernichtung.)

2525 Dorfmeister, Otto: Der Zypernkonflikt. Politische Entwicklung und UNO-Einsatz. In: Österreichische Militärische Zeitschrift (Wien) 16.1978.3, S.200 - 206

2526 Karaosmanoğlu, Ali L.: Le conflit de Chypre et le fédéralisme. In: Politique Etrangère (Paris) 43.1978.4, S.439 - 448

2527 Modinos, Polys: Chypre: quatre années de souffrances. In: Politique Etrangère (Paris) 43.1978.5, S.549 - 556

2528 Myrtiotis, Panos J.: Κύπρος, Ἱστορικὰ υτοκουμέυτα. Lefkosia 1978, 2 Bd., 114 S., 122 S.
(Zypern - Historische Dokumente: Bd.1:Texte des Abkommens zwischen England und der Türkei sowie des Vertrages von Lausanne; Bd.2:Verschiedene Verfassungsvorschläge für die Republik Zypern.)

2529 Crawshaw, Nancy: The Cyprus revolt. An account of the struggle for union with Greece. London 1978, 447 S.

2530 Salih, Halil Ibrahim: Cyprus: the impact of diverse nationalism on a state. University City (Missouri) 1978, X, 203 S.
Rez.: Kitsikis, D. In: American Historical Review (New York) 84.1979.4, S.1114; Parker, J.S.F. In: International Affairs (London) 56.1980.1, S.165

2531 Volkan, Vamik: Cyprus: war and adaption. A psychoanalytical history of two ethnic groups in conflict. Charlottesville (Virginia) 1978, XXVIII, 192 S.

2532 Alasya, H.Fikret: The Cyprus problem. In: Annales de la Faculté de Droit d'Istanbul (Istanbul) 25.1978.41, S.287 - 314

2533 Alcock, A.E.: Three case-studies in minority protection: South Tyrol, Cyprus, Quebec. In: Hepburn, A.C.(Hrsg.): Minorities in history. London 1978, S.189 - 225

2534 Allen, P.S.: Bicommunal separatism in Cyprus. In: Joseph, Suad; Pillsbury, B.L.K.(Hrsg.): Muslim - Chrsitian conflicts: economic, political and social origins. Boulder (Colorado) 1978, S.209 - 236

2535 Altuğ, Yılmaz: Turkish cypriots proposals of 1976 on the constitution. In: Annales de la Faculté de Droit d'Istanbul (Istanbul) 25.1978.41, S.87 - 106

2536 Altuğ, Yılmaz: A british judgement upholding turkish cypriots rights. In: Annales de la Faculté de Droit d'Istanbul (Istanbul) 25.1978.41, S.275 - 286

2537 Altuğ, Yılmaz: The Cyprus question. In: German Yearbook of International Law (Berlin) 21.1978, S.311 - 334
(With summary in French.)

2538 Colacrai de Trevisan, Miryam: El conflito entre Grecia y Turchia (Chipre). In: Rivista de Política Internacional (Madrid) 1978.156, S.177 - 186

2539 Constantopoulos, Dimitri S.: Die türkische Invasion in Zypern und ihre völkerrechtlichen Aspekte. In: German Yearbook of International Law (Berlin) 21.1978, S.272 - 310
(With summary in English.)

2540 Crawshaw, Nancy: Cyprus after Makarios: prospects for a settlement. In: The World Today (London) 34.1978.1, S.31-38

2541 Garabedijan, A.: Cjurichsko-londonskite sporazumenija za Kip'r. In: Todorov,N.; Šterev,P.; Grigorova,Z.(Hrsg.): Balkanite sled vtorata svetovno vojna. 1.Problemi na 60-te godini. Sofija 1978, S.182 - 224
(Die Abkommen von Zürich und London über Zypern.)

2542 Garidis, M.: Un prêtendu plan d'extermination des Turcs de Chypre. In: Quaderni di Storia (Bari) 4.1978.7, S.229-232
(Vorgeschichte der türkischen Invasion auf Zypern.)

2543 Kourvetaris, George A.: On the Cyprus conflict. In: Journal of Political and Military Sociology (De Kalb, Illinois) 6.1978.1, S.105 - 122
(An overview about recent publications on the Cyprus conflict.)

2544 Lloyd Jones, David: Conflict of laws - trespass to foreign land - cognisance of acts of foreign unrecognised governments. In: The Cambridge Law Journal (London) 32.1978.1, S.48 - 51

2545 Navarro, Christina K.: Cyprus and the U.N.: A case for non-military collective measures. In: Indiana Law Journal (Munice, Indiana) 54.1978.1, S.125 - 163

2546 Panteli, S.: Cyprus - past and present. In: Contemporary Review (London) 233.1978.1354, S.257 - 263 (Zypernproblem: Position der Türkei.)

2547 Shaw, Malcolm: Legal acts of an unrecognised entity. (Enteignung eines Hotels durch den 'Türkischen Föderativen Staat Zyperns'; Werbung für dieses Hotel durch den neuen Eigentümer in GB.) Anmerkungen zu: Court of Appeal, Heperides Motels Ltd. v. Aegean Turkish Holidays (1978). Q.B.205; House of Lords (1978) 3.W.L.K.378. In: The Law Quarterly Review.(London) 94.1978, S.500 - 505

2548 Attalides, Michael: Cyprus: nationalism and international politics. Edinburgh, New York 1979, 226 S.
Rez.: Parker, J.S.F. In: International Affairs (London) 56.1980.3, S.528 - 529; Williams, D.P. In: Middle East Journal (Washington D.C.) 34.1980.4, S.508

2549 (Cyprus, Republic of): Foreign press on Cyprus. January - June 1978. A representative selection of articles and editorials from the world press on the cyprus problem. Nicosia 1979, 138 S.

2550 Damonidis (= Christidis, Christos): Τὸ Κυπριακό, 1977 - 1979. Athenai 1979, 50 S. (Die Zypernfrage 1977 - 1979.)

2551 Landau, Jacob M.: Johnson's letter to Inönü and greek lobbying of the White House. Jerusalem 1979, 22 S. (Jerusalem Papers on Peace Problems, 28) (Erweiterte Neufassung)

2552 (Anonym): Hesperides Hotel Ltd. versus Muftizade Aegean Turkish Holidays Ltd. (1978) 3 WLR 378. In: Texas International Law Journal (Dallas) 14.Spring 1979, S.343 - 345

2553 Batowski, Henryk: Historisches und vergleichendes zur Zypernfrage. In: Österreichische Osthefte (Wien) 21.1979.1, S.5 - 13

2554 Bruno Bologna, Alfredo: La actuación de los Naciones Unidos en Chipre. In: Rivista de Política Internacional (Madrid) 1979.161, S.31 - 47

2555 Crawshaw, Nancy: Zypern in der Sackgasse. Neue Bemühungen um eine Regelung. In: Europa-Archiv (Bonn) 34.1979.3, S.83 - 92

2556 Mayes, Stanley: Can the Cyprus problem be solved? America's new initiative. In: Round Table (London) 1979.273, S.81 - 87

2557 Nedjatigil, Zaim M.: The European Convention and Cyprus. In: Turkish Yearbook of Human Rights (Ankara) 1.1979, S.91 - 108

2558 Perazić, Gavro: The current status of Cyprus in international law. In: Review of International Affairs (Belgrade) 30.1979.700, S.36 - 39

2559 Perazić, Gavro: Die aktuelle völkerrechtliche Lage Zyperns. In: Internationale Politik (Belgrad) 30.1979.700, S.36 - 39

2560 Pollis, Adamantia: Cyprus: Nationalism versus human rights. In: Universal Human Rights (Stanfordville N.Y., London) 1.1979.2, S.89 - 102

2561 Volkan, Vamik: Symptom formation and character changes due to upheavals of war: examples from Cyprus. In: American Journal of Psychotherapy (New York) 33.1979.2, S.239 - 262

2562 Barthel, Günter: Zyperns Ringen um seine Existenz als unabhängige und ungeteilte Republik. In: Deutsche Außenpolitik (Berlin, DDR) 25.1980.2, S.71 - 90

2563 Camp, Glen D.: Greek-turkish conflict over Cyprus. In: Political Science Quarterly (New York) 95.1980.1, S.43 - 70

2564 Frigerio, Fabrizio: 'Enosis' et 'Taksim': culture et identité nationale à Chypre. In: Relations internationales (Genève, Paris) 23.1980, S. 415 - 423

2565 Liebe, Klaus: Das Zypernproblem. Vom Versagen der europäischen Politik im Kräftefeld zwischen Athen, Ankara und Nikosia. In: Südosteuropa Mitteilungen (München)20.1980.1, S.39 - 53

13.13. Staatsangehörigkeitsrecht / Nationality / Nationalité

2566 Adriaansen, ?: Turkia. In: Nationaliteitswetgiving. o.O. o.J., S.10 - 18
(Betrifft das türkische Staatsabgehörigkeitsgesetz von 1964.)

2567 (Ottoman, Empire): (De la nationalité dans l'Empire Ottoman.) In: Folleville, D.de: Traité de la naturalisation. Paris 1880, S.609

2568 Salem, E.R.: De l'influence du mariage de la femme turque avec un étranger sur la nationalité. In: Clunet - Journal du droit international (Paris) 1888, S.477 - 481

2569 Salem, E.R.: Die rechtliche Stellung der im Auslande naturalisierten Ottomanen. In: Niemeyers Zeitschrift für internationales Privat- und Strafrecht (Erlangen, Leipzig, Berlin) 1.1891, S.551 - 571

2570 Salem, E.R.: De la nationalité de la femme etrangère qui épouse un ottoman. In: Revue pratique de droit international privé (Vincent) 1892, S.2 ff; S.88 ff.

2571 Péritch, J.: Un cas de naturalisation collective en dehors de toute cession de territoire. In: Revue de droit international et de législation comparé (Bruxelles) 2ème serie, 2.1900, S.184 - 203
(Betrifft die Einbürgerung im Zusammenhang mit dem griechisch-türkischen Bevölkerungsaustausch.)

2572 Arminjon, P.: De la nationalité dans l'Empire ottoman, spécialement en Egypte. In: Revue turque de droit international privé (?) 1901, S.520 - 567

2573 Péritch, J.: De la condition juridique des Bosniaques et des Herzégoviniens en pays étrangers (= en Turquie). In: Revue de droit international et de législation comparé (Bruxelles) 1901, S.50 - 74

2574 Salem, E.R.: De l'influence du mariage sur la nationalité de la femme en Turquie. In: Clunet - Journal du droit international (Paris) 1901, S.79 - 91; S.936 - 947; S.1902

2575 Arminjon, P.: Etrangers et protégés dans l'Empire Ottoman. Vol.1, Paris 1903, 347 S.

2576 Salem, E.R.: De la nationalité en Turquie. In: Clunet - Journal du droit international (Paris) 1905, S.51 - 56; S.585 - 591; S.872 - 883; S.1032 - 1041; S.1906; S.1907

2577 Moore, J.B.: (Turkey). In: Moore, J.B.: A digest of international law. Washington 1906, Bd.3, S.679 - 708

2578 Salem, E.R.: De la perte de la nationalité ottomane. In: Clunet - Journal du droit international (Paris) 1907, S.932 - 948

2579 Salem, E.R.: De l'autorité compétente pour statuer en Turquie sur les questions relatives à la nationalité et des conflits des lois en matière de nationalité. In: Revue de droit international privé (?) 1907, S.25 - 42; S.654 - 660

2580 Sieber, J.: (Beiträge zum Staatsangehörigkeitsrecht des Osmanischen Reiches). In: Das Staatsbürgerrecht im internationalen Verkehr. Bern 1907, Bd.1, S.161 - 163; S.355 - 360; S.530 - 533; S.602

2581 Boeck, Ch. de: (De la nationalité dans les pays musulmans.) In: Dalloz - Recueil périodique (Paris) 1908, Part II, S.121 - 124
(U,a. zum Staatsangehörigkeitsrecht des Osm. Reiches.)

2582 (Ottoman, Empire): (De la nationalité ottomane.) In: Lehr,?: La nationalité. Paris 1909, S.215

2583 Papasian, Th.: La nationalité ottomane. In: Revue de droit international et de législation comparé (Bruxelles) 2ème serie, 13.1911, S.287 - 301

2584 Tawil, A.: Etude sur la nationalité de la femme étrangère qui épouse un sujet ottoman. Kairo 1912, k.S.

2585 Salem, E.R.: Effets de l'annexion des territoires de la Turquie aux états balkaniques, en matière de nationalité. In: Clunet - Journal du droit international (Paris) 1913, S.1057-1068

2586 Lagondakis, G.C.: De la naturalisation à l'étranger des sujets ottomans. In: Clunet - Journal du droit international (Paris) 1919, S.84 - 97

2587 (Turc-Yourdou): La civilisation turque en Asie Mineure. Pour la défense des droits légitimes de la nationalité turque. Lausanne 1919, 16 S.

2588 (Türkische Staatsangehörigkeit.) In: Magnus, J.: Tabellen zum internationalen Recht (Staatsangehörigkeit). Berlin 1926, S.122 - 125

2589 Devadijl, ?: L'echange obligatoire des minorités grecques et turques. (Thèse) Paris 1929, k.S.
(Betrifft Probleme des Staatsangehörigkeitsrechts im Zusammenhang mit dem griechisch-türkischen Bevölkerungsaustausch.)

2590 Salem, E.R.: La loi nouvelle sur la nationalité turque. In: Revue de droit international privé (?) 1929, S.25 - 55

2591 Saba, J.S.: L'Islam et la nationalité. Paris 1931, 166 S. (U.a. zum türkischen Staatsangehörigkeitsrecht.)

2592 Gordon, L.J.: The turkish-american controversy over nationality. In: American Journal of International Law (Washington) 1931, S.658 - 669

2593 Thébault, F.P.: Nationalité en Turquie. In: Lapradelle, ?; Niboyet, ?(Hrsg.): Répertoire de droit international. Paris 1931, Bd.9, S.782 ff.

2594 (Turquie). In: Bourbousson, E.: Traité général de la nationalité. Paris 1931, S.193 - 196

2595 Ghali, Paul: Les nationalités détachées de l'Empire Ottoman à la suite de la guerre. Paris 1934, 448 S.

2596 (Türkische Staatsangehörigkeit). In: Lichter, M.; Knost, ? (Hrsg.): Deutsches und ausländisches Staatsangehörigkeitsrecht. Berlin 1935, S.342 - 344

2597 Birsen, K.: Droit international privé. In: Lévy-Ullmann,H.; Mirkine-Guetzévitch, B.(Hrsg.): La vie juridique des peuples: Turquie. Paris 1939, S.386 - 401
(Betrifft das Staatsangehörigkeitsrecht der Türkei.)

2598 Crozat, Charles: Das Staatsangehörigkeitsrecht der Türkischen Republik. In: Crasen, ?; Maas, ?; Siedler, ?(Hrsg.): Das Recht der Staatsangehörigkeit. Teil 1: Europäische Staaten. Berlin 1940, S.436 - 464

2599 Alas, Cevdet: La déchéance de la nationalité turque. In: Revue turque de droit international privé (?) 1949.2, S.21 f.

2600 Berki, Şakir: La nationalité de l'adopté. In: Revue turque de droit international privé (?) 1949.1, S.13 ff.

2601 Berki, Şakir: l'influence du mariage sur la nationalité de la femme mariée. In: Revue turque de droit international privé (?) 1949.2, S.3 ff.

2602 Cerit, M.Durak: L'adoption par un étranger d'un enfant naturel issu d'un père turc est-elle possible? In: Revue turque de droit international privé (?) 1949.1, S.12 - 13
(Betrifft Fragen des Staatsangehörigkeitsrechts bei Adoption eines türkischen Kindes seitens eines Ausländers.)

2603 Cerit, M.Durak: Nationalité de l'enfant naturel sous l'Empire Ottoman. In: Revue turque de droit international privé (?) 1949.2, S.20 ff.

2604 Doğanci, Ekrem: La nationalité de l'enfant en vertu du jus sol soli en droit turc. In: Revue turque de droit international privé (?) 1949.2, S.14 ff.

2605 Erdinç, Şemsettin: La nationalité de l'enfant naturel en droit turc. In: Revue turque de droit international privé (?) 1949.2, S.14 ff.

2606 Fişek, Hicri: Les effets de la naturalisation sur la nationalité des enfants mineurs en droit turc. In: Revue turque de droit international privé.(?) 1949.2, S.11 ff.

2607 United Nations (Commission on the status of women): Nationality of married women. New York 1950, 74 S.
(U.a. Türkei.)

2608 Berki, O.F.: La perte de la nationalité en droit turc. In: Ankara Üniversitesi Hukuk Fakültesi Dergisi (Ankara) 1953, S.446 - 449
(Res. eines Aufsatzes in türkischer Sprache.)

2609 Berki, O.F.: La nationalité en droit turc. In: Annales de l'Université d'Ankara (Ankara) 5.1954/1955, S.79 - 95

2610 United Nations: Laws concerning nationality. New York 1954, 594 S.
(United Nations Legislative Series)
(U.a. Türkei.)

2611 Hecker, H.: Türkei. In: Ausländisches Staatsangehörigkeitsrecht. Frankfurt a.M. 1955, S.165 - 168

2612 (Türkisches Staatsangehörigkeitsrecht). In: Lichter, M. (Hrsg.): Die Staatsangehörigk-it nach deutschem und ausländischem Recht. Köln 1955, S.781 - 784

2613 Ayiter, Kudret: La situazione giuridica dell'italiano in Turchia. In: L'Emigrato e la sua famiglia nel Mec.(?). o.O. 1959, Bd.2, S.149 - 154

2614 (Turque, Republique): Loi sur la nationalité turque. In: Revue marocaine de droit (Paris) 12.1960, S.7 - 10

2615 Lütem, L.: Aperçu général des traveaux de la deuxième partie de la conférence des Nations Unies pour l'élimination ou la réduction des cas d'apatridie dans l'avenir. In: Turkish Yearbook of International Relations (Ankara) 1961, S.153 ff.
(Betrifft u.a. die Stellung der Staatenlosen im türkischen Staatsangehörigkeitsrecht.)

2616 Berki, O.F.: Les principes adoptés par la nouvelle loi sur la nationalité turque. In: E.E. Hirsch'e Armağan. Ankara 1964, S.322 - 326
(Res. eines Aufsatzes in türkischer Sprache.)

2617 Fişek, Hicri: L'acquisition de la nationalité turque. In: International Yearbook of International Relations (Ankara) 5.1964, S.111 ff.

2618 Narlıoğlu, O.: Das neue türkische Staatsangehörigkeitsgesetz vom 11.2.1964. In: Standesamt (Frankfurt a.M.) 17.1964, S.226 - 230

2619 (Turkish Republic): Law on turkish nationality (text). (Trans. by Gündüz Ökçün). In: Turksih Yearbook of International Relations (Ankara) 5.1964, S.177 - 193

2620 Hecker, H.: Übersicht zum Staatsangehörigkeitsrecht der Türkei. In: Standesamt (Frankfurt a.M.) 19.1966, S.240 - 244

2621 Eren, Ahmet Cevdet: Die historische Entwicklung des Asylrechts in der Türkei. In: Association for the Study of the World Refugee Problem, Bulletin (?) 4.1968.4, S.151 - 162

2622 Ayiter, Kudret: Das Staatsangehörigkeitsrecht der Türkei. Frankfurt a.M. 1970, 159 S.
Ser.Hrsg.: Forschungsstelle für Völkerrecht und ausländisches öffentliches Recht der Universität Hamburg. Sammlung geltender Staatsangehörigkeitsgesetze: 31
Rez.: Ansay, Tuğrul In: Rabels Zeitschrift für ausländisches und internationales Privatrecht (Tübingen)38.1974, S.261 - 262

2623 Hilf, Meinhard: Die Staatsangehörigkeit der Palästinaflüchtlinge. In: Standesamt (Frankfurt a.M.) 26.1973.4, S.84 - 86 (Staatenlose und Flüchtlinge im Staatsangehörigkeitsrecht, u.a. der Türkei.)

2624 (Turkish Republic): Turkish citizenship act. Act number 403; Date: February 11, 1964; Official Gazette: February 22, 1964, number 11638. (Trans. by Tayfun Akgüner). In: Annales de la Faculté de Droit d'Istanbul (Istanbul) 25(=26).1979.42,S.443-458

13.14. Ausländerrecht - Flüchtlinge / Aliens - Refugees / Etrangers - Refugiés

2625 Schreiber, Marianne: Die Stellung der Ausländer in der Türkei unter den Kapitulationen und nach den neuen deutsch-türkischen Verträgen. (Diss.) Köln o.J., 194 S.
(U.22.5831)

2626 Schlagowski, Karl: Die Stellung der Ausländer in der Türkei. (Diss.) Berlin 1913, III, 73 S.
(U.13.453)

2627 Brown, P.M.: Foreigners in Turkey. Their judicial status. Princeton N.J. 1914, k.S.

2628 Hamis, Mustafa: Das Fremdenrecht in der Türkei. Mit einer geschichtlichen Betrachtung über das türkische Recht und die Kapitulationen. In: Die Welt des Islam (Leiden) 7.1919, S.1 - 96

2629 Böttiger. Leonhard: Die Entwicklung des Fremdenrechts in der Türkei bis zur Gegenwart. (Diss.) Gießen 1925, 53 S.
(U.26.2012)

2630 Rechid, A.: La condition des étrangers dans la république de Turquie. In: Academie de droit international de la Haye. Recueil des Cours 46.1933, S.169 - 247

2631 Rechid, A.: La condition des étrangers dans la république de Turquie. In: Recueil Sirey (Paris) 1934, k.S.

2632 Barkan, Ömer L.: The problem of the settling of immigrants in Turkey and the necessity of a plan of internal colonization. In: İktisat Fakültesi Mecmuası (Istanbul) 11.1949/1950,S.132-152

2633 Gökay, Fahreddin Kerim: Situation des refugiés en Turquie. In: Integration (München) 1.1954.1, S.13 - 20

2634 Berki, S.: Le droit des étrangers à la propriété foncière en Turquie. In: Annales de l'Université d'Ankara (Ankara) 5.1954.1955, S.97 - 112

2635 Kostanick, H.Louis: Turkish resettlement of refugees from Bulgaria, 1950 - 1953. In: Middle East Journal (Washington) 9.1955.1, S.41 - 52

2636 Tanoğlu, Ali: The recent emigration of the bulgarian turks. In: Review of the Geographical Institute of the University of Istanbul (Istanbul) 2.1955, S.3 - 35

2637 Tanoğlu, Ali: The recent emigration of the bulgarian turks. In: Integration (München) 2.1955.2, S.120 - 122

2638 Ülken, Hilmi-Ziya: Un aperçu bibliographique du problème des refugiés en Turquie. In: Sosyoloji Dergisi (Ankara) 10/11. 1955/1956, S.106 - 114

2639 United Nations: Refugee problems in Jordan, Lebanon, Syria, Egypt, Iran and Turkey. New York 1956, 9 S. (United Nations, General Assembly, Document A/AC.79/26)

2640 Kostanick, H.Louis: Turkish resettlement of bulgarian turks. Berkeley 1957, 163 S. (University of California Publications in Geography, Vol.8, No.2)

2641 Freudenberg, Ursula: Türkei. In: Integration (Augsburg) 4.1957, S.272 - 281 (Landzuteilung an Balkantürken im Zuge der Bodenreform 1946-1954.)

2642 Altuğ, S.M.: Le problème des émigrations turques des Balkans. In: Integration (München) 1959.6, S.182 - 189

2643 Eren, A.C.: Ein Überblick über die in der Provinz Istanbul angesiedelten Flüchtlinge. In: Integration (München) 1959.3, S.13 - 16

2644 Eren, A.C.: Die Bedeutung des Flüchtlingsproblemes in der Türkei. In: Integration (München) 1959.6, S.167 - 177

2645 Yetener, Hasan; Kutan, Hüseyin: Immigration to Turkey from Bulgaria ans agreement on close relative's immigration. In: Association for the Study of the World Refugee Problem, Bulletin (Wien) 7.1970.1, S.22 - 24

2646 Young, Richard: Recent american policy concerning the capitulations in the states of the Middle East. In: Comparative Law in Israel and the Middle East (Washington) 1971, S.39 - 44 (Betrifft das Fremdenrecht und die Rechtstellung von Ausländern in den Staaten des Nahen Ostens, u.a. in der Türkei.)

2647 Gökay, Fahrettin Kerim: Das soziale Integrationsproblem der Türkei. In: Association for the Study of the World Refugee Problem, Bulletin (Wien) 12.1974.1/2, S.14 - 16

13.15. Minderheiten / Minorities / Minorités

2648 (Greek Patriarchate, Constantinople): Persecution of the greeks in Turkey, 1914 - 1918. Constantinople 1919, 147 S.

2649 (Turc-Yourdou): Les minorités en Turquie. Leurs privilèges, leurs droits politiques etc. Lausanne 1920, 24 S.

2650 (Association nationale ottomane pour la Société des nations): Aide-mémoire sur les droits des minorités en Turquie présenté aux représents des membres de la Société des nations. Constantinople 1922, 43 S.

2651 (Greek Patriarchate, Constantinople): Les attrocités kemalistes dans les régions du Pont et dans le reste de l'Anatolie. Constantinople 1922, 280 S.

2652 (Hellenikos sullogos koinonias ethnon): Le martyre du Pont-Euxin et l'opinion publique internationale... Genève 1922, 51 S.

2653 (League of nations - Société des nations): Protection of lingustic, racial and religious minorities by the Legaue of nations. Provisions contained in the various instruments at present in force. Geneva 1927, 111, 111 S. (bilingual)
(Enthält u.a.: Vertrag von St.Germain vom 10.9.1919, Art.62 - 69; Vertrag von Neuilly vom 27.11.1919, Art.49 - 57; Vertrag von Trianon vom 4.6.1920, Art.54 - 60; Vertrag von Lausanne vom 24.7.1923, sowie das griechisch-türkische Abkommen über den Bevölkerungsaustausch vom 20.1.1923.)

2654 Turnagil, Ahmet Reşit: Les droits minoritaires en Turquie dans le passé et dans le présent. In: Revue générale de droit international public (?) 1935, S.293 - 311

2655 Fuat, M.: Les minorités en Turquie. (Thèse) Strasbourg 1936, 221 S.
(Ser.Hrsg.: Université de l'Alsace, Faculté de Droit et des Sciences Politiques, Strasbourg, Série B: 36)

Kepenek, M.Fuad: siehe 2655

2656 Münir, Orhan: Minderheiten im Osmanischen Reich und in der neuen Türkei. (Diss,) Köln 1937, 270 S.
(U.37.6152)

2657 (Anonym): Le principali minoranze della Turchia. In: Bollettino della Societa Geografica Italiana (Roma) 76.Ser.7.4. 1939.8/9, S.668 - 669

2658 Altuğ, Yılmaz: Minorities in Turkey. In: Annales de la Faculté de Droit d'Istanbul (Istanbul) 6.1957.7, S.98 - 114

2659 Blau, Joyce: Le problème kurde. Essai sociologique et historique. Bruxelles 1963, 80 S., 1 Kt.
(Hrsg.: Centre pour l'Etude des Problèmes du Monde Musulman Contemporain. Bruxelles: Le Monde Musulman Contemporain: 4)

2660 Kinnane, Derk: The kurds and Kurdistan. London, New York 1964, VI, 85 S., 1 Kt.
(Hrsg.: Institute of Race Relations, London)

2661 Krajcar, John: Turkey. A graveyard of christanity. In: Worldmission (New York) (Spring) 1964, S.64 - 72

2662 Nathan, N.: Notes on the Jews of Turkey. In: Jewish Journal of Sociology (London) 6.1964, S.172 - 189

2663 'Arfa, H.: The Kurds in Turkey. In: 'Arfa, H.: The Kurds. Oxford 1966, S.33 - 46

2664 Fernau, Friedrich-Wilhelm: Patriarchen am Goldenen Horn. Gegenwart und Tradition des orthodoxen Orients. Opladen 1967, 184 S., 8 Bild., 2 Kt., 1 Reg.
(Schriften des Deutschen-Orient-Instituts,Hamburg: Monographien)

2665 Economopoulos, C.P.: La minorité musulmane en Thrace occidentale. In: Revue hellénique de droit international (Athenes) 20.1967, S.194 - 196

2666 Harris, A.C.: Report on Jews in Turkey. In: Reconstructionist (New York) 1967.33, S.5 - 7; S.17 - 24

2667 Uşaklıgil, Bülend: Situation du Patriarchat de Constantinople. In: Travaux et Jours (Beyrouth) 1967.22, S.57 - 64

2668 'Arfa, H.: The Kurds in Turkey. In: 'Arfa, H.: The Kurds. 2.Aufl. London, New York, Toronto 1968, S,33 - 46

2669 Economopoulos, Cléomenis P.: Les musulmans de Grèce. Les grecs de Turquie. Une étude comparative entre les deux minorités. In: Europa Ethnica (Wien) 25.1968.12, S.50 - 57

2670 Guvenc (Güvenc), Bozkurt: The role of the churches in education. In: The Yearbook of Education (London) 1966, S.92 - 112

2671 Edmonds, C.: The kurdish national struggle in Iraq. In: Asian Affairs (London) 58, N.S. 2.1971.2, S.147 - 158
(Befaßt sich u.a. mit der Kurdenfrage in der Türkei.)

2672 Edmonds, C.: Kurdish nationalism. In: The Journal of Contemporary History (London) 6.1971.1, S.87 - 107

2673 Garcia-Blanco Peinador , E.: El Kurdistón. La Polonia del Oriente Medio. In: Revista de Política Internacional (Madrid) 1971.118, S.61 - 99

2674 Nestmann, Liesa: Minoritäten und Ausländer. In: Kündig-Steiner, Werner (Hrsg.): Die Türkei. Raum und Mensch, Kultur und Wirtschaft in Gegenwart und Vergangenheit. Tübingen, Basel 1974, S.93 - 103; 1 Kt.

2675 Fernau, Friedrich-Wilhelm: Zur gegenwärtigen Situation der orthodoxen Kirchen im Orient. In: Orient (Opladen) 16.1975.3, S.27 - 67

2676 Hauser, Hans: Kurdistan. Schicksal eines Volkes. München 1975, 280 S., 12 Bild., Kt.

2677 Fernau, Friedrich-Wilhelm: Zwischen Konstantinopel und Moskau. Orthodoxe Kirchenpolitik im Nahen Osten 1967 - 1975. Opladen 1976, 160 S., 1 Reg.
(Schriften des Deutschen-Orient-Institutes Hamburg)

2678 Jafar, Majeed: Under-underdevelopment. A regional case study of the kurdish area in Turkey. Helsinki 1976, 152 S., 10 Kt.,

36 Tab.
(Social Policy Association. Helsinki. Studies: 24)

2679 Franz, Erhard: Materialien zum Kurdenproblem. 2. erw.Aufl. Hamburg 1977, VII, 170 S., 6 Kt., 1 Zeittaf., 2 Gloss. (Ser.Hrsg.: Deutsches-Orient-Institut. Dokumentations-Leitstelle Moderner Orient. Hamburg / Aktueller Informationsdienst Moderner Orient. Sondernummer 3)

2680 Harris, George S.: Ethnic conflict and the Kurds. In: The Annals of the American Academy of Political and Social Science (Philadelphia) 1977.433, S.112 - 124

2681 (Anonym): Forum: the Armenian question. In: International Journal of Middle East Studies (London, New York) 9.1978, S.379 - 400

2682 Daes, E.I.A.: The greek orthodox minority in Turkey. In: Ashworth, G.(Hrsg.): World Minorities. o.O. 1978, Bd.2, S.51 - 53

2683 Karykopoulos, Chrysoula: Τὸ διεθνὲς καθεστὼς καθεστὼς τοῦ οἰκουμενικοῦ Πατριαρχείου. Athenai 1979, 125 S.
(Der internationale Status des ökumenischen Patriarchats von Konstantinopel.)

2684 Matveev, K.P.: Assirijcy i assirijskaja problema v novoe i novejšee vremja. Moskva 1979, 191 S.
(Die assyrischen Christen und das Assyrierproblem in neuerer und neuester Zeit.)

2685 Sargizov, L.M.: Assirjcy stran Bližnego i Srednego Vostoka. Pervaja cetvert'XX veka. Erevan 1979, 151 S.
(Die assyrischen Christen in den Ländern des Nahen und Mittleren Ostens (1.Viertel des 20.Jhdts.).)

2686 Stol, Albert: Turske Christenen. Vervolgd, verdreven, verspreid. Opkomst en ondergang van de Jacobieten. Kampen 1979, 119 S., 2 Kt.
(Das Schicksal der Jakobiten in der Türkei.)

2687 Alexandris, Alexis: Τὸ μειονοτικὸ πρόβλημα μία πλευρὰ τῶν ἑλληνοτουρκικῶν σχέσεων. In: Epikentra (Athenai) 2.1979.11, S.41 - 51
(Das Minderheitenproblem, eine Seite der griechisch-türkischen Beziehungen.)

2688 Jacob, Xavier: Oosterse kroniek. Constantinopel. In: Het Christelijk Oosten (Nijmegen) 31.1979.3, S.188 - 203
(Das griechisch-orthodoxe Patriarchat von Konstantinopel und die Lage der Orthodoxen in der Türkei.)

2689 Lejeune, E.: Le problème kurde, hier et aujourd'hui. In: Socialisme (Bruxelles) 26.1979.155, S.462 - 470

2690 Polyvektos, (Metroploit von Anaion): Περὶ τὰ προνόμια τοῦ οἰκουμενικοῦ Πατριαρχείου ἐν Τουρκίᾳ. In: 'Ιατρολογοτεχνική Στέγη (Athenai) 12.1980.45, S.49 - 57
(Die Privilegien des ökumenischen Patriarchats in der Türkei.)

13.16. Internationale Organisationen / International Organizations / Organisations internationales

2691 Gönlübol, Mehmet: Turkish participation in the United Nations. A critical study. (Ph.D.thesis) New York University 1955, 362 S.

2692 Tamkoç, Metin: Turkey and the North Atlantic Treaty Organization. (M.A. thesis) University of Maryland 1955, k.S.

2693 Ataöv, Türkkaya; Gönlübol, Mehmet: Turkey in the United Nations. Ankara 1960, k.S.

2694 Gönlübol, Mehmet; Ökçün, A. Gündüz: Status of multilateral conventions concluded under the auspices of the United Nations and the Council of Europe and Turkeys position with regard to them. In: Turkish Yearbook of International Relations (Ankara) 1.1960, S.133 - 180

2695 (Anonym): Turkey and the United Nations. Prepared under the auspices of the Institute of Political Sciences at the University of Ankara for the Carnegie Endowment for International Peace. Preface by Joseph E.Johnson. Foreword by Bedri Gürsoy. New York 1961, XII, 228 S,

2696 Kuntol, B.: Turkey and the political role of the United Nations in the Middle East, 1945 - 1960. (M.A. thesis) London 1963, k.S.

2697 Çelik, Edip: Les effets speciaux et économiques du stationement des forces armées de pays membres de l'O.T.A.N. sur leur territoire respectif. In: Annales de la Faculté de Droit d'Istanbul (Istanbul) 13.1963.19, S.195 - 237

13.17. Beziehungen zwischen der Türkei und der EG / Relations between Turkey and the EC / Relations entre la Turquie et la CE

2698 Boysan, Emin: Mitgliedschaft auf Raten. Assoziationsprobleme der Türkei. In: Europa (Bad Reichenhall) 15.1962.2, S.49

2699 Ertur, Hilmi Evin: Le Marché Commun et l'économie turque. (Thèse) Paris 1963, IV, 203 S.

2700 Erkin, Feridun Cemal: Im Herzen europäisch. Die EWG-Assoziation - ein Grunddokument der türkischen Geschichte. In: Europa (Bad Reichenhall) 15.1964.2, S.42 - 45

2701 Kajanec, Giovanni: L'associazione della Turchia alla Communità economica europea. In: Le droit européen (Paris)5.1962.2, S.123 - 132

2702 Alphan, Mustafa M.: Die EWG und die Türkei. (Diss.) Graz 1967, 173 S.
(Ö 1968 - 39)

2703 Kazancıgil, Ali: L'association de la Turquie à la Communauté Economique Européenne. (Thèse) Paris 1967, k.S.

2704 Oğuz, Orhan: Obligations imposées par l'accord d'association entre la Turquie et la Communauté Economique Européenne. Ankara 1967, 18 S.
(Eskişehir İktisadi ve Ticari İlimler Akademisi Yayın: 49)

2705 Wockenforth, Kurt: Assoziierungsabkommen EWG-Türkei. In: Außenwirtschaftsdienst des Betriebs-Beraters (Heidelberg) 1970.12, S.574 - 575

2706 Mitzka, Dieter: Zur Assoziierung EWG-Türkei. Ein großer Schritt vorwärts. In: Zeitschrift für Zölle und Verbrauchssteuern (Bonn) 1971.4, S.103 - 105

2707 Akyol, Nihat: La politique meditéranéenne de la Communauté économique européene et l'association de la Turquie. (Thèse) Nancy (II) 1974, 298 S.
(F 1974 - 388)

2708 Baser, Ahmet Tuğrul: L'integration de la Turquie dans la Communauté économique européenne. (Thèse) (Université de) Paris (X = Nanterre) 1975, 306 S.

2709 Günuğur, S. Haluk: L'association de la Turquie à la Communauté économique européenne élargie. (Thèse) (Université d') Aix-Marseille (II) 1975, 426 S.
(F 1975 - 736)

2710 İnal, Ali Metin: L'industrie turque et le Marché commun. (Thèse) (Université de) Montpellier (I) 1975, k.S.
(F 1975 - 754)

2711 Tokat, Mahmut: Le Marché commun agricole, l'intégration de la Turquie à la C.E.E. et ses effets sur l'économie céréalière turque. (Thèse) (Université de) Montpellier (I) 1975, k.S.
(F 1975 - 956)

2712 Gumpel, Werner: Die Türkei und die EG. Über die Problematik ihrer Vollmitgliedschaft. In: Südosteuropa-Mitteilungen (München) 15.1975.3, S.1 - 9

2713 Bridge, J,N.: The EEC and Turkey. An analysis of the Association Agreement and its impact on turkish economic development. In: Shlaim, A.; Yannopoulos, G.N.(Hrsg.): The EEC and the Mediterranean Countries. Cambridge 1976, S.161 - 177

2714 Fischer-Weppler, P.A.: Die Türkei und die EG. Zu einem Vortrag von Prof.(Osman Okyar). In: Südosteuropa-Mitteilungen (München) 16.1976.2, S.71 - 72

2715 Koch, D.K.: Abkommen EWG-Österreich über den Warenverkehr mit Griechenland und der Türkei. In: Internationale Wirtschaftsbriefe (Herne) 1976.5-5 (Europäische Wirtschaftsgemeinschaft), k.S.

2716 Sonnenhol, G.A.: Die deutsch-türkischen Wirtschaftsbeziehungen. Ihre Probleme im EG-Rahmen. In: Südosteuropa-Mitteilungen (München) 16.1976.1, S.38 - 43

2717 Cağlayangil, İhsan Sabri: Die Türkei und die Europäischen Gemeinschaften. Probleme und Anliegen im Hinblick auf eine Süderweiterung. In: Europa Archiv (Bonn) 32.1977.21, S.753 - 759

2718 Gumpel, Werner: Die Europäische Gemeinschaft. Chance oder Risiko für die türkische Wirtschaft. In: Politische Studien (München) 28.1977.236, S.621 - 631

2719 Ateş, Hüseyin: An analysis and overview of the economic relations between Turkey and the European Economic Community. (Ph.D.thesis) North Texas State University 1978, 240 S.
(UM 78-24628)(DAI 39.1979.7, p.4366 A)

2720 Birand, Mehmet Ali: Turkey and the European Community. In: The World Today (London) 34.1978.2, S.52 - 61

2721 Burrows, B.: A community of thirteen ? The question of turkish membership in the EEC. In: Journal of Common Market Studies (Oxford) 17.1978.2, S.143 - 150

2722 Duchateau, P.: Turkey and European Community. In: Dış Politika - Foreign Policy (Ankara) 8.1979, S.42 - 48

2723 Gumpel, Werner: Türkei zwischen EG und RGW. In: Osteuropa (Stuttgart) 29.1979, S.1021 - 1030

2724 Gumpel, Werner: Die Türkei und die EWG. Ein schwieriges Problem aus deutscher Sicht. In: Südosteuropa-Mitteilungen (München) 19.1979.3, S.11 - 21

2725 Noël, M.: Le développement des relations entre la Communauté Economique Européenne et la Turquie. In: Revue du Marché Commune (Paris) 224.1979, S.62 - 69

13.18. Internationale Gerichtsbarkeit / International Jurisdiction / Juridiction internationale

2726 Ghali, P.P.J.: The international juridical condition, in respect of nationality, of the former inhabitants of the Ottoman Empire under Treaty of Lausanne, in Egypt and in the mandated teritories. (B.A. thesis) Oxford 1931, k.S.

2727 (Turkey, Republic of): Declaration of Turkey recognizing as compulsory the jurisdiction of the court, in conformity with article 36, paragraph 2, of the statute of the International Court of Justice. Ankara, 22 May 1947. Renewal (as from 22 May 1952). - Déclaration de la Turquie reconnaissant comme obligatoire la jurisdiction de la Cour internationale de Justice, conformément au paragraphe 2 de l'article 36 du Statut de la Cour. Ankara, 22 mai 1947. Renouvellement (à compter du 22 mai 1952). In: United Nations, Treaty Series (?)191.1954, S.357
